浅入浅出是没学问

深入深出是假学问

浅入深出是小学问

深入浅出是大学问

ZOUJIN ZHEXUE

LIANJIU FAXIAN DE YANJING

走近哲学

——练就发现的眼睛

李德顺◎主编

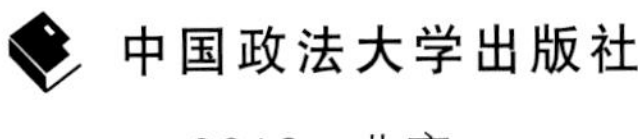

中国政法大学出版社

2013·北京

图书在版编目（CIP）数据

走近哲学:练就发现的眼睛/李德顺著. --北京:中国政法大学出版社，2013.9
ISBN 978-7-5620-4975-3

Ⅰ.①走… Ⅱ.①李… Ⅲ.①哲学－高等学校－教学参考资料 Ⅳ.①B0

中国版本图书馆CIP数据核字(2013)第202168号

书　　名　走近哲学——练就发现的眼睛
Zoujin Zhexue Lianjiu Faxian de Yanjing
出版发行　中国政法大学出版社(北京市海淀区西土城路 25 号)
北京 100088 信箱 8034 分箱　邮编 100088
http://www.cuplpress.com (网络实名：中国政法大学出版社)
58908325(发行部)　58908334(邮购部)
编辑统筹　第六编辑部　010-58908524　dh93@sina.com
承　　印　固安华明印刷厂
规　　格　880mm×1230mm　32 开本　10.625 印张　270 千字
版　　本　2013 年 9 月第 1 版　2013 年 9 月第 1 次印刷
书　　号　ISBN 978-7-5620-4975-3/B·4935
定　　价　29.00 元

前 言

PREFACE

（关于这门课程的说明）

这门课程原名“哲学方法论”，是中国政法大学人文学院哲学系责成我来给学生们开设的一门新课，对象是哲学本科和各个专业的硕士研究生，课时是一个学期。

乍一看到这个课的名字“哲学方法论”，会让人觉得有点儿怪。查了查，好像很少有人开这样一门课程。各门学科都有各门学科的方法论，比如法学有法学方法，社会学有社会学方法。我给博士生开过一门叫做“价值论方法”的课，是哲学里面一个分支的专门方法。马克思主义学院还开了一门课叫做“人文社会科学方法”。总之讲方法的很多，但叫“哲学方法”的课程很少见。偶尔有人讲哲学方法，从苏格拉底的辩证法到现象学的方法，都是讲各家各派的方法。但是，哲学作为一个学科，本身就是一种方法论。哲学方法论不是一个独立的体系，而应该说哲学就是方法论。

过去总是讲“世界观就是方法论”。哲学有三大基础理论：存在论、意识论和价值论。这三大论既是世界观又是方法论。若从对象上来分，可以分为三大界：自然、社会和思维。存在论有它看问题的方式，意识论和价值论也一样。从元理论的层次上来分，哲学就是这三大论。不管遇到什么对象，都可以从这三个方面加以研究。人类现在所有的知识，都可以说，是从存在论、意识论和价值论的角度去观察自然、社会和思维中得到的，是在它们的交叉点上产生的学问。在这之外到底有没有一个方法论？这个问题国内外学术界讨论了很久，仍没有一个一致的看法。通常讲“方法”，往往就是将具体方法如科学方法、史学方法加以堆积，上升不到哲学的高度，也成不了一个独立的哲学分支。而哲学一开始就是方法论。所以哲学也没有特殊的方法论，这门课也不是系统地给大家讲什么现成的方法，而是要在观察、思考、表述当中进行哲学能力思维的训练。通过实际的训练让大家体会哲学是怎么看问题、想问题以及表达问题的。

哲学讲怎么看世界，怎么想问题，这就是一套方法论。哲学往往不会像具体科学那样，提炼出一些可以程式化的、模式化的具体方法。而且，哲学的精神本身也意味着，一旦模式化和程式化了，就会凝固、僵化。所以说，哲学的精神实质或社会功能、思维功能本身，就是一套方法论。

如果照这个意思，我们讲哲学方法论，就等于再把哲学史和哲学原理讲一遍，这没有必要也不可能。那么哲学方法论课怎么开呢？我认真琢磨了一下，方法这个东西不是靠讲述和灌输能掌握的，一定要自己操练。只有在思维训练当中，“在游泳中学习游泳”，在文化历史的涵养中才能掌握哲学的方法。根据这样一种理解，我们将课的内容进行了一下设计和创新，即引领大家从最基本的观察、思考和比较训练当中掌握哲学方法，不是讲哲学方法的理论，而是进行哲学方法的实际体验和训练，力求培养起基本的能力，即“批判的头脑”和“发现的眼睛”。

所以，这门课是教师和学生一起，走出书本、走出课堂，回到孔子和雅典学园当年的教学方式。老祖宗开创哲学的时候，就是在街头巷尾、屋里屋外、朝堂上下，大家思考、辩论，从街头到学园的研讨中形成的。这等于是说，学哲学要和生活实践同步，边走边看，边说边记，把讨论出来的东西记录下来，以形成自己的成果。所以，我们重在建立一套对我们自己有效的，或是我们自己能够受用的哲学体验方式。

当然，这门课不是没有学术研究基础的。我们直接用的参考书，是我在中国社科院研究生院主编的《哲学概论》。我们这里需要讲的、背景性的、资料性的东西大都可以在这本书上看到。以哲学原理和哲学史等其他哲学课程的学习为背景，我们训练的重点是靠大家自己去注意观察和搜集社会的热点难点问题，在互动式的思考中体会哲学的魅力。这里还是在学哲学，但采取了不同的方式。所以在这个课堂上，主要不是讨论理论问题，也不是就事论事地讨论现实问题，而是按照我们所理解的哲学的性质和特点，进行一种进入哲学情境与哲学思考方式的训练和熏陶。

来上课的同学不管是不是哲学专业，毕业之后专门研究哲学的并不多。那么，怎样能使大家尝到哲学的好处？我们开设这门课的初衷，就是寻求对思维能力、思维方法的一种良好的训练。除开篇总论和最后的总结由教师主讲，其他时间是大家每个学生都要参与的。用这种方式来培养一种新的哲学学习或研讨的方法。

这门课先在硕士研究生的公共课堂实验。一共实验了 3 年，每年一个学期，实际安排 12 周。课堂从最初十几个学生发展到一百多人，本科的一次大课有近千人，采取了由教师讨论（会讲）的方式演练。本课程原本只适宜于小课堂，但为了适应学生越来越多的趋势，哲学系组织了多名教师和我一起任课，将学生分成小组，教师分头主持。参加这一课程的老师有：李凯林、辛锋、孟彦文、俞学明、张丽清、宫睿、刘震、倪寿鹏、李春颖等。

课程的大体安排是：第一课由教师讲解“什么是哲学、怎样做哲学”，相当于概论，下一次开始就由学生自己进行实际训练；第二课即是“实地观察”；第三课是“文本观察”；第四课是“案例观察”；第五课是“综合训练”；第六课是“总结”。

哲学的观察和思考不是一时一事一地的，而是历史的、深层的、不断积累的过程。但是这样的观察和思考也要从一时一事一地的具体对象开始。所以我们要求学生积极参与每一环节，事实上学生的积极性比预想的高很多。有什么可以作为我们话题的，可以作为我们观察、思考、批判对象的，学生们都随着课程的进程提供了很好的建议。

这里收集整理的，就是三年来进行这门课程探索的部分记录。包括教师讲课在内的全部文字记录，都是由参加此课的学生们录音并整理出来的。在最后汇总和加工的阶段，则由陈阳、吴泽艾、田桂花、张丽、盛泽虎等同学执笔完成。我和其他教师对文稿做了必要的加工。

李德顺

2013 年 4 月

目 录

CONTENTS

第三课 文本观察训练

第四课 案例观察训练

第五课

综合训练

第六课

总结

【第一课】

什么是哲学、怎样做哲学

掌握哲学思维的特点和方法，将来不管做什么，都能获得学用哲学之益。所以在实际训练之前，我们先讲一讲有关的基础理论和基本知识。今天主要是讲学哲学用哲学的三点经验和体会。这些经验和体会，可以简化成三个“三”。

第一个“三”，是指掌握理论思维所要达到的三个目标，或者说是理论思维的三项实际要求，是这样三句话：①学会“把事情看清楚”、②学会“把问题想透彻”、③学会“把道理讲明白”。

第二个“三”，是指哲学的三大特性，即“抽象性”、“批判性”和“反思性”。

第三个“三”，是指提升哲学思维能力和境界要通过的三个“关口”，即把握“学科与学说”、“文本与解读”、“问题和提法”这三个关系。

不难看出，这三个“三”并不是某个理论体系中现成的东西，而是来自我们多年学哲学用哲学的实际体会，是一些经验之谈。下面就来分别讲讲。

一、理论思维的三个实际要求

把理论研究的目标要求凝炼成以下三句话：一是要善于“把事情看清楚”（目的是消除观察认识的盲点），二是要能够“把问题想透彻”（强调追究未明之处），三是要学会“把道理讲明白”（能够在对话中贯彻思想）。这三句话，实际上是我国著名哲学家肖前教授八十大寿的时候，别人总结他一生治学的特点和成就概括出来的。他治学的特点就是上述这三句话。三句话看起来挺平淡、简单，但是真正能做到，而且力求一以贯之，却非常不易。

我们当时的体会就是，做学问的人要能够把学问做出自己的成果来，这三条是非常重要的。有的人做学问，一辈子都是在说别人的，说现成的，介绍、翻译、搬用大家和大师经典作品中的以及前人的那些现成的东西。这种做学问，在哲学界，冯友兰说叫“哲学史家”，而不是“哲学家”。哲学史家是研究哲学史上的思想成果，是研究别人特别是前人。这对于做学问来说当然是极其重要的，不了解哲学史就不可能真懂哲学。但冯友兰很谦虚，他说，我只是个哲学史家，不是哲学家。像肖前这样的学者，就被认为是当代哲学家，因为他讲的东西，虽然也有出处，却不是专对某个人、哪本书、哪家学派和学说的考察或评析，而是面对现实生活和实践的历史，用来回答现在大家所关心的问题，提供自己的哲学理论和思想方法，以供决策和参考，为现实的人生和实践服务。这样的人就被叫作哲学家。

那么怎么成为哲学家呢？大家概括出来，首先就是这三条要求。

（一）“把事情看清楚”

不管什么学问，当然都要关心现实、关心人、关心实践。在关心的时候，作为一个理论工作者、一个思想家，第一步还是要做到“把对象看清楚”。具体说就是，你要说什么东西、研究什么东西，要先把那个对象本身看清楚。这一点恰恰是现在很多人不注意或者做不到的。有一种现状就是：事情不清楚，可是看法特别多、观点特别多、感想特别多。看到一点点表面的或者局部的、片面的现象，就大发议论。论点多，论据少；结论多，论证少。这种情况是很严重的。事情没看明白就急于下结论、做判断，这对于一个思想者、社会观察者、思考者来讲是个很大的误区。

法律上，特别是审案子的时候，特别讲究事实要清楚，证据要充分。在证据搜集齐全、完备之前，不要下判断，这是一种基本的、应有的、可靠的科学态度，也是一种素养。但是对于学者，对于理论界来讲，这个素养作为一个起点很不容易做到。因为有些事情本身不是那么容易看清楚的。要看清楚它就要花功夫，要细心而且要耐心，要有客观的立场和尊重事实的谦恭态度，还要有认真细致的调查研究过程。所以，做到这一点，在哲学上讲，即要分清“实然”和“应然”。在“实然”的理解和把握上，要消除盲点。对实然不清楚，盲点很多，而应然讲很多，这样的理论实际上是一些无效的理论。但事实上，这样无效的东西非常多。我们现在看报纸杂志上的文章，每天的文章都很多，但绝大多数让人郁闷，就是不知道他说的是什么。被他说的那个东西本身是怎么回事，他不交待，不告诉你何以就是那么回事，不交待、不论证，只在讲他看到了什么，他认为应该怎么样。说了很多，就是对事情没看清楚，至少在他所写出来的东西里边，别人看不清楚被他说的那个事情是怎么回事儿。

有时候打着科学的、道义的旗号加以描述的，很多就有这个毛病。大家都知道，前些年之所以闹出法轮功那么大的事儿，就是因为在这之前，我们有十来年的时间里，对“特异功能”到底怎么看扯不清。开始闹这个事的时候，是胡耀邦主政，他提出三点意见“不宣传、不批判、要研究”。但事实上，胡耀邦说的“不宣传、不批判、要研究”，就这个“要研究”不落实，那两条都是反的，既宣传又批判，你批判他宣传。总是有一帮人在那儿使劲儿“宣传”，也总是有一帮人在那儿使劲儿“批判”，就是没有人负责“研究”。当时甚至有不少科学家也参与了，科学家也分化成了两个阵营。比如耳朵到底能不能认字？用意念到底能不能移动物体？像这样一些东西，到现在为止仍没有见到有说服力的科学研究结论。但是它的政治结论、经济效益、文化宣传那些东西已经闹得昏天黑地了。结果把一个事情搞得越来越乱，最后发展成为一场旷日持久的政治纠纷，致使这事情本身到现在还不清楚。

所以我们说："科学家到场，不等于科学到位。"科学是什么？科学就是用真实的材料加以理性的分析，得出一个实事求是的科学判断。在科学研究做出判断之前，其他人不应该乱说。现象是很引人注目的，怎么解释它要有科学根据来说明。这个工作是前提，如果没有这个前提，人人都根据自己的想象和爱好来对它进行判断和议论，这就叫做"事情没看清楚"。那时我注意看这些科学家们用什么办法测试，怎么搞实验，实验结果怎么样，却发现总是找不到一个负责的单位和负责的学术团体来管这个事儿。今天你有兴趣了说两句，明天他有兴趣了说两句，但就是没有人认真地研究这种现象。所以，对一件事情本身没看清楚就急于下判断，就会存在很大盲点。其实像美国，他们也有人在认真的研究这个东西，虽然到现在为止还没有正式结论；原苏联的科学情报机关，也有人在认真研究，但是在他们的社会上没有形成什么热潮。事实不清楚的时候大家耐心点儿行不行？支持并等待拿出真相来，拿不出来的时候，就别忙着炒作它，不管是批它还是捧它。美国和苏联都是这么干的，就我们这里闹腾，属于瞎闹腾。

把事情看清楚太难了。也就是因为难，所以我主张在没看清楚之前，个人自己的判断和爱好不要强加于人，大家都留有余地。我是替胡耀邦说话的，因为法轮功事件出来以后，有些人就责备胡耀邦，说胡耀邦是错误的，"早就该批他还不让批"。我对这些人说，胡耀邦是对的，你们是错的。我当着某物理学家的面说，"你虽然是科学家，但是你没有研究这个东西，'耳朵认字'、'意念移物'是高能物理问题还是化学问题？是心理问题还是什么问题？有谁在负责任地研究回答呢？没有。你在这儿批判，另外一些科学家在那儿肯定，你让老百姓、外行的人怎么办？"最后就成了谁有权、谁声音大，就是谁说了算，没有科学和真理。

科学研究可不那么简单。看个大概，想当然就可以做结论？我们就是太急功近利。有的人看到好处了，就使劲宣传，有的人看到坏处了，就使劲反对。用价值判断，用应然的追求代替了事实描述，代替了实然的把握。没有实然作为前提，有很多东西都是乱说。凡事都是想当然，作为学者来讲，这是一种非常不好的学风。事情不看清楚就急于做判断、下结论，就不能叫做“把事情看清楚”。

肖前老师有一句话，我印象很很深。1959 年～1960 年的时候，人民大学曾有个副校长叫邹鲁风，率领一个工作组到四季青人民公社做调查研究。他们的调查报告里面涉及了“大跃进、三面红旗、人民公社化”的某些弊病，就被打成了右倾机会主义，要挨批判。找谁批判呢？当时学校逼着肖前去批判他。肖前说：“我又没有参加调查研究，怎么能批人家啊？”最后逼着他非得去，后来肖前就说了这句很著名的话：“有调查研究的没有发言权，没有调查研究的没有不发言权”。毛主席不是说“没有调查研究的就没有发言权”吗？而现实的情况却是，没有做调查研究连不发言的权利都没有，很明显是违背实事求是精神的。为什么后来邓小平要恢复实事求是的作风呢？从党风、政风上来讲，尊重事实这是一种起码的态度。在所有的时刻它都考验我们，越是在重要的事情上它越是考验我们。看到什么就是什么，你只说你看到的、你了解到的。对于你没有看到的、没有验证的、不了解的东西，不要妄加推断和轻率下结论，这是一种起码的科学精神。

（二）“把问题想透彻”

第二条就是“把问题想透彻”。把事情看清楚，能够完整、清晰地了解事情的面貌和过程，这只是一个基础，一个开端，并不是结果。理论研究、哲学思考的重点，在于提出和回答问题，

“事情已然如此了，问题在哪里？”

所谓“问题”包括两种：一种是事情发展本身面临的问题，出现了什么矛盾？遇到了什么困难？或引起了什么冲突？还有一种就是，我们在理解、判断和思考它的时候，自己产生了什么困惑？遇到了什么麻烦？这是两个层面的问题，要把它们抓住，分辨清楚，思考透彻，这是做学术理论研究的主要工作之所在。

把对象看清楚，这是任何人，特别是任何当事人都大体可以努力去做的。而对于理论工作者、思想家、专家、学者的使命来说，还有一个关键的环节：问题到底是什么？症结在哪里？从解决问题的高度看，可能的或者合理的出路是什么？如何从“实然”进到“应然”？……要把这一切想清楚、想透彻。“透彻”包括要对自己提出和回答问题的根据进行反思和批判，解除这里的假象和思考中的虚假、困惑和混乱。从澄清问题入手，一步一步走下去，直接把问题想透彻。比如解决问题可以有好几种方案，各种可能的方案有哪些，这些方案之间怎么比较，最后选定哪一个方案最合适。

什么叫“想透彻”呢？就是不仅在逻辑上完整一贯，既没有重大缺失，也没有自相矛盾，而且要针对问题最终提供一个可行的解决方案，那才叫想透彻了。有的时候理论工作为现实服务会面临这个问题，就是问题透彻了之后，怎么转化为实践？有时候这一点是更重要的问题。打个比方：有人写文章讨论怎样走路的问题，他说应该两条腿结合，不能一腿长、一腿短，一腿轻、一腿重……这样的道理讲了很多，也很对。但是它欠缺一个思考，就是你这套高论对人们的走路有什么改进和帮助？没你这套理论的时候，人们走路是不是辩证结合的？如果按照你这套理论，人们以后应该怎么走路？不能“一腿长、一腿短，一腿轻、一腿重，一腿先、一腿后”，那么是不是就应该两条腿一块儿蹦？越是复杂的理论，想透彻了之后，特别是在指导当下实践的时候，越是要能提供一个简洁的、明确的东西。比如说，电流的理论和线路系统很复杂，但是交给用户的时候，就是一个开关，按一下就开，按一下就关。这个开关很简单，但是它背后联系着全部的道理。它是立足于一套科学、一个严密的理论逻辑体系。所以我们要给我们自己提出这样的要求：若不能够找到这样一个与现实和实践结合紧密、切实有效、可行的清晰的答案的话，这个理论就没透彻。"把问题想透彻"，在理论界和学术界是最应该下功夫的地方。现在很多争论也都是出于这个地方。大家都还在摸索的过程中，问题不澄明，所以结论、结果也不澄明。

我发现，现在急功近利的一个表现是特别追求"创新"。我的看法是，创新只能是实事求是的产物，不能是实事求是的前提。一味追求新口号、新提法、新概念，未必就一定是创新。真理是朴素的，可能经过艰苦的探索，拿出来的答案，未必是惊人的、出乎意料的，但是它一定是实事求是的、切实可行的。所以我这个人可能比较保守，很少有新提法，所以创不了新。20 年前《价值论》出版的时候，记者问我，你这套理论应用到中国社会现实能得出什么政治结论？我当时觉得就是一个词："民主"。那以后经过了 20 年，我进一步观察思考，对怎么实现民主才找到一个答案，也是一个词："法治"。民主是实质，法治是形式；民主是国体，法治是政体；民主其内，法治其外；民主法治不可分。而我们现在的问题，正好是把民主与法治分割开来，把它们都只当作工具、手段和形式，所以我们的民主进展很慢，有时候还倒退，是因为根子上对民主与法治的关系没想透彻。民主和法治两词一点都不新鲜，但是这两个词里所包含的味道，它们与中国实际相结合的意义，我们以前是重视不够、理解不透的。把问题想透彻，很多东西就比较明白，如果不透的话，就总是一锅粥、一团混沌。

比如有人讲历史时总是说，如果当初怎么怎么样，现在就怎么怎么样，喜欢对历史讲“如果”。黑格尔曾嘲弄他们说：“好像历史从来不是按照它应该的样子在发展，而是始终要等待什么人的睿智一样。”黑格尔的意思是，对过去的东西不能总是“如果”“如果”的。历史已然这么走过来了，它就有自己的方式，并不等待什么人的指导，等待什么高人的睿智去启发它、要求它、指令它。历史从来就是按照它自己所应该的、所能够的方向去发展。把“应该的”和“能够的”统一起来去理解历史，这样的理解才比较透彻。看到什么不好、不合理、不满意，然后就对它进行批判、声讨、感慨，要求改变，这既不是理论思考的结果，也不是理论思考的目标。理论思考的目标，应该是从现实事物自身的发展当中，看出它是怎么从“应该”变成“现实”的。要找到这样的因素、契机和过程，认清这个过程的连续性和阶段性，才是更重要的。

当然，理论透彻并不是在话语中包打天下。从理论到实践是有许多环节的，而基本理论主要是保证方向端正、方法可行。其他环节要与具体的实际相结合才能形成。我跟实际工作部门的人接触时，他们常说：“您讲的能不能具体一点儿？具体到我们这儿来？”“你能不能联系一下我们这里的实际？”我就说，学者给你提供的，其实只能是一些原则性的建议，犹如解数学题的方程式，只能是“算式”，不能是“得数”。要解决你的问题，就要把你那里面的变量换成具体数目，把变量变成定量，然后列出方程，经过计算再得出结果。就是说，联系实际的那一步要你自己去做，别让我给你提供答案。当我不知道你的这些定量的时候，给你提供具体的答案和得数，十有八九是错的。

所以说，理论联系实际的要求是合理的。但理论只有真正弄透彻了之后，才可以给人们以启示，给解决问题提供应有的指导。而从理论向现实转化的时候，问题仍然是具体的。有些毛病经常出在哪里，这个问题后面在讲“问题和提法”的时候再分析。

（三）“把道理讲明白”

“把事情看清楚”要求我们在观察和体验当中消除盲点；“把问题想透彻”要求我们有充分的问题意识和批判思维的能力；而“把道理讲明白”，实际上就是要求我们有足够的实践意识和表达能力。

什么是“把道理讲明白”？在把问题想透彻的基础上，把你透彻的思考再现出来，合乎逻辑地表达出来，这是必要的。实际上，想没想透彻也要看能不能讲明白。讲不明白往往是因为没想明白，“讲明白”检验“想明白”。我们的前提，是在你已经想明白的基础上，如果要想把它讲明白，就还要加上一条：理解实践、尊重实践；包括理解对方或理解公众、理解群众、尊重群众、尊重你的听众、观众。所以，讲明白还有一层意思，就是与他人的一种沟通。对他人有一种诚信的证明力或说服力，才叫讲明白。

首先要理解他人，理解你的对话对象。你讲给谁，要让他明白，就得尊重他、理解他，平等地对待他，准备接受他的反馈、批评、质疑、建议、补充等等。用一种平等对话的方式讲道理，而不是以居高临下、发布命令的方式，不是以真理代言人或者代上帝传递旨意的那种方式去讲话。我为什么反对一些提法，如张载的那四句话：“为天地立心，为生民立命，为往圣继绝学，为万世开太平”，还有“修齐治平”——“修身、齐家、治国、平天下”？因为我觉得传统儒家的这套理念，整个就是一种病态心理，就是不替当下的老百姓说话，不是老老实实地站在普通人的立场上说话，而是把自己放在一个人民之外、人民之上，一个半神的位置上，替“天地”、“往圣”说话。那样说话的感觉，总体上就是看不起一般人，看不起现实的、普通的老百姓。如果怀着这样的一种心态，那说出来的话一定也不那么可信，或者不那么可行，没什么说服力，比较脱离实际。

现实中这样的话语很多。比如唐山市要概括唐山的城市精神，到北京来请一些专家咨询。我一看他们概括的城市精神是“感恩、博爱、开放、超越”八个字，这里就有三个词是外来的洋词儿，不是用中国语言表达的。又如“感恩”，唐山人的精神为什么是感恩呢？感恩是一个基督教的语言，基督教讲的感恩就是对上帝感恩，下对上的感恩。为什么一上来就把感恩提出来？我知道他们用这个词的理由。但一上来就讲别人对你怎么地，怎么关心你、领导怎么照顾你、指导你，一切功劳都是别人的，不肯定自己努力奋斗，不肯定自立和自强。这种心态，放在基督教里面是贯彻对上帝崇拜的一种语言，放在中国文化的背景之下，就是矮化和贬低人民大众的一种语言。用这个词就把唐山人放在一个低位势上了。实际上，唐山人真正感人的事迹，首先是他们的自强、自立呀！这么一说，那个市委领导当即就说：“是啊！当时中央并没给唐山拨多少钱……”给人讲道理时，尽想让人感恩，强调功劳不是我们自己奋斗来的，而是别人和上面赏赐给的，我们自己没有权利也没有责任，这种意识其实是很差劲的！这样说就没有真正理解唐山人民，没有真正理解在那场灾难中，什么是他们最珍贵、最重要的精神状态和精神成果。

抽象地讲“感恩”，跟“修齐治平”的说法是配套的。“修齐治平”是为准备成为被人感恩者说的话，而被治的人则总要有感恩意识。这种语言的文化感觉很不好。汶川地震时，有一阵子人们都表示同情、怜悯、支持汶川人，很少注意汶川人自己的精神状态是什么样子。其实汶川人有一些东西正是应该让大家来学习、理解和赞扬的，就是他们那种面对天灾人祸时，所表现出来的顽强不屈、自立自强的精神。中国的传统文化中总是讲人靠人，谁都靠别人，都不是自己站直了，始终就包含着这样一种意识。这种意识过分夸大和强调人对他人和社会的依赖感，而没有主人感、主人意识。

在实践中，哪种话语才是真正理解和尊重大众的？我发现“忽悠”这个词挺经典的。现在忽悠人的人特别多，有的时候也很有效。但真正需要关注和理解的，是那些被忽悠的人。他们为什么被忽悠？有一些忽悠被揭露了，但更多的没被揭露。目前还在被人当作神或半神崇拜的，就是在忽悠人。这里面有很多经验教训要总结，要把道理讲明白。我发现，讲到这儿的时候，就是对理论品质和专家人格的一个检验。比如说，研究了人之后，发现了人一般有什么弱点（人都有弱点），发现了这个弱点之后，怎样对待这个弱点就是检验了，在这里就区分出两种理论、两种人：一种人想办法利用这个弱点，积极地操纵和控制他人，为自己谋利；另一种人则是千方百计地维护他人，让人们不为其弱点受害，唤醒人们防护这个弱点，避开、克服这个弱点。前面的那种人是卑劣渺小卑鄙的人；后面的这种人才是伟大高尚的人。一套理论或技术也是如此。当然，这两者常常比较隐蔽，所以忽悠人的东西有时候很受欢迎，保护人的东西有时却可能不太受欢迎，因为它不能满足当下弱点的需求。但我认为，后者才是正直的学者、高尚的学者及其理论研究应该坚守的情操。

在理论上、科学上，这两种隐蔽的情况，实际构成了一种“潜台词”，并不是在字面上、成果中直接显示出来的。就像魔术师和骗子的区别，魔术师能当着你的面做出奇迹，但他告诉你这不是真的；骗子呢，他可能也会魔术，但是他告诉你，这是我的神通，所以你要崇拜我、迷信我、追随我。现在很多人会点儿魔术就想操纵别人，社会生活中的骗子太多。我们很多时候区分不了魔术师和骗子，常常是因为受骗的人缺少觉悟。这些人，你在信任他的前提下，老老实实给他讲道理，他却觉得没意思，非得有人忽悠，唬他、骗他，他才觉得有劲，有意思。你说这不是一种“精神受虐症”吗？当然，这些都不是必然的、普遍的。但是，我们做学问的人，最终要遇到这个问题。你要研究深了，研究透了，就会走到这一点上。最终的“明白”，还是尊重人、关爱人、支持人、解放人。所以“明白”是要有价值指标的，因为这已经不是描述对象了，而是一个理论成果。

所以我们讲道理的时候，特别不主张“你的问题由我提供答案”的方式。你自己的问题你自己作答案、做选择。但是我可以告诉你这种答案一般怎么做出来，根据什么做出来。然后你要根据自己的需要和能力，根据你的主体的尺度和条件来做，不要去模仿别人，照搬别人。为什么《价值论》的最后一句话，即全书的结论是“把人的权利和责任还给人自己”呢？这就是一个总的原则，就是了解了人之后，对待人的处境，人们怎么改善自己的处境，最终归结到人的权利和责任上，即其主体性。所以说，要力求“讲明白”所有的问题，最终就得明白到这个程度，知道此事应该由谁来行使权力、担当责任，剩下的事情，就是具体的经验和技术问题了。在哲学特别是价值哲学问题上，在事关“好坏、善恶、美丑”这些问题上，一定要明白到这个程度，才叫做“真明白”。

以上这三句话，也就是理论研究的三条要求，说起来简单，但是做起来，恐怕是研究问题的人、做学问的人，一生都在探索、努力追寻的目标，并不是谁能够一下子完全做到的。肖前教授一生的探索、曲折，有成功经验也有失败教训，总结出来这么三条。这是第一个“三”。

我们打算按照这三个要求来安排课程训练。下一次课，我们就不在教室里上了。同学们自己选一个地方去实地观察，回来后就讲你看到了什么。讲的时候大家可以互相补充或者提问。注意三点：

(1) 不要记流水账，太琐碎的现象记录是不符合要求的。不能没有抽象，也不要抽象过度。把握实质，要有方向。

（2）先保持价值中立，不忙着评价。你对事情的描述要给多种可能的价值判断留出空间来，不要把事情描述成只有你那一种价值判断。避免意图在先，用意图剪裁事实。

（3）要学会用口语化的文字说话。有时大家搬弄文字，实际是被概念牵着走，步步都显得很吃力，就是火候不到。有四句话可以注意："浅入浅出是没学问，深入深出是假学问，浅入深出是小学问，深入浅出是大学问。"

二、哲学的本质和三大特性

"什么是"和"如何是"的统一，这是海德格尔（Martin Heidegger）创立的一种现在流行的话语方式，我把它用到哲学上，"什么是哲学，怎样做哲学"。这里不想给大家重复哲学史和哲学教科书上的东西。我们就是要直接进入哲学的体验，或者说是哲学的操练。我前些年在哲学界的一次会上讲过一个观点。我说："现在讲'打井学'的人太多，打井的人太少。"就是说，指导人们干事儿的说法太多，具体干事的太少。所以，咱们这门课不是打井学，而是打井！我们一起在"打井"的过程当中来体会"打井学"。

先来说说什么是哲学？请大家谈，谁来说？这应该是个很好回答的问题吧？咱们活跃点，可以互相插话。

同学甲： 哲学既是世界观又是方法论。

教师： 嗯，还有别的吗？

同学乙： 哲学源于生活又高于生活。

教师： 嗯，这像文学的说法。（笑声）

同学丙： 我觉得哲学就是一种怀疑的活动吧。

教师： 这谁说的？

同学丙：我说的。（笑声）

教师：是你体会出来的？你是哪个专业的？

同学丙：是的，我是马哲的。

教师：还有什么别的说法么？……好的，我来说说。

教科书上关于什么是哲学的提法，是有变化的。如果不是学哲学的人，可能不太注意这个变化。在文化大革命以前，我们的教科书把哲学定义为"关于世界观和方法论的学问"。"文革"之后，我的老师李秀林教授写了一个小册子《什么是哲学》。书中说：过去那种说法是"关于世界观方法论的学问"，就是把人的思想当作对象来研究的，这在实践中的后果，就变成了专门针对人的思想去管教人的工具，哲学成了一种特权，专门琢磨人们的思想正确与否，甚至造成了一种"思想警察"的作风。所以他提出：哲学不应是"关于……的学问"，而是系统化、理论化的世界观方法论本身，谁讲哲学，谁就是在表达自己的世界观和方法论。这是1978年的事了，李老师亲口跟我讲过他写这本书的意图。从那以后，教科书才把哲学定义为"系统化、理论化的世界观方法论"。

从"哲学是关于世界观和方法论的学问"到"哲学是系统化、理论化的世界观方法论"，这个定义的变化的实质，是"人"从哲学的对象变成了哲学的主体。

这个定义和刚才你们几位所说的，都涉及对一个学科到底怎么理解和把握的问题。已往各家各派对"哲学是什么"的说法，都属于学说的界定。哲学史上每出现一个大家，对哲学是什么就会有一套说法，而且每一个后起的说法都批评之前的说法。如果仅仅看到这样的情况，那么最后就像冯友兰说的，谁也不知道哲学是什么了。但这只是从"学说"层次上看到的问题。而我们更需要从"学科"的层次来了解哲学。

（一） 界定哲学的两个层面

大家都知道，“philosophy”这个词起源于希腊文，是“爱”加“智慧”，就是“爱智慧”。翻译成中文时，中文里“哲”字就是“智”也。《尔雅》这部古代经典在“释言”这一篇里说：“哲，智也。”那么“智”是什么呢？是“聪明”；那么“聪明”又是什么？“耳灵为聪，目清为明”，眼睛和耳朵好使就是聪明；善于倾听，善于观察、善于思考就叫聪明。在《尚书》里面，善于思考就叫做“圣”了。“聪”、“明”、“圣”，睿智就成圣了。总之“智慧”这个词，实际上就是指善于观察、善于思考。把“爱智慧”翻译成“哲学”是日本人做的，但是他很懂中文，翻成“哲学”就翻得非常好。

以前都说“哲学是使人聪明的学问”，但是现实发现，有时候哲学让人变得非常愚蠢。什么样的哲学才使人聪明，什么样的哲学使人更愚蠢？怎么样学哲学才能学聪明，怎么样学哲学就学成了书呆子、傻子、傻博士？“怎么学”，这本身就成为一个大问题：什么是聪明和聪明的学问？

对哲学的界定，有两个层面：学说层面和学科层面。

1. 各家学说的界定

古往今来各家各派的哲学，哲学家对智慧、爱智慧、哲学的界定，前后有许多种，它们大多属于学说层面的界定。简单地说有：

“知识总汇”说。哲学诞生初期是一门唯一的学问，人类关于天地人生等等所有知识汇集起来就叫哲学。在哲学分化出自然科学、社会科学各个门类以前，全部知识都是哲学，它就是个知识总汇。

“形而上学”说。探讨存在物背后终极道理的学问，叫“形而上学”。在我们中国，“形而上者谓之道，形而下者谓之器”，

"形而上"就是世界万物背后玄秘的终极道理。亚里士多德把他的哲学安排在后面那一章里，讲了一些超过物理学之上的道理。"形而上学"就是"物理学之后"。

"认识论"说。认为哲学就是关于人类怎样知道世界的，此间的可能性、方式、规律等的学科。

"世界观方法论"说。这个大家都比较熟悉。

后来还有"思维方式说"、"人生境界说"、"价值观念说"、"语言分析说"、"文化批判说"等等。

各家各派的哲学家给哲学所作的定义和概括，看起来各有道理，但彼此似乎很不一致，体现了不同学派、不同学说各自特殊的角度和特点。关于哲学是什么的学说总是变化的，这些说法都是在否定以前学说的基础上来提出自己的见解。到现在为止哲学的定义仍未完全确定，每一种定义都会遭到批判和否定，所以仅仅局限于一个学说的立场概括不了哲学学科的本质。谁相信这个，谁就用这个。但是让别人普遍的承认，这样的界定没有。但各种学说的界定之间，是有着历史性联系的，是步步进展着的。如果我们超越学说的界定，就可以从学科和学说的关系角度来理解哲学，从学科的高度探索和理解哲学的本质。

2. 学科层面的界定

哲学不等于某一家哲学。从学科上看，哲学是什么呢？哲学其实就是人类理性活动的最高形式，是人类思想文化发展的一个公共平台。就是说，哲学代表人类理性地把握世界的一种能力、一种层次、一种境界。作为一个平台，意味着哲学是人类理性的一个公共领域，体现的是人类认识的一种公共性。所以，我们要把哲学与哲学家、哲学界区别开来，就像把体育、健康与奥林匹克运动、竞技体育区别开来一样。体育是所有人都需要的，所有人都能够而且应该参与的公共领域。但是奥林匹克比赛，那是一些专业、高水平选手的领域，就不是最大的公共领域了，只有经过选拔才有资格参加。而体育健康是所有人的事。哲学跟哲学家、哲学界的关系，就像体育和奥林匹克运动的关系一样，体育运动是全人类共同的，奥林匹克运动是专业运动员的事儿。专业运动员在体育技能方面可能比我们普通人高很多，但最终他未必比我们普通人健康，这是两回事儿，要区别这个。哲学家则应该是那些专业运动员。

从学科层面界定哲学，有以下主要观点：

第一，哲学是人类理性的公共领域，所以它体现的是人类认识的公共性。哲学是一个舞台，是一个公共平台，我们要强调这是它的一个突出特点。哲学并不是某些人的特权，更不意味着全世界只有某种唯一的哲学模式，它是一个公共平台。在这个平台上，世界上有各种不同的哲学流派、哲学思想。它们之间可以进行沟通、翻译、学习、比较、对话和交流，彼此取长补短，不断提升，在永无止境的追求探索中，不断地形成和证明自己是什么，不是什么，并且推动这个平台上的人类精神生活不断地向前发展和演进。

在这个问题上，实际存在着很多纠纷。例如按照欧洲中心主义传统，除了欧美哲学以外，别的哲学是不是哲学？以前不承认中国有哲学，同样的道理，也不承认印度有哲学、阿拉伯有哲学、非洲有哲学……这就是只注意了某种哲学的特性，把“哲学是一个公共平台”这一点忘了。到现在为止，这种态度对我们学界的影响都是很大的。很多人还在讨论“中国哲学的合法性”的问题。世界哲学团体联合会理事会（FISP）在中国开会的时候，作为东道主，我安排了中国社会科学院哲学所中国哲学研究室的学者上台发言，介绍中国哲学。来自欧洲的学者却说：“中国有什么哲学？你们那只能叫思想，不是哲学。”我发现在他们那里，理所当然地信服黑格尔的一个看法，说中国两千年没有进步，两千年前就有思想，到现在还是思想，不是哲学，没有哲学。我就跟他说，你把哲学和你们心目中的那种哲学模式混为一谈了，你们不知道世界上别的国家可以有别的样子的哲学。这就像《圣经》里说上帝造了第一个人叫亚当，从此“人”就只能指亚当，人就是亚当，亚当就是人；别的就不能叫“人”，如第二个人夏娃也不叫“人”，只能叫“女人”；其他地方的人只能叫“人在哪里”，而不能叫“人”了，这是你们的传统。要是讨论这个问题，我们就应该回过头来，深究一下到底什么叫“人”？说来说去，“人”不过就是一个多样化的物种，至少有两种性别，另外还有很多年龄段，从胎儿一直到老年，各个年龄段，还有不同地域，是一个多样化的统一的物种。你不能说高鼻梁、白皮肤、金头发的才叫人，不能这样来定义人。由此，也要理解哲学的公共性。

第二，哲学是人的一种理性能力。哲学代表人的一种什么样的理性能力呢？就是一种和人的生存实践相联系，精神上追求超越对象和自我超越的能力。这种“超越”，我把它概括成“四个走向”：超越个别走向一般，超越特殊走向普遍，超越有限走向无限，超越实然走向应然。哲学是人们追求这样一种超越和自我超越所培养和形成的精神能力。我们要用人类的精神、理性、生命成长来解释哲学，不是用某种现有的哲学风格或流派来解释哲学，这就是从学科角度来把握哲学。

第三，作为理性能力来讲，哲学居于理性思维的最高层次。人的思维和精神活动，从无意识、潜意识到有意识、自觉的意识、高度理性自觉的意识等等，有许多多层次。感觉、直观、理性里面，再细分也有许许多多层次。而哲学，即是人类在最高理性层次上、最自觉的层次上的一种思维活动。这个层次上的对象、问题、知识和规则等，一起构成了哲学这门学科的特殊内容。原来在知识总汇的阶段，大家都叫哲学，后来凡是可实证的、可经验化的学科陆陆续续都从哲学中分出去了。都分出去以后，哲学剩下的是什么？哲学像李尔王，家产分给三个女儿之后，自己一无所有了吗？但是哲学并没有消亡，说明哲学的存在并不是依赖于对象的。学科的分化，总是按照对象来划分的，而哲学却不是以保持某种特殊对象为自己学科存在的根据。

有人说哲学的对象就是“世界”。“世界”是什么？宇宙学、天文学、地理学、环境科学、国家政治学、民族学、地方学等等，所有这些都已经把“世界”分光了，那么“世界”所指的是什么？这个问题20世纪60年代曾经讨论过。当时批评了“哲学的对象就是世界整体”的说法，发现哲学跟其他学科不同的地方，就是它不以特定的对象作为自己存在的根据，而是以观察任何一个对象所特有的思维层次为自己的根据。不管观察什么对象，大到宇宙，小到沙粒、微尘、质子、中子、微粒子，不管哪个对象都可以用哲学去看，关键是看问题的角度和层次。哲学是要在最高理性化的层次上，最自觉的层次上去看，这是哲学的特点。哲学要有一个“所面（对）与所见”的区分。哲学不在于面对的对象有什么不同，而在于所见的东西的不同。哲学不讲哪个东西的存在，而是讲一切东西共同的那个“存在”是什么意思。研究什么叫存在，叫存在论；研究什么叫意识，叫意识论；研究什么叫价值，叫价值论。价值论不是专讲哪个东西对谁的具体价值，而是讲价值这种普遍现象。这就是在普遍的、一般的、无限的意义上来把握对象和事件。哲学能够为其他学科提供一般的世界观、方法论，就在于它把握的是普遍的、共同的东西。哲学的成果，不仅为各种不同的哲学学说体系不同程度地共享和发展着，也为整个人类的生活和思考所普遍地依赖和应用着，推动人类精神不断走向新的境界。

由此可见，哲学最大的特点就是它的层次，是人类思维所能达到的最高的理性层次。

第四，哲学是人类精神的一种境界。哲学总是人类在精神上不断实现超越和自我超越的一门学问。因为哲学的特点就是不满足既有的结论，不受已有的思维框架的束缚。它总是在突破，在反思和批判。哲学的任务，是提炼人类所面临的那些最深刻、最普遍、最具有长远意义的问题、经验和感受，并通过对思维方式和思维前提的审视与反思，探索和开辟新的思路，提供新的理念和方法，以实现人类在精神上的超越和自我超越。这一任务的不断提出和实现，既是人类生存发展能力的自我提升，也是哲学能力在积累中不断提升的显现。哲学本身始终处在不断深化、拓展、超越和自我超越的过程之中，永远不会终结。因此，哲学总是处在探索真善美的最前沿，处在社会和实践发展最深刻、最具思想代表性的地位上，成为“时代精神的精华”和“文明的活的灵魂”。

那么哲学家要做的事情是什么呢？其实他们所做的和奥林匹克运动员是一样的。奥林匹克运动员要做的是向人类的体力和体能的极限去挑战，目的就是让人类知道自己的体力和体能的极限在哪里。那么专业哲学工作的实质是什么呢？就是向人类思维的极限去挑战，冲击人类已经达到的思维极限，使人类的视野更开阔，思考更深刻，思维能力更活跃。把专业的哲学研究看作是人类精神的奥林匹克运动，把这个比喻一以贯之下来。奥林匹克运动的口号是“更快、更高、更强”，那么要给哲学学科提一个口号，就是“更广、更深、更活”！

总之，从这几个方面理解哲学作为公共平台所具有的特点和意义，这就是作为一个学科的“哲学是什么”。

（二） 哲学的抽象性、批判性、反思性

哲学与别的学科不同之处，主要在于它的三大特性。这些特性可算是它的长处，也可算是它的短处，总之它们就是哲学的特性。

1. 抽象性

所谓抽象，就是在思维中舍弃具象，从个别走向一般，从特殊走向普遍，从有限走向无限的思维方式。也就是把感觉知觉中表象的东西去粗取精、去伪存真、由此及彼、由表及里的改造制作功夫。也是把事物外在的东西去掉，把它共同的、普遍的本质提取出来。抽象是力求把握事物的本质和无限（突破有限就是无限），所以哲学的概念不是拿出来就能找到一个实存的东西跟它对应的。哲学的抽象是一种力求把握本质和无限的抽象，是一种“形而上”的、将人类的抽象能力发挥到最高限度，力求把握“无限”的抽象。如：物质、存在、运动、时空、质量、可能和现实、必然和偶然等，这些概念本身已经超出了经验的范围。

哲学思维的抽象性，是通过概念之间的逻辑关系来限定的，是一种通过概念之间横向的逻辑关系来自我限定的抽象。如“物质”是与“意识”相对，“存在（有）”是与“非存在（无）”相对。哲学的概念、范畴总是“成双成对”地出现而不是偶然的。哲学的抽象始终是一种力求最大限度地把握事物最普遍特征的理性创造，并不是一种无所节制、随心所欲、脱离现实的想象和臆造。

哲学的抽象一般要抽象到什么程度呢？是要把一个事物的普遍共性提炼出来，使它区别于非它的事物。抽象到最高层次就是到“它是什么以它不是什么为界限”。比如“物质”这个概念，说世界上一切都是物质。物质是对世界上现存的一切事物的最高抽象，那么就要了解“非物质”是什么了。给物质下定义的时候就是以意识来对应的，物质是不依赖于意识而独立存在的客观实在，它不依赖于意识而被意识所反映。而现实的所有物质都是在这个物质的概念之内，但“物质”本身并不是一种具体物质，而是一个观念。再如，“民主”抽象到最高层面，就是要描述它与专制的区别；法治要抽象到它与人治相区别的程度。可见，抽象并不是没有边界的，若抽象到某种程度，成了虚假的抽象，这便是不科学的抽象。

抽象到一定程度就要把一类事物共同的本质提炼出来，使它区别于它类事物。抽象怎样才合理，在哲学上来讲，就是要达到这样的一个层次：概念之间的相互联系和区别足以来界定一个概念。所以当我们说什么是什么的时候，就是说它和它不是什么。以这个为界限来概括它的本质，这就是哲学的抽象性。抽象有不同层次，在不同层次上的共同特点，就是概念之间的联系和区别。例如说“人”这个概念，如果抽象到人跟野兽不能区分，这个抽象就过头了，但是，抽象到只有白种人是人或者只有男人是人，那么这种抽象又不够。所以要把握抽象的界限，就要区分一类事物和其他事物相区别的本质与核心特征。抽象和抽象化是两回事。我们有时候批评一种思维太抽象化，主要是说这种思维不具体、太空玄。抽象化是一种病态或者不合理的抽象，合理的、科学的抽象是力求超越事物个别的、本身的、表层的东西，而把握它普遍的、共同的、深层的东西，把它提炼出来形成概念、范畴，这是哲学抽象的特点。

一般说来，抽象的层次越高，概念就显得越简单。比如中国人对“社会主义”的理解，开始时是很具象的，以为社会主义就是苏联老大哥那样的生活：“楼上楼下，电灯电话；喝牛奶，吃面包；穿布拉吉，跳交谊舞”。列宁时期的提法是“苏维埃加全国电器化”；到赫鲁晓夫时期则变成了“土豆烧牛肉”；斯大林时期权威的政治经济学教科书，把社会主义的经济特征概括成两条：①生产目的是为了满足人们日益增长的物质文化需求；②有计划、按比例、高速度发展。但是按照这两条建设社会主义，在实践中越来越失败。后来邓小平说，什么是社会主义，我们并没有弄清楚。我国改革开放实践十几年之后，邓小平重新概括出了社会主义的本质，就是“解放和发展生产力，消灭剥削，消除两极分化，最终实现共同富裕”。邓小平概括的社会主义的本质，把我们之前所说的好多条条都抽象掉了，只留下这上面说的二十多个字。后来我们又将斯大林所说的两条，舍弃了“有计划、按比例、高速度发展”那一条，只剩下了“生产目的是为了满足人们日益增长的物质文化需求”这一条。有人不明白，觉得太少，实际从哲学的角度来看，说得越少才越能说明白。在逻辑上，一个概念的内涵越丰富，它的外延就越窄。也就是说，具体的规定越细，对人的活动范围限制的越多；相反，内涵越精简，它的外延覆盖面、适用范围就越大。解放思想就要回到事情的本质和普遍的层面来把握，会抽象才能够突破，才能够解放思想。我们可以设想，把计划经济这一条给去掉，那就是社会主义只要保持生产目的。对人民来说，是计划还是市场，哪种形式合适就用哪种，这就给中国的经济体制改革开辟了一大片天地。

“抽象”是一种很有效的方法。比如经济学中有一个小小的分支，叫“价值工程”，它是把经济管理和哲学理论结合在一起创立的一个小学科，主要研究怎样用最小的投入达到产出最大的功能。因为消费者买产品时，希望花同样的钱买到功能更多的产品，这样才觉得更值。那么在生产的时候，就要考虑投入最少的资本而使产品获得最多的功能，“一物多用”是最好的。那么要怎么进行改革呢？价值工程的方法是价值分析，而价值分析的原则就是尽可能地抽象，就是对产品的功能进行分析，逐一审问每个零件的设计，这个零件的功能如何定义？它是做什么用的？是不是必要而充分的？能不能通过合并、减少零件（投入）来保持甚至增加产品的功能，使得它的用处更多、功能覆盖面更大？价值工程就是这样去做的。价值工程学有一个经典例子，就是对手电筒的分析：把它全部拆开，逐个问一个一个的零件是干什么用的？能不能去掉？能不能合并？最后就问到了这个外壳是干什么的，设计上界定手电筒的外壳，起着固定全部构件的作用。于是他们就从“固定”这个意义上来琢磨，一般都是考虑对内固定，那么能不能考虑对外固定？于是就发明了有吸盘的手电筒。若去车底下修车，把它往车底下一粘，就可以照明了。从外壳上做文章也发明出了各种各样新式的手电筒。对功能进行批判、反思，然后提炼，做最少的东西，让它有更多的功能，这就是价值工程。在20世纪80年代，它是经济学中一个很热门的新兴分支。这就是抽象的作用。

再比如定义“桌子”，以前说“桌子就是有四条腿支撑的一个工作平面”。按照价值工程就想：这四条腿是不是必要的？如果不是必要的，就删掉它，剩下一个“工作平面”就可以了。而用“四条腿”来界定，桌子的样式就太少了，现实中三条或多条腿的、一条腿的、甚至没有腿的桌子都有，比如火车上没腿的折叠式桌子……各种各样的桌子都有。只要适合于人，能够当作一个平面来支撑工作就可以了，这就是把“几条腿”的限制抽象掉的作用。解除了“四条腿”的限制，桌子反而更丰富适用。

很多东西，不抽象到一定程度，就把握不到它的普遍本质，容易被一些具体的现象所束缚。我发现，现在人们对“民主”和“法治”这两个概念理解的抽象程度不够，因此视野就过于狭窄。民主是什么？有时候一说民主，有些人想到的就是民主的形式，例如多党制、选举制、直接民主和间接民主……。这些形式西方人先采用了，中国人就不愿意采用，觉得采用了就是和西方一样，就是西化、自由化，因此就反对它。但是，如果你不接受它的具体形式，认为我们国情特殊，这可以，但你不能因为反对它的某些具体形式，就连带民主本身也给否定了。为什么不来说说适合我国国情的民主是什么？怎么搞？人民代表大会，共产党领导下的多党合作制等等，这些我们肯定的民主形式。那么它是不是民主？是不是真民主？怎样论证和检验它是真正的民主？于是问题还要回到民主的本质是什么。普遍的民主就是人民当家做主，不管你采取了什么形式，是不是真正做到了人民当家做主，才是关键。

可见没有一定程度的抽象就不能把握事物深层的、普遍的、无限的本质，就不能解放思想，就会头脑僵化。民主对我来说就是一个国家主体到位的问题，就是怎么让人民享有并行使权利和承担责任。从哲学上来讲，民主的真正问题并不是一党制还是多党制、议会制还是代表会制，这些都只不过是形式和手段，最终都要服从让人民当家做主的目的。你可以探索自己的道路，但是要以这个为底线。有共同的本质，到具体环节上搞民主的、搞法治的都是各种各样的，没有统一的或唯一的模式。美国的法律允许个人拥有枪支，但是像英国、法国等其他国家都不允许。这些细节问题是每个国家特殊的民族、历史等原因造成的，肯定是有差别的。但是民主、法治这些是共同的东西，不是说一说什么就把它限制在那里，像过去我们说什么叫社会主义，就将其定义为像苏联老大哥那样。之所以会这样想，从哲学层面上讲，就是因为思维层次不够，没有把握到社会主义真正的本质。社会主义在马克思看来就是后资本主义的形态，即资本主义的矛盾发展到顶点，它自己不能解决，然后在它的基础上来改变它，从而形成的新的社会形态。这些形态必然因为在哪里改变它，在哪个国家改变它，它的改变形式就不一样。所以，缺少抽象思维是思维层次不够，这是达不到哲学思维层次的一个表现。

再比如“普世价值”问题。有人只说那些西方的普世价值理念，亨廷顿（Huntingdun Samuel P.）怎么说，克林顿（Bill Climton）怎么说，希拉里（Hillary Rodham Climton）怎么说，说来说去好像普世价值就是西方的一个阴谋。这就在话语上把普世价值完全圈在一个异己化的领域之内了，因此我们这儿很多人害怕并反对普世价值。依我说，这个理论层次就低了点，就像在斗牛场上，斗牛士拿着红布一晃，牛就冲着红布冲过去。问题是，如果普世价值就像红布，那么我们是牛吗？我们干嘛把自己当成是被人斗来斗去的牛，而不是自己拿起红布来，自己主张普世价值是什么？在价值哲学问题上，什么克林顿、奥巴马，其实是外行，他们就是想搞点政治把戏。在理论上，我们中国应该有自己的普世价值主张。如果我们跳不出人家的框框，就是不懂、不会运用抽象思维的后果。

以上是哲学的第一个特性：抽象性。这个特性是哲学最大的特点，这种抽象是一种能力、层次、境界，它同时是有界限的，不是无界限的。但是哲学又是超越个别走向一般，超越特殊走向普遍，超越有限走向无限的一种思维活动。人们以前不太理解哲学，觉得它说的没一个东西是现实存在的，“偶然必然”、“对立统一”等等这些哲学概念都找不到对应物，但若真的对应到一个单一的事物上了，就容易出大毛病。所以要讲抽象性，但是不能走向抽象化。抽象性是说不要整天对着一些具体的物象找不到思考的出路，就像没有数字，只会掰手指头，处在思维水平很低的阶段。尤其是在我们这个社会朝着感官化、娱乐化低层次走的时候，抽象性尤其需要。至少在学术界、思想文化界，这是需要倡导的。不然的话，我们有很多严肃认真的问题，就不能在严肃认真的层次上思考。理论抽象就是让思想家保持一种思维的高度和清醒。

2. 批判性

“批判”是指人对对象加以理性分辨、检验和超越的意识与行为。而哲学批判与其他各门具体科学批判不同之处在于，其他科学批判主要是“形而下”的批判，即通过具体、实证的方式，着重于对象的现实和感性特征加以批判；而哲学批判则是“形而上”的批判，即着重于对象存在的基础、本质、条件和界限等进行普遍性的抽象考察。

哲学承担着人类自我意识和自我批判的功能。批判性是哲学的本性和精神标志。永远不满足于既有结果，不迷信任何权威，不拘泥于习惯和成见，而是保持一定的怀疑和审视态度，总是探索新的路径，走向新的发现、发展和超越，这是一种自觉的哲学精神。

比如对“地球是圆的”这个命题进行批判，凭什么说地球是圆的？科学的批判是提供各种证据，说明实践中很多东西证明地球是圆的。如最初人们观察到，远处的轮船先看到桅杆，也看得到海平线是弧形；在海上远航，往东去最后又从西边回来了，等等。随着科学技术的发展，现在可以通过卫星给地球拍照，显示地球是个球体。这种科学批判叫做实证化的批判，是“形而下”的批判。

而哲学的批判是形而上的、朝前提的批判。形而上的批判就是朝着思维的前提、思维的限度批判和超越。形而下的批判，它会要求试验、实践、验证。而哲学的批判会这样问：“你体验到了，你观察到了，你拍下照了，但是你怎么知道你这些体验、观察和拍到的就是地球本身呢？你的思维和被你思维的东西，你为什么想象或凭什么相信它们是一致的呢？”这就是思维与存在的关系。凭什么相信看到的东西就是真的？反过来说，没被人看到的就不存在、就不是真的吗？谁看到过自已祖母的祖母的祖母的太祖母呢？虽然看不着，但你相不相信她存在过？是凭什么相信的呢？……这些就是前提批判。朝前提方向走，就是“形而上”的批判，实际上是对人类思维已有的经验基础、框架和成果进行批判和超越。追问和澄清前提，是哲学批判最重要的方法。

其实各个学科的发展都是靠不断地批判向前发展的。比如数学上传统的欧几里得几何学，定义什么是直线，“直线就是向两端无限延长，永远不会相交的线”。但是有人就推想了，如果我在这个黑板上画一条直线，把这个黑板无限放大，最后这个黑板在地球上就像一个戒指一样是个圆了，那么我画的这个直线最后也相交了。而非欧几何学就是这么批判思考出来的，它发现，一些理论只适合于平直理论空间，对于非平直的空间就不适合。比如，地球的经线和纬线是相交的，那么赤道上两条经线与赤道相交所构成的三角形，两个底角各是90°，再加上一个顶角，就大于180°了。因为这是在球面上。如果在鞍形面上，三内角之和就会小于180°。那么真实的宇宙空间是什么样呢？研究发现，平直空间只是我们在地球上所感觉到的一个非常小的空间，而宇宙中非平直的空间占大多数。如果不按非平直空间计算，那么火箭就发射不了，这是经过实践验证过的。

批判带来超越。哲学批判也并不是一味地怀疑和否定，在前提性的批判中，对现实世界的反映和把握，不是表层的而是深层的，不是结果的而是原因的，不是局部的而是整体的。哲学能够使人的理性思维达到最大限度的超越，哲学批判的重大成果，往往也就意味着人们思维的重大突破，意味着社会历史的重大变革。

我发现，哲学史上一些重大争论，高手之间的争论，一般很少出在事实证据或者逻辑推理的环节上。高手之间不能统一，争论不休，很多时候是因为他们出自不同的前提和理论背景。比如说这个是什么？你说是块布，他说是块屏幕，这两者之间为什么对立？那是因为我们对“是什么”这个问题有不同的默认的前提。如果找到共同的前提的话，就可以找到他们的位置，限定在一定范围内，使它与另一个说法并不一定是排斥的。现实中的很多争论在哲学上是没有意义的，这些争论，就像是在争论裤子的两条腿谁更重要一样，争论双方的共同前提是错的。就像对普世价值的争论，双方争论那么激烈，其实他们在前提上是一回事，他们说的普世价值就是美国说的那个普世价值。一级概念普世价值，二级概念民主人权，三级概念……所有这些都是美国说的那个样子。所以，给我们剩下的就只能是服从不服从的问题了。但普世价值本身是不是一定是那个样子，在这一点上他们没有批判。

形而上的批判是对观念的背景、前提进行反思，是对有限性、绝对性的超越，来追求世界的真相。哲学批判能不能找到单一的、终极的结论？这个问题并不是最根本的。但是，这种批判最终能够理解人的思维、认识是怎么回事，它的最终前提是什么。唯物主义找到的最后的一个支撑点就是人类的实践。实践经验是我们一切思想认识的依据，人不能超越自己的实践经验，相信自己的实践这是一个前提。如果不相信，我们所有的科学就都没有了逻辑上的根据和起点。承认我们思维的最终前提是实践，这一点是任何哲学都不能否定的。对这个前提持自觉的肯定态度，是唯物主义；而说实践只是我的感觉，这是唯心主义；如果对实践提出怀疑，就成不可知论了。关于认识来自实践的信念，对人类来说是一个实然的东西。如果有人不相信，怀疑这一点，那么你凭什么怀疑？其实怀疑的起点也是在于实践的。比如说，发现看到的和被看的不是一回事，那么，你怎么知道它们不是一回事？你可以举很多例子，而这些例子都是来自实践经验的。可见，当你在怀疑实践的时候，你依据的也是实践。这是人作为人，自己不能超越的一个表现。人只能在人类的实践发展中自己来超越，一点一点推进，而不能跳过实践的历史过程。所谓“哥德尔不完全定理”说的就是这个道理：任何一个无矛盾的逻辑体系，必然有一个它自己无法证明的逻辑前提。如果拿这个体系来追问这个前提，就会发生悖论。

哲学上每一个命题都在发生争论，其实正是在寻求前提的共识。已往大家看哲学，好像比自然科学惨多了，自然科学最起码有一些公理、定律让人依靠，哲学上却似乎没有。你说任何一个概念，不同的学说都有不同的说法。所以有人说，哲学是一个“让人发晕”的学科，是一个“把明白的事搞糊涂”的学问，是“没话找话”的学问，这样的理解过于简单化了。批判的深度使得我们的大脑保持活力，在认识和改变世界的过程中人才能不断地提升和前进，但在这个过程中我们也在积累共识，这就是哲学这个学科存在的一些表现。共识很多都是一级概念，到二级概念就是很多分歧发生的地方，但是在一级概念中，这些共识有很大的解放思想的作用。“形而上”的批判就是着重于对理论基础、思维前提、界限进行的批判。这种批判就是让人类的思维不断地超越有限走向无限，超越现象走向本质，超越特殊走向一般，超越实然走向应然；就是要寻求更加前提性、普遍性、实质性的问题；这也是哲学作为开放思想、搞活大脑的学问的一个表现。哲学总是不局限于现实的已有的结论，而是总在别人不认为有问题的地方发现问题，以此来推动思维，同时也推动实践向前发展。

以实践为最终前提，对一切具体的前提加以具体的追问和批判，往往能突破和超越我们已有的局限，从而发现新的问题，走向新的境界，这就是为什么说哲学要有批判精神。哲学科学都有批判精神，批判实际上就是一种超越。我们说“哲学是一个开放思想、搞活大脑的学问”，就是和它的三大特性有关。

而我们现在的社会风气，很不注意理论层面、前提层面上的批判。缺少这样的理论高度，就会把学问功利化、工具化。只忙着说这个东西是真是假、是深是浅、是广是狭，有用无用，只要能被我用就行了。这样的浅知识、短知识、短命的知识特别多，就是因为批判的思维不够。学哲学的人，如果不想把自己混同于没有学过哲学的人，就要注重培养这种批判性的思维。

3. 反思性

哲学批判是一种在逻辑上最具彻底性的批判。这种批判的彻底性还表现为，它的批判矛头不仅仅是“对外”的，即针对一切外部对象和已有的概念及思想成果；同时也是“对内”的，即针对批判着的思想自身。这就是反思，即“对思想的思想”、“对认识的认识”、“对批判的批判”也就是自我批判。对概念及逻辑完整性和彻底性的追求是哲学反思的内在动力，因而反思也是人类思维和理性达到成熟、自觉的一个标志。

在其他学科中，如果说前两大特性（抽象性和批判性）多少也都具备一些，那么反思性则是哲学最重要的独有特性了。哲学要站在人类整体的高度上对人类的思维进行批判，而且是前提性的、形而上的批判和超越。因为人类有权利用自己的眼睛看世界，用自己的思维解释世界。有这个权利，也就有相应的责任来承担这个结果，所以要不断进行自我反思、批判和超越。我们平常说，人总是要知道自己说的是什么不是什么，自己所说的东西在什么情况下是成立的，在什么情况下是不成立的。对这个界线始终有一个清醒的自我意识，才能避免陷入独断主义与自我僵化的困境，别动不动就说那是世界造成的，那其实是自己造成的。而哲学家的任务，是要代表人类的理性来对人类的全部理论和思想成果进行反思。有时一个哲学家用这样的思考方式和成果来看待一件事，另一个哲学家用那样的思考方式和成果来看待这件事，哲学家之间发生争论，实际上是人类进行的自我反思。

哲学家总去问科学家量子到底是粒子还是波。波粒二象性的研究成果出来以后，物理学界形成新认识，但哲学界和社会文化界，则认为他们是不了了之。一般人尤其是哲学家就会问“到底是什么”，科学家的回答是，你说的“到底是什么”是什么意思，这种回答给我的启发特别大。一场科学革命带来的思想方法和革命的特点就在这，科学家说，我们用这套观测系统看到的量子就是粒子，换一套系统看就是波，这两套系统没法同时用，所以就是波粒二象性。这很简单，我们只说有证据的话，证据就在这。但是这个问题相反的问法是哲学问题，就是人们在问到底“是什么”的时候，自己头脑当中可能有一个先定的模式：一个事物“是什么”只能是一个单一的不变的结论。我们相信对任何事物的正确解释只能是一个，这种信念本身根据的合理性范围是什么，这正好是哲学家要思考的，哲学的主体性理论就是从这引发出来的，展开了很多新的成果。所以抓最不自觉的，最信以为真的，而且又没有思考过的前提，这可能往往是科学研究上一个突破的焦点所在，我们要学会这样思考。

如果只有批判而没有反思，人类的理性就会走向一种无政府主义，怀疑主义或者叫破坏主义，从而否定一切，怀疑一切，主观随意地解释一切和规定一切，最后形成一种无家可归的精神状态。所以说，反思就是对自己的思维视角进行审视，这成为人类对自己的权利与责任的一种承担，对人的命运和前途的一种关怀。哲学探讨的每一个结论是站在人的立场上，以人的权利和责任为根基来提出和回答每一个问题，来看待人类所有的行为和表现它的结果。同时也不能把哲学变成一种对人的精神肆虐行为，折磨精神、折磨大家或者忽悠别人、强制别人的行为。

有没有反思性，即他的理论包不包含站在人类的立场上的一种反思，往往可以衡量一个哲学学者水平的高低。比如一些环保主义者，他们的热心和出发点很好，但缺少对自己理论的反思。保护生态环境，并把我们过去破坏环境的理念概括为“人类自我中心主义”，当然是可以理解的。但有些人批判“人类自我中心主义”的结论，要么说不应该以人为中心，而应该“以生态为中心”，搞“环境中心主义”；要么主张多中心，说人、动物、植物是平等的主体，都是中心……。在说这些话的时候，他们知道不知道自己说的是什么？比如，“环境”这个词是什么意思？这个词是人发明的，当我们说“环境”的时候，就是指以人为中心的外部自然界，“环境者，即环人之境也”！它怎么还能叫“中心”？再说，什么叫“资源”？那儿有条河、有座山、有片森林，它们本来就存在，为什么叫“资源”呢？“资源”的意思，是“可以供开发利用的物质能量来源”……总之这些提法本身就是以人为中心的概念，你再用它们否定人类中心的时候，不觉得自相矛盾么？人类做事只能以人为中心，不可能以神或物为中心。所以，当我们回过头来反思的时候，真正要考虑的是“人是什么？人类怎么看待自己？”比如人和自然之间能不能划出一个绝对的界限？好像什么是“我”，什么不是“我”？有人回答说“肚皮以内是我，肚皮以外不是我”；那么，“我”岂不成了酒囊饭袋？有人说“家门以内是我，家门以外不是我”；有人则是以国家、社会、人类为界限来理解“自我与非我”；等等，这是一个人们的思想境界问题。可见理解“以人为中心”的时候，要对自己的思想境界有所反思，对人要有新的理解。

按照张世英教授的介绍，西方哲学中人与自然的关系，经历了发展的三个阶段：最初叫“人在自然内”；后来人发展起来了，叫“人在自然外”；而现在的哲学理念叫“自然在人内”，是把“人”字放大了写的。譬如马克思就主张把自然界看作是“人的无机身体”，也就是说我们周围的自然界是组成人类身体的一个自然部分。所以，保护环境不是为了保护他者，实际上还是为了保护人类自身。总之这里要否定的不是以人为中心，而是要否定对人的片面的、僵化的、功利的理解，否定“小人”的眼光，而确立“大人”的眼光。保护环境若不以人为中心，你知道自然环境要保护到什么程度吗？有人说就是要保持物种不减少。那么，没有人的时候物种有没有变化呢？有没有生生灭灭呢？至少，恐龙灭绝不是咱们人类搞的吧？自然界本来就是有生有灭的，但由于我们人类的原因，加速了有些物种的灭绝。因此，到底要保护到什么程度，能够是以动物为中心吗？比如在澳大利亚，鸵鸟被当作“国鸟”来保护，但后来鸵鸟太多了，政府就号召吃鸵鸟肉。可见不以人为中心来思考和回答问题，这个理论不可能是真诚的、彻底的。这种理论显得不真诚、不彻底，就是因为缺少自我限定，缺少反思。

反思就是要自觉地批判自己，人类这样一种不断地自我批判的精神状态是非常重要的，哲学的反思常常表现出“回到起点”的特征。在哲学领域，常常是将一些老话题拿出来讨论，一些几百年几千年前说过的话又成为今天关注的热点和焦点。“哲学的进步不在于任何古老问题的消失，也不在于那些有冲突的派别中一方或另一方的优势增长，而是在于提出各种问题的方式的变化，以及对解决问题的特点不断增长的一致性程度。”[1]

而在我们的传统文化包括儒家文化中，有时显得特别缺少这种反思，即不注意交代自己的前提背景、来龙去脉、界限和条件，缺少自我限制意识。每当树立了圣人及其学说，一上来就认为它是天经地义的，是天理、绝对真理，把这种人变成偶像来膜拜，要人们去理解执行，但缺少对它的内涵和外延的限定性思考。

比如前不久电影《孔子》上映后，片方向一些专家咨询，专家认为很成功，但是市场票房却表明它有些失败。怎么看这个事情？依我看，这个电影成功和失败各半：在想告诉观众孔子是一个什么样的人的时候，电影基本上是忠实于事实的，这一方面算是成功的；但是在用现代眼光来批判传统文化这一点上，则是失败的，因为它是用儒家的观点来想问题的。比如这个电影的热点之一是孔子去见南子，这在历史上就是一个疑案。有人认为这在孔子一生中是一个疑点或污点，而尊孔的人想为孔子辩护，就说孔子见南子的动机是高尚的、纯正的，一不是贪图美色，二不是巴结权势，而是想推行自己的理想。当然这是很细节的问题，问题在于，电影是要告诉人们：孔子是伟大的。但没有告诉人们孔子自己是怎样使自己伟大的，好像孔子从来就是一个高尚的完人，却没有讲孔子的伟大思想是从哪儿来、怎么来的。中间只有

[1] [英] 艾耶尔：《二十世纪哲学》，李步楼、俞宣孟、苑利均等译，上海译文出版社 1987 年版，第 19 页。

一个地方，孔子问道于老子，他跟老子观点不同，也没有接受老子的建议，那么他的思想是怎么来的？其实孔子的经历，他的思考过程，这个才是人们要了解的。如果只把两千多年前的思想拿到现在来作为既定结论宣传，这样的东西就显得启发性不大了。其实孔子有他的局限性，这一点连后来的韩愈都知道。韩愈是创立儒家道统学说的人，是大儒。但韩愈对孔子有一个遗憾："孔子西行不到秦，掎摭星宿遗曦娥。"意思是说孔子周游列国的时候，就是没有去秦国，这就叫抚摸了很多小星星，而忽视了太阳和月亮。孔子为什么不去秦国？是有意不去，还是因为没来得及去，还是别的什么原因？对待生活实践与现实的态度和经历，是成就一个思想伟人的非常重要的因素，对于成就他什么样的思想，也是很重要的。如果当时孔子能去秦国看一看，他也许会改变某些思想，从而更加伟大。这个大问题是前人已经提出来了的，孔子的一套思想理论，在不知道后来统一中国的那个秦国崛起，不知道那个历史时期的社会条件和人心所向的情况下，坚守他的那一套理念，在当时就有脱离实际的毛病。而电影里却没有探讨这个问题，却斤斤计较于"子见南子"那点事，并让周迅去吸引眼球，结果令人失望，也就不足为怪了。

传统的儒家学说给人的一种感觉，就是总在那里代圣贤立言，"为天地立心，为生民立命"，站在一个既定的、已经是绝对真理和高尚化身的立场上说话。这种东西越说越圆满，越说越了不起，越说越伟大，但是越是信奉它，越是推崇它，整个中国社会也因此越封闭，越僵化，这个教训是应该吸取的。比如，很多话是对谁说的？应该由谁来说？这些都应该注意交待清楚。一个省委书记要坚持四项基本原则，和山沟里一个老农要坚持四项基本原则，能是一回事吗？舍弃了主体，以为我说的就是所有人都应该接受的，这就表明缺少反思的意识。而处处保持理论上的反思意识，正是哲学思维的第三大特点。

以上是我所讲的第二个大问题：哲学的三大特性。哲学作为一门学科，不管哪家学派，哪一种学说，都有着共同的特征：抽象、批判、反思。这三大特征就是使哲学之为哲学，哲学之为一个公共文化平台的东西。这些思维方式，别的学科也有，但哲学在这方面达到的极致是其他学科所不具备的，自觉性层次和机制化程度是其他学科所不具备的。这三个特点代表了哲学这门学科的面貌，它的生命力和它发展的动力，这也是其他学科不能代替的。当然，哲学的这些特性对其他的学科是有用的、有益的。

对于同学们说来，你学没学过哲学，学的怎么样，不在于你天天看哲学书，说哲学话，而在于你面对生活中一些问题的时候，会不会这样思考。当你学会这样进行思考的时候，你就进入哲学了。

三、学用哲学的路径和三个关口

怎样学哲学、用哲学？下面讲的第三个“三”，首先注意两点：

（一） 知识与经验的积累：从观察做起

哲学虽然说出来都是一些抽象的概念，但如果你没有一定知识和经验的积累，就不能理解它，就容易被抽象的概念吓唬住，把头脑弄僵化。黑格尔说，同样一句格言，从一个饱经风霜的老人嘴里说出来，和从一个乳臭未干的少年嘴里说出来，味道是不一样的。每一个语言，每一个概念，每一个判断，它背后包含着深厚的社会文化和历史底蕴，如果你没有足够的知识和经验积累，就只是在背一些词句而已，你就不能真正地理解它。

所谓知识和经验的积累，我主张要从观察、从学会观察做起。哲学的知识和经验不可能样样事事都经过你的实际经验、操作和介入，更多的是靠观察中的经验和体验，所以要学会观察。这就回应了前面所说的：看清楚，而且不能光看小的一时一事，要会看大的、宏观的东西，从观察做起。

在关于知识和经验的积累方面，《红楼梦》里有这样两句话："世事洞明皆学问，人情练达即文章"。这里既说了学问，又说了文章。所以你们以后写什么表达什么的时候，里面一定要有人文的情怀和素养。这其实跟你对人的全面理解有关，所以一开始就要注意积累知识和经验，要学着体会，不要一上来就钻到某一个学科，某一本书，或者是某一家之言之中。咱们法大的学术风气中一个严重的毛病，就是门户之见太重，各学科分支之间相互分割，互不往来，弄得眼界狭窄，这对培养高层次的人才来说是很不利的。

在现代的人类知识体系中，大学本科阶段只能是打一个普遍的知识基础，谈不上什么专业，要是太强调专业化，恐怕就会停留于中专、中技、职业学校的水平；到硕士阶段，主要是打某个专业的基础；到博士之后，才能真正进入学科前沿的领域。但是你前边的基础如何，仍然决定你能否到达前沿或开拓创新，所以，整个学习过程中，打好基础始终是最重要的。

正因为如此，我对目前教育界官方要求学生的论文要有创新这一点，一直有保留看法。在这种条件下要求创新，往往是在鼓励急功近利，搞市场运作，真正有效的，最多只是把某个学科的成果转化成可以卖的商品。而要想在理论层次、基础知识上创新，那可不是件容易的事情，有时候，改变一个理论观点是要经过几代人的努力才行。所以同学们，我建议你们把现有的课程学习好、想明白、说明白就行了，不必忙于创新。在学校里鼓励标新立异，哗众取宠，首先就把学风给搞坏了。你不让我说出我知道的，非要我说出高水平的，那我只有去找那些高水平的了，这实际是逼着学生去模仿、去抄袭。一边要创新，一边还要打假，查什么关键词，结果必然把学术弄得很紧张。其实大家都说自己的问题，讲自己的道理，力求把它挖深挖透，才是真正有利于创新，有利于培养人才。

门户之见加上急功近利，使得现在有一种不注重学识积累的风气。比如，研究哲学的人不关心、不重视自然科学。但是以前我们的哲学研究则不同，马克思主义哲学有一个传统，就是重视自然科学。看恩格斯讲的马克思哲学诞生的三大自然科学基础，强调自然科学的变革是唯物主义发展的基础。而国内研究哲学的代表人物，很多也是学理科出身的：肖前教授在西南联大是学物理学的，北大黄枬森教授上大学时也是学物理学的。同学们年纪轻轻的更不要门户之见太重，以至于画地为牢；不要过于急功近利，以至于作茧自缚；要关心生活，热爱生活，关心人，理解人，对与此有关的所有东西，都应该感兴趣。

（二） 继承与创新的训练：熟读哲学史

在继承和创新的训练上，我主张大家从“史”入手。哲学史、思想史、文化史或者部门、行业具体的历史。从“史”入手，几千年历史中人们的思考、经验、争论和困惑，这些我们都可以在短期内经历它。然后才可以走到前人思考的顶点或尽头，你在那个顶点或尽头上再发现的问题、再思考和回答的问题就是创新，不走到那个尽头的创新，说不定是“敲那敞开的门”，做重复的、无效的工作，甚至是瞎忽悠。

历史进程越长，这个积累或继承过程也就越长。我不太主张天天喊创新，虽说创新能力可以培养，但创新口号却不可以泛滥。创新有那么容易吗？创新，是要走到前人的顶点之后再往前走，这才叫创新，不然都只是在理解、消化和吸收前人的东西。能够走到顶点已经不易了，还要超越前人，站在巨人的肩上，这个要求对于学生来说太脱离实际了，甚至会让那些踏踏实实学习的人没有活路。每个人都编新词，造新话，弄新事，这是文化浮躁的一种表现。

我们还是要把整个历史作为自己的基点、起点，这不是一朝一夕的事。可以从你做什么学科，哪个方向、什么题目这些角度来看历史。比方说你要搞法律史，就从法律史学史这个角度看一看，法律史以往的研究问题是什么？做哲学就看哲学史，研究文化就看文化研究史，这样来看看前人已经做了些什么，从那里寻找自己的立足点。在这个基础上，面对现实去观察、思考和批判，学会提出和回答问题。

读西方哲学史，我建议至少要读三部哲学史书：黑格尔的《哲学史讲演录》、文德尔班的《西方哲学史教程》以及罗素的《西方哲学史》。我观察这么多年，比较可靠的，又有不同风格的，利于解放思想的主要是这三本。

读中国哲学史，我也推荐三个人的著作：一是冯友兰的《中国哲学史》和《中国哲学简史》，二是任继愈的《中国哲学史》，三是张岱年的《中国哲学大纲》。

学马哲的同学，在读硕士期间至少要将《马恩选集》一字不落的读一遍。我觉得，它是比现有的任何马哲史书都更合适的精编马哲史。

我要强调一下读马克思主义经典。现在社会上对马克思主义哲学好像有点歧视，主要是有些人把它搞坏了，实际上，最应该好好读的书是马恩著作。2003 年请哈贝马斯（Jurgen Habermas）来中国的时候，我还在中国社科院哲学所，哲学所曾安排了半天时间，由我单独跟他对话。我有一点印象很深，就是哈贝马斯认为，他自己是坚持和深化马克思主义的，他的学说是来自马克思的，他还在坚持和发展马克思主义。而法兰克福学派的那些前辈不认同哈贝马斯的马克思主义，是因为前辈们强调批判，而哈贝马斯强调对话和建设。基于此，哈贝马斯并不强调和争辩什么是马克思主义，但内心坚守着这样一个信念：马克思的理论在当代依然是最先进、最科学和最能解决问题的理论，他要用这个理论一个一个地去面对和回答现实问题。现在还没有哪个学者敢说自己达到或者是超越了马克思的水平。有些只是提出了一些问题，为了说自己的问题很重要，他就去贬低马克思，其实他远不如马克思深刻。为什么西方经济危机发生之后，大家又纷纷去读《资本论》？最近有一本西方学者写的书《马克思为什么是对的》，他就是从世界经济发展的角度来看马克思的。

记得我博士论文（《价值论》）答辩的时候，有一个答辩委员问，你这套理论跟马克思主义什么关系？我说，如果让马克思谈价值问题的话，按照他的思想方法和逻辑，我相信他会这么谈。为什么这么说？我是有马克思的著作根据的。若你说这不是马克思主义，那么你说说马克思会怎么谈价值问题？后来又有人对我说，你这个东西为什么要说是马克思主义的，而不说是李某某主义的？我说做学问要讲良心，要诚实，我回答这个问题的理论根基、方法、逻辑起点，就是受了马克思著作启发的结果。所以如果是功劳的话，我不能埋没马克思的功劳；如果是错误的话，你也会知道我错误的根子在哪儿。其实，当代很多有影响的思想都与马克思有关，不是延续他的，就是针对他的。很多像哈贝马斯这样的大家，都承认自己的根在马克思那里，自己的理论可以列入马克思学说的“子目录”。所以，你与其迷信这些大家本人，还不如从读好马克思开始。

（三） 提升哲学境界的三个关口

我在离开社科院的时候，曾申请在“中国青年哲学论坛”上讲一次《哲学与治学》，作为一个学术交待。内容主要是：我们培养的人，不应该是小学匠、文化侏儒、学术掮客，而要成为真正的学者，真正的独立思想者、思想家，成为大手笔、大师。而所谓的“大师”，就是能提出大问题，或者是能回答大问题的人，他提出和回答的那个问题是别人都不能回避的。比如休谟（David Hume）提出了一个“是”和“应然”的因果关系问题，让哲学家们思考了那么多年。“大”主要大在这里，不是个头大、嘴大。作为大师的人自己的心态是什么呢？我觉得有三个坎得过，要会处理三个关系，有三个关口要通过，但也很不容易通过。这三个关口是：

1. 懂得学科与学说的关系

只有懂得把握这层关系，才能立足学科看学说，着眼于学科来建设自己的学说，有足够的学科自觉与学术勇气。

我们学界现在有一个很大的毛病，就是用一种学说遮蔽一个学科。在心理和行为方式上，经常把一个学科下的某个学派或某个学说的观点当作这个学科的原则、真理和权威定论。他们自己不能站到那个平台上去，而是在追逐这个平台上的某个演员、某家学派，以这个为目标，甚至以为这个学说就是全部学科了。因为他们以追逐某家学说为荣，而看不到学科的形式和整体。

例如曾有一个人问我：“哲学，不就是马克思主义哲学吗？除了马克思主义，其他的不都是唯心主义的、错误的么？”这个问题很有代表性。以前曾有教育界的某位领导去视察电视大学，在他查看考题题库的时候，一来兴致就回答了一道题：什么叫哲学？他回答说“哲学是关于自然社会思维普遍规律的科学”，结果电脑判断他答错了。他说那正确的答案是什么，人家告诉他哲学的定义是“系统化理论化的世界观方法论”，而你这个答案是马克思主义哲学的定义。他说：“哲学和马克思主义哲学还有两个定义？这是谁说的？这人一定是自由化的！”然后就追查出题的老师，那老师刚好评职称，因此而没评上。这个老师很不服气，后来就到处找人，领导身边有明白人，就说这事让专家说吧。后来哲学教授说，马克思主义哲学与哲学是学说和学科的关系。题库的说法是符合人大肖前版教科书的，这本书教育部已经肯定了，所以这个老师没错。如果领导对这个问题有不同意见的话，可以讨论，后来这老师就评上职称了。不承认哲学里边除了马克思主义哲学还有其他哲学，这是过去我们的一种普遍偏向。

现在又有了另一种偏向，就是西方的欧洲中心主义的观念：哲学就是西方哲学，别的都不是哲学。一些人现在又走向了这个极端，这就是用一个学说体系遮蔽一门学科。这会使做学问的人的思想和视野受限制，使人的思想和视野很狭隘。这种表现很多，某个地方，某个高校，某个教研室，某一派占主导地位，就不允许别的学说讲别的观点。比如说相信逻辑实证主义的人就反对经验主义，搞成这样的学术单一化。这就是只有学说的立场而没有学科的胸怀，而没有学科眼光的治学心态，是站不高、走不远的。因为他没站在平台上，而是抱住了某一根柱子，只见树木不见森林。这是第一个要过的关口。

2. 文本与解读

我们说，任何理论工作都是解读的工作，被我们解读的对象就是文本。这里所说的文本究竟是什么？人们往往只是停留在前人经典著作的纸面文本，而不知道社会生活实践和历史才是最终的文本。实际上，一切真实的问题最终都来自人类生存发展的实践和思考，来自历史本身；一切真实的答案也都来自人类生存发展的实践和思考，来自历史本身。

我们看前人的书，如果光看他的词句，却不知道他背后的社会生活实践和历史，就会“只知词句不知精神”。文本，作为前人的著作，是前人对历史生活实践的解读。我们看他的书，实际上是“解读一种解读”，只有把这种解读和被他解读的历史社会生活联系起来，我们才能解读透前人，才能解读明白；只有和我们自己的生活历史和实践结合起来，我们的这种解读才能为自己提供启示，才能成为思想和理论的资源。比如读黑格尔的时候，我要知道黑格尔讲这些话的社会条件背景和社会影响，才能更好地理解他；同时我还要知道我的生活、我们现在的社会历史条件，有什么问题需要什么，我才能从他那里得到我需要的东西，受到启示。不是说我读黑格尔的时候就想变成黑格尔，我读康德就变成康德，变成苏格拉底、柏拉图……整天变来变去，像个变色龙，反而迷失了自己。只有把生活实践历史当作最终的解读文本，我们才能超越前人以往的解读，从而找到自己解读的对象和问题，才能形成新的解读，这是第二个要过的关口。

3. 问题与提法

“问题”是指生活实践思考中的矛盾、冲突、纠结、混乱和困境等等，它们是客观存在的真实情况。只有真正抓住问题，才能正确地提出和回答问题。但是我发现，对于这种客观存在的问题，一旦人们用理论、学术的话语表达出来的时候，往往会在不经意中扭曲变形，或者被遮蔽了，使真问题变成了假问题，有效的问题就变成了无效的问题，这就是我们需要反思的时候了。这时要注意的是自己提问的设置框架，提问的机制，这里往往是概念逻辑体系的本身需要反思和超越的地方。

把真问题变成假问题，变成一个误导人的问题，本来是解放人的学说，最后却变成了一套限制人的提法，这种情况很多。例如，我们的文化传统特别爱讲道德，王海出来打假的时候，他知假买假，然后索赔，大家对这件事情议论纷纷，有各种各样的说法。经济学家看到的是市场经济秩序问题；法学家强调公民作为消费者的权益问题，需要立法和司法的保护；而社会主导舆论看到的是道德问题。那时候电视台、报纸都在讨论王海这样做道不道德？靠知假买假来赚钱，这样的行为是不是道德的？有人说他打假得来的钱如果交公，他就是道德的，归自己就是不道德的；而有的卖假货的商店经理还说，我代表公你代表私，你这么打我是“损公肥私”——歪理都能讲到这个水平了。

问题出在哪里？其实提问“王海这么做是否道德”，一开始就把事情本身给阉割、扭曲了。实际上，这件事有很多方面，并不只是道德问题。就算是道德问题，为什么不去追问制售假冒商品的厂商的职业道德，却只追究王海的道德？这就是扭曲真相的提问方式。我在国外曾顺便了解了一下他们是怎么打假的，结果发现，市场经济初期假冒伪劣商品泛滥曾是普遍现象，但他们打假靠的就是支持“王海”们，建立小额法庭，随时受理像王海这样的投诉。而商家、厂家自己不能拿出证据来证明它不是假冒伪劣的话，就判他赔偿，罚得他倾家荡产。这样的结果，使制假贩假的成本就越来越高，最后没了，“王海”也越来越少，最终失业了，他们靠的就是这样一种合作机制打掉假冒伪劣。而在我们这个环境里，却是迫使王海自己成立了一个打假公司。一成立公司，他就不是消费者而是经营者了，他和那些制假贩假者就处于同一个利益链上，而作为消费者的打假则宣告彻底失败。普通消费者打假之难、之苦，还是老样子，只能依靠政府部门打假。消费者个人打假的问题从没有在法律、经济结构秩序和社会舆论方面得到理解和支持，这就是一个真问题如何变成假问题，最后导致不应该有的后果的案例。

这样的案例有很多，尤其是大学辩论赛中，经常出现一些可争议的假问题。辩论的好多问题似是而非，问题提错了还争论，是因为这种争论本来也就不是为了追求真理，而是为了输赢。抽到什么题就为什么题辩护，往往只是培养强词夺理的本事。比如有一个辩论题目是“嫁得好不如干得好”与“干得好不如嫁得好”，现在还有人提这话。在“嫁得好”和“干得好”给人设置的两难选择，显然是针对青年女性的。然而把青年女性置于一个什么样的社会地位，这个背景却没人反思。就像过去报道中有个村，在改革开放之前叫光棍村，姑娘都不往这儿嫁；改革开放富了之后，各地的姑娘都争着往这儿嫁。把这个例子作为改革开放取得伟大成绩的表现，我就要问了：在宣传的时候，你们把这些女性描绘成了一个什么样的社会群体？女人在社会中的地位和命运是不是就应该是这个样子？在这样宣传的时候，你们给女性塑造了一个什么社会形象和价值导向？这个问题其实是一个更大更普遍的社会问题。

所以说，现在的假问题太多，这就要求我们在看到一种现象的时候，要想到应该怎么提问题？这也是检验你观察的水平和高度的一个标志。我们要注意发现问题，提出问题。但是，同时也要注意自己发现和提出问题的提法，对这个提法要有批判性的反思。只有超越主体性的局限，才能在批判与反思中自觉地走向真理。

以上三个关口，是中国的学者尤其是年轻的学者要过的三道坎。过了这三关再进一步，才能真正出大成果，才能不被眼前的东西所束缚住，才能实现超越和自我超越，从而成为真正意义上的独立的思考者、思想者、批判者和践行者，而非那种文化侏儒、小学匠、小家子气的人。我们也不希望同学们成为文化侏儒，也不要像一个文化的二道贩子，把这儿的东西搬到那儿，把那儿的东西搬到这儿。这些东西要有人做，商业流通也要有人做，但是这是低档次的、小手笔的功夫，不是懂哲学的人所要的真功夫。

【第二课】

实地观察训练

教师：观察就是对任何事情的过程与细节、纵向与横向关系、表层与深层涵义、客观与可能趋势进行切合实际的、有根有据的考察，力争把事情看清楚。

上一周，同学们各自选择了一个对象去做观察。下面请大家就各自的观察进行描述，并就观察的方式和效果（不是观察对象）进行相互评论，那么现在就开始。

观察一：798 艺术区

同学甲：我的材料分为两个部分，前面是观察，后面是我的一些感想与评价。

798 是一片很大的区域。旧的厂房与仓库中间，有很多的画展、影展及雕塑，有中国的、外国的以及一些少数民族风格的艺术品展示其中。有的风格很抽象，有的又很写实。在露天场地有很多富含创意的雕塑非常抢眼，有的是扭曲的想象，有的是怀旧与复古。在里面行走的时候，人会变得很安静。

我重点观察的是经营这些画廊的人、艺术品作者，以及来到这里的人。我看到，经营这些画廊的绝大多数是中年人，很少有年轻人，偶尔听到他们在工作室中的只言片语，也都是与钱和盈利相关的话题。他们基本上呆在工作室，不会特别关注来的是些什么人，而作者比经营者的年龄范围要广一些，基本上是以三四十岁为主，有一些画展的作者在前台接受咨询，当然很少看到这样的情况。来这里的人是最引起我注意的，是因为什么样的人都有，但以老外、年轻人居多，令我意外的是还有不少老年人。大家都是三三两两结伴而来，这里拍拍，那里照照，老外拍作品的比较多，中国人拍自己的比较常见。我在一个展厅里观察了很久，几乎没有人关注展览的前言，哪怕在画前驻足的人也不是很多，大多数都是随意地走走看看就出去了。

我认为传递真正的艺术是画本身，画的质量是保证。下面是关于画的本身、这片艺术区的创意、画的创作者以及对来这里的人的一些想法。

这些画本身，不论是抽象的还是写实的，都有某些现实的所指，或者表达哲学的思想和体悟。我观察的第一个作品是雕刻与现代技术结合的东西，主题叫《他者》。一看到这个，我就联想在哲学上它表现了什么，但是我观察了一遭，却体悟不到它要传达的思想。

一个香港工作室的作品给我印象非常深刻，画家叫赵洪杰。给我印象最深刻的两幅画分别是《稻草人》和《愤青》，他描绘的所有愤青的形象都是睁一只眼闭一只眼。最后一副很震撼，是耶稣被钉在十字架上，这个耶稣也是睁一只眼闭一只眼的。在《稻草人》中，他把现代人都比喻成了“稻草人”，表现的或是愤怒，或是残酷。

另一个叫刘亚明的画家有一幅画叫《通往冥界世界的自由之路》，也具有强烈的警示意味。现实的扭曲、自然的人性、丑恶的真实以及单纯的红色怀旧成了为人称道的创意。这或者来源于现实繁重的生活压力，人们互相之间的掩饰遮蔽太多，而让人们彼此不真实。还有的也可能体现的是在多元选择间成本过高而令人厌烦，让人们感到精神的匮乏和不知所措，使其将这些称之为创意与艺术。我觉得像刘亚明那样的画家现在已经不多了，关心这个社会现实，同时以他的笔触展现出来，真实而有感染力。他尊重人，热爱人也热爱生命，珍惜生命和人的一切，我认为中国的艺术界应该多出些这样的人。

来这里看画的大多数是中国人，但很少有人真正懂艺术，他们只不过图着追求热闹，追求时尚，关注自己远比关注艺术要多得多。从价值上说这也是合理的，只不过目光未免有些短浅，艺术虽然是以一种直观的方式给人以启迪与解释，但很多人却懒得动脑去思考其深层的内涵，所以艺术对其而言只不过是一种谈之无益，食之无味的与我绝缘体。

教师：你在798呆了多长时间？

同学甲：我下午一点多到那里，晚上五点多回来的。那地方很大，去一次根本就看不过来，我只在一个小的区域依次看。刚开始的时候觉得都一样，后来看到那两个画家的画才觉得很受触动，那种直观的冲击和你看文字是不一样的。

教师：你也是去了那里的吧？在那用了多长时间？

同学乙：嗯，大概五个多小时。我的思路和她不太一样，我是先全面参观，然后重点观察一个艺术品。因为一直在想老师的要求（概括性、价值中立、有一定视角），所以我没有准备太多的描述，而是按照这三个要求对一件艺术品进行叙述。这一件艺术品属于整个展馆中的一个，但很遗憾我没有记住展馆的名字。展馆中其他几个给我印象深刻的作品，一幅是戴着“红卫兵”袖章的毛泽东，其中有正在发言的林彪副主席，旁边是周恩来总理，再旁边是江青和康生。时间写的是1966年，一个地方有几个大字：“毛泽东主席是我们心中的红太阳”。另外一幅作品画的是一艘红色战舰，上面是毛主席巨像，下面很多人穿着晚礼服与西装在跳交际舞，我觉得他要反映的可能是中西文化的交流。整个展区的作品有表现文化大革命的，也有表现中西文化结合的。说起文化大革命，大家多持有一种否定的、反感的价值评判，我暂不作价值评判，我只是觉得文化大革命是一个对文化的选择问题。它摒弃了一些文化，比如所谓的资产阶级文化或者儒家文化，也保留了一些文化，比如红色文化，这是对文化传承的一种取与舍。再有就是中西文化的结合，谈的也是一个文化的问题，我认为整个展区都是在谈一个文化的选择和结合，它也想引起人们的思考，也就是对于文化的接受和拿来应该作一个怎样的处理。

而我着重观察的是这样的一幅雕塑：上面是层层叠叠很多的书，下面是被书压着、用手撑着地的一个人。我把那个人看作是一个历史遗传的继受者，按照老师的三个要求，我是从历史遗传继受者，还有历史发展的角度对它进行的分析。历史遗传就是历史社会文化的遗传，具体描述分以下三个方面：

先描述他现在的状态，丰富厚重的文化积累由其继受者吃力地支撑着，继受者的身体和四周都被前人的文化所笼罩，他埋着头看不到前方。

下一步分析它的起因，也就是说这样一种状态是怎样造成的，随着历史的进步，人类的精神文明越来越充实，越来越丰富，这些精神文化在社会各方面的作用下，形成了一个沉重的包袱，这个负重者是被动地、封闭地在承受着这些压力。

最后我再说一下未来，也就是这个现状会有怎样的一个发展趋势，我觉得这个继受者是无法承受这种丰富的文化财富的，也无法向前再走一步。

这是我按照老师的要求做的描述。

教师：嗯，还有谁去过798？

同学丙：我。因为她去过的地方正好我都去过，所以前面我接着她说的那部分，后面再来谈我自己看到的。

从她的评述来说，比如 1966 年文化大革命那张图，我觉得总的来说，从展区的氛围来看，这幅画的基调应该是持否定至少是负面的态度的。后面紧接着的两张，前面一张是有一个很大的飞机，后面是一艘战舰，下面有很多人在跳舞。我开始看的时候有一点震撼，下面很小的这些人，穿着西装与晚礼服，上面一个红色的飞机特别醒目，视觉冲击力很强。我就想中国真的拥有这样的武器吗？后来我仔细看了看，发现它是电脑制作的一张图。因为你可以看到飞机的颜色就是我们国旗的颜色，上面几乎包含了现在已存的所有武器类型，而且下面那些跳舞的人其实就是相同两个人的重复出现。后面的战舰上面是一座巨大的毛主席招手像，也就是我们经常在很多大学校园所见到的那样。这在现实的军事武器中是不存在的，我认为这其实反映的是“文革”时期革命伦理中那种“高、大、全”精神的体现，也就是说红色精神中那种无所不包、无所不能。这里所反映的，实际上就是在红色精神的高大形象之下千人一面的广大民众的精神面貌。

教师：你看的那幅画有没有自己的题目？作家给它定义的主旨是什么？那是作品的传神点睛之笔。

同学丙：这两幅画的题目我没有找到，不过前面她说的那座雕塑的名字我知道，叫《尽信书不如无书》，这就是这个展馆的情况。

在去之前，我在网上搜索了 798 的图片，希望以此记住一些自己喜欢的场景。我去的时候坐车还是很顺利的，进门的时候正好遇上一个由外国人组成的旅游团，用自己仅有的英语交流了几句。因为雨刚停，所以人还很少，四周显得很冷清，前行的路上没有遇见什么人，但是进去了之后看到了很多外国人，觉得在这种地方那种中外交流的感觉是很强烈的。

因为整个区域太大，要看完还是很难，所以我当时选择了走一个倒“U”字形的路线。因为天气很冷，受不了的时候，我就选择进入各种展馆里待一会儿。后面我印象最深的有两个地方，一个是叫“795”车站，它保存了一段最原始的火车轨道，两旁是煤堆和碎石，一个小型的早期候车室，前面是几截旧火车，上面写的是“1976 年唐山机电厂制造”。有很多人在那里拍照，这里很像是许多影视剧和期刊杂志上描述过的样子。

教师：对，那是过去我们那个时候最普通的场景，这个场景就相当于把它原封不动地保留下来。

同学丙：嗯，与此相类似的就是在一个小巷子里见到的一家店，叫“童年记忆”。进去就可以看到许多文革初期的绿军装、军帽和上面的红五星，给我的感觉就是在我们这个全面学习西方的时代，对于过去的文革记忆，即使是在此中受过迫害的人们，大家仍然都存在着一些珍视的部分。另外一个感觉就是西方化的风格很明显，我去过一个古巴和一个俄罗斯的文化展览馆。因为我曾在一些西方的文学作品以及网络上对他们有过一些接触，所以当我看的时候，就会事先有一个预期。当我进入古巴厅之前，我就在猜想他们同样作为社会主义国家，是不是与我国在意识形态上十分地雷同。但是看了之后，它给人的感觉并不是如我所想的。比如其中有两幅画，一幅叫《古巴牛》，一幅叫《美国牛》。他画的古巴牛是很温顺的，并且被图画之外一个无形的东西用铁链给牵着；而对面的美国牛并不如我所想的被丑化，反而是命题为强壮而伟大的美国水牛。另外具有宗教因素的一幅图，其中画的是一个钵盛满了水，水从边沿往下滴落，水面上是一艘小船，三个人在上面奋力地向前划去，抱着圣子的圣母这时候就出现在他们的面前，画的主题叫做《偶遇圣母》。出乎我意料的就是，原来在古巴也受这么强烈的西方基督教的影响。这里面反映的有世人向救世主、向圣母追崇的意思，他并不是如我们所说的，整个社会是在马克思主义和无神论的笼罩之下，宗教的荡然无存。

让我格外注意到的是，在这样一个雨后的天气，每一家店面门前的水洼里的水都是被保留下来的，而且还有随处飘落的树叶。这与我们在其他的购物中心或者人口集中地区感受到的就不太一样，这种自然随意的感觉，是现代城市的规整化屏蔽了的，失去了的。这也就是我所理解的艺术的一个有机组成部分，即自然的倾向所在。

另外一点就是，艺术会把生活中的个例，比如奇异的造型、绝望的表情和屠杀的场景变得常态化，使得冲突被集中释放，取得震撼与促人思索的效果。这是对于平和状态下的我的一种点破与刺激，可是对于我曾经一度想要追求的那种振奋人心的刺激与领悟，我依然没有找到，这些微小的感悟依然逃不脱自我预想的俗套。

教师：有刺激没有启蒙，对吧？

同学丙：对，所以当我回来以后写下这样的日记：艺术本身源于生活，同时也是生活的提高。可是在我们中国，你总会觉得有一些无形的东西罩在艺术的上面，使得它无法达到最真最纯的境界。落于俗套的艺术作品失去了对于民众想象力的启发作用，不能产生把社会向上拉的感觉，也就是说我们的艺术堕入了一种普遍的平庸。

教师：你这是已经开始和艺术家们进行更加深层次的对话了。

小　结

教师：有三个人去了 798，接下来我们一起讨论一下，在我看来，在你们的观察里，主要是两个主题：

第一个主题，是艺术家们眼中的人生与社会百态，也就是他们在解读我们的生活与周围。特别是，如果有个前后的历史比较，就能够从中看得出来一定的思想文化走向。比如，过去的艺术作品都特别地写实，而 798 代表中国民间兴起来的一种现代艺术风格，并跟国外的现代艺术潮流形成呼应，它与我们传统的艺术，特别是与官方倡导的艺术不同。那么，在这样的一种艺术思潮里面，我们的生活得到了一种怎样的描述与揭示？比如刚才你们说的重点，一个是中国人对于历史的反思，特别是对文革社会生态的反思；再有一个是对于中西文化碰撞的描述与感受，对人的理解。

就拿画人来讲，798 里面多是刻意追求略微有点变形的人的形象，强调某种千人一面的状态，一个场景下的人都一个样，就像刚才照片上的那对男女被不断地复制，从而成为一片人。那些人的表情麻木、呆滞、困惑、黯淡，这类面部表情比较突出。这种描述人的风格，与20世纪70年代后期，1978年、1979年的时候是很不一样的。那时候最出名的一幅画是罗中立的《父亲》，那幅画很大，比一个人还高，但是只画了一张脸。当时中国美术馆的画展让观众投票，几乎99%的人都投了这幅画的票。一看这幅画就特别震撼，“文革”刚结束的时候，这幅画和当时人们的心境相结合：父亲的一张饱经风霜的脸，充满关切和期待的眼神，每一条皱纹、每一个毛孔都画得非常清楚。关键在于画家给这张画起的名字——父亲，“父亲”是一个在我们生活中承担一切重任的角色，如同我们国家的人民。看这画的时候，我的第一感觉就是“父亲”是这样的，辛苦操劳了一生，而我们对他怎么样？对得起他不？这就是文革结束时大家反思的一个焦点。所以我说，你们看画的时候，一定要注意作家给它起的什么名字，同样画的是一张脸，但是主题不同，画出来的效果就大不相同。这和后来新一代的画家画出来的感觉完全不一样，后来画的全都是瞪着眼睛，麻木、忧伤、困惑，各种表情交织在一起。不像那个《父亲》，既饱经风霜，很贫困、很朴实，又带有一种很明确的希望。这就是不同时代的画家对人的不同看法与理解，罗中立表达的是一种理性的反思，而后来这些画家表达的则是另一种感受，这就是艺术家眼中的社会与人生的状况。这是我看798的时候想到的第一个主题。

第二个主题，是艺术在我们这个社会里存在与发展的生态问题。有的艺术作品自身反映了这个过程，但是798的发展过程更能说明这种经历。798最先是在一个废旧的厂房仓库区域，一群北漂的画家、雕塑家等在一起，租了这些房子做自己的画室、工作室，也住在那里，我曾经也进过他们的小屋子，看他们的生活是怎样的一个状态。一开始是民间自发地兴起来的，后来慢慢受到关注，现在已经被纳入了北京市文化产业发展规划了，政府对它加强了管理。它现在成为一个旅游点，就像同学甲说的，很多人去只是图个新鲜，跟去看其他旅游点的心态是一样的，拍照的也都怀着那种“到此一游”的心态，但是也有不少人能从作品本身受到一些启示。我现在很关心的一点就是，因为它毕竟是在北京市的核心区，政府把它正规化管理起来以后，就像秀水街一样，它的人气会不会就差了？通州区的宋庄会不会慢慢替代它的位置？因为有一些画家、雕刻家慢慢地集中到那里去了，那里的作品，有的能卖出高价，作家自己的生活也就改善了，有的还是在那里找出路，还在谋生。这就是艺术发展与社会发展生态的演变问题。我碰到过年轻的画家，自己坐在路边，把作品摆在前面，也不定价钱，凭你拿，给多少算多少，那些已经功成名就的人自己就定价格，而且都比较贵。有些人像淘宝一样，去这里淘那些画，他们比较懂，估计有些人将来可能火，保值升值的潜力很大，就赶紧趁便宜收藏起来。人们的心态也是各种各样的，这样一种社会与艺术的互动，我们的艺术生态会怎么样发展下去？

我想大家观察中大概就是这两个方面的现象和问题。当然，你们也注意并提出了不少的问题，第一次去看就能够发现一些问题、提出一些问题，这很不错。但我想强调一下“观察”的质量。

比如，怎么解读艺术作品是你们几个谈的重点。要说解读一部作品，光看画面不行，即使是画面也得看全，作家给它定义的主题是什么？根据这个主题，你才能够理解他的意图，他对生活和社会的看法。就像罗中立的那幅画，他要是起名《人像》，就会变得很普通，他起名叫《父亲》，这幅画的普遍意义就非常大。在我们的文化传统中，父亲母亲是一个普遍性的概念，是我们家庭生活的主要承担者和支柱。你了解了它的主题之后，就会注意他的那些关键性的细节。如果你对它的主题不清楚，什么是它真正的细节，他构图和造型的真正用意，哪个地方是最能说明他的用意，都会不清楚。像你（同学丙）说的那座雕塑，它的主题叫《尽信书不如无书》，也就是作家用这句古人的话作为题目时力图表达的东西，是不是在说“书越多越压倒人，不如自己去听、去看”？解读这幅作品时，你可以朝这个方向去思考：这座雕塑是怎么表现“尽信书不如无书”的？于是就能够看到你应该看到的细节。

有很多细节，比如画人，都得要鼻子眼睛嘴，这是没有特殊意义的。但是在要传递某种感情、某种意图的时候，作家对鼻子眼睛做了怎样特别的处理，就是我们需要着重关注的。那幅上面是大船，底下有很多人的画，因为不知道它的题目，所以我不好作判断。是战争阴影笼罩下的歌舞升平？还是精神强制下的千人一面？还是别的什么东西？你要是不看它的题目的话，你就没办法知道画的本意。

我去过几次，但都没有看到你说的那幅作品，好像你走的路线跟我的不太一样。那里的两个门，你从任何哪个门进去都不可能看全，都可能看的不一样。它旁边还有一个 799，那里连着有好几个老工厂，都是撤走的工厂厂房和仓库改造成的展览区。那里有个工厂是我们酒仙桥这里原来的电子工业城，当年那里是很先进的地方。

学生丙：那里有好几个厂，但是我很疑惑，为什么他们的名字都是用数字来表示的？

教师：凡是那样命名的，在“文革”之前都是保密工厂，一般都是国防一类的，还有像人民币印刷厂。这是过去我国体制的一个特点。

艺术作品的解读，从哲学的观察角度，名字其实就是主题，就是一种概括。这个概括越准确、越清晰到位，那么你对细节的观察可能就会越敏锐；如果你的概括不到位、细节特别多，你就不容易抓到点子上。刚才说的那个《童年的记忆》也是，它是个人的童年记忆，还是民族的童年记忆？你要说二十世纪五六十年代是童年记忆，那么它好像是说这一代人，50后、60后，这一代人的童年就是大跃进、人民公社或文化大革命时期，对他们来说这是童年。但是对于我们这个国家和民族来讲，对新生的共和国来讲，在精神上的某个领域、某个方面，也可能是一个有待启蒙的童年状态。这种个人的回忆和民族文化、民族历史关联在一起，是怎样的一种普遍的表达方式，是作家的意图所在。

但是，当你和作家对话的时候，你说有刺激但没有启蒙。艺术作品与哲学理论的不同就在这里，艺术作品更多的是表达直觉的、直观的感受，它更多的是发现问题、揭露问题。然而要回答和解决问题，是很多作品本身还做不到的，需要大家进行整体性的思考，历史性的共同思考。所以我们看作品的时候思考，就是已经超越了它本身。

比方说，现在我们应不应该把人都画成千篇一律、傻呆呆的、多少有些变形的样子？现在的人的精神状态跟罗中立画的那个形象的差别何在？罗中立所画的父亲形象也包含着一些麻木，那是被生活、命运折磨下的麻木。但是作家并不强调这种麻木，实际是要表达一种贡献、一种劳动的辛苦、一种风霜的经历，然后用人物的期待来唤醒观众的良知和觉悟，它不是引导人们消沉。一些现代的画虽然反映的是现实，但它们多半强调迷惘、怀疑、困惑、反叛，这让有的人会觉得痛快、解气，然而痛快以后怎么办？他并不直接提供答案。艺术和理论、政治的区别就在这里，好的艺术作品，它本身能够提供深刻的思考，那就是大家的作品了，它本身已是一种哲学、一套政治。但是一般的艺术家就达不到这一点，从他那个角度发出呐喊就行了。

艺术形式的变迁、艺术家处境的变化、艺术作品主题的变化，都是具有历史性的。像798那么大一个事物，你们第一次看时就分别有了自己的重点，这很好。由于是有心去观察，而不是盲目地去旅游，效果就挺好，有些问题你要是抓到了，就可以在此基础上进一步搜集材料研究下去。比方说下次你要写、要专注解读某一个作品也行，或者考查艺术形式的转变，如果你对此比较在行也行，或者就针对艺术作品中的人物表情来考查我们现代人的人文环境、人文精神也行，提出一个问题，然后你从某个角度一直做下去。你别看798那么闹腾，但做深度研究分析的人现在还没有。像我们中国政法大学的人，能不能研究798这样的产业的法律保护、法治保障的问题？我们已有的法律法规，哪些是合理的、有必要的，还欠缺什么样的法律法规，在执行过程当中，需要什么样的因素与条件，等等，这都是可以研究的题目。比如我，更多关注的就是798的生态，很多东西都在变，还要再观察下去。那些作者们的命运怎么样，我们的社会与政府怎样有效地扶植这样一种民间的创作，让它健康发展。因为在往后的发展中，它有很多种可能，官方可能希望把它变成宣传工具，有些国外媒体可能希望把它变成他们的意识形态渠道，业界也可能有人发现这里有商机，把它变成生大财、赚大钱的地方……这些情况对于我们中国的艺术事业的前途会有怎样的影响？要怎样做，才能给我们的社会更好的艺术精神食粮，而且在将来涌现出世界级的大手笔、大作品和大画家、大雕塑家等等。当然，这是我们的国家和政府更应该考虑的。

观察二：南锣鼓巷

同学甲：我们组统一行动，观察对象是南锣鼓巷。虽然是同一个点，但是大家关注的内容不一样，有的人关注商品，有的人对文化有更多的探讨，也有人对食品很感兴趣。在讨论的过程中发生了很多争议，现在由我先来做一个整体的介绍。

南锣鼓巷，位于北京东城区，南北走向，北起鼓楼东大街，南止地安门东大街，全长786米，宽8米，与元大都（1267年）同期建成。作为北京目前为数不多、保留完整的胡同区，东西各有8条胡同整齐排列。中间的一条为南锣鼓巷商业街，而东西走向的胡同里将传统与商业运作很好地结合，成为北京示范商业街。

我们的观察方式是摄像、录音和访谈，选取了在南锣鼓巷街道上的四个观察对象：

第一个是“本土意识”小店里外来经商的售货员，一个普通的年轻员工。对于我们提出的诸如“开店理念”、“开店缘由”等非消费行为不愿搭理，对“文化问题”不愿谈及。

第二个是“文宇奶酪店”的女老板，属于本地居民经商者。对我们提出的关于奶酪的历史渊源问题耐心分享，同时也擅长迎合市场的需求和时代的变化，例如在传统奶酪中改良加工，增加了咖啡、草莓、香芋等口味。

第三个是居住在帽儿胡同的中年妇女，很有北京女人身上热情豪爽的性格，右臂戴着一个红色袖章：“治安管理志愿者”。在我们聊天的过程中还不忘给游客指路，很适应游客熙熙攘攘的热闹生活。

第四个是十年前从德胜门花鸟市场搬迁至南锣鼓巷周围的老太太。她从市场买菜会经过南锣鼓巷商业街，在交谈中，我们发现她对于南锣鼓巷的变化态度冷漠，也不熟悉街上小摊小贩的情况，倒是一直在和我们述说自己被迫从四合院搬迁，居住在“盒子房”（政府的安置房）如何不适应的烦恼。

观察之前我们搜集了一些资料，发现关于南锣鼓巷的热点问题是商业街的运行模式和传统老北京文化之间的冲突。但是考察中发现和我们想象的不太一样，比如查找的资料中，关于南锣鼓巷的争论点在于文化保护和经济发展的平衡。但都是从局外人的角度来考虑，没有考虑谁才真正有权利说这种变化是好是坏。在我看来，对政府和社会来说，这类主体应该是经济发展和文化保护的对象：售货员关注商品的销量；当地经商的妇女积极争做市场经济的受益者；对于居住在这里的居民，乐意参与到市场化的管理，也热心与游客交流，传播南锣鼓巷的胡同文化；对搬迁至此十年的老奶奶，更关心的是自己的生活和利益，她没有关注南锣鼓巷商业化的进程。不同人对南锣鼓巷的变化有不同的意见和需求，对文化的保护和传承有不同的态度。这类差异使我觉得应该在整个南锣鼓巷规划的过程中更多地考虑主体性的问题。

教师：南锣鼓巷的文化发展和经济保护有没有相冲突的地方？你举的外面搬来的例子，不是对传统文化的流失和冲突，而是说南锣鼓巷也面临原住民的保护问题。

同学甲：不是原住民保护问题。我想表达的意思是：南锣鼓巷不是我们原来认为的一条街，而是一片街区：商业街为主干道，几经翻修扩建为主要的商业开发地，成为以酒吧、各色小吃和创意文化产业为特色的时尚商业街，吸引了大量的游客，带动了当地的经济发展。而东西走向的几条胡同，基本保持原有的格局和文化遗迹，有的被人买下来不对外开放，有的被政府保护了起来，但也是封闭的。

教师：那么，你想表达南锣鼓巷的发展到底面临的是什么问题呢？商业化影响了巷子里的传统文化么？

同学甲：我想说的是，不同于美国，南锣鼓巷的范围是一个区域，保存着最具北京特色的棋盘格局，中间扩建了一条特色的商业街，沿街有些居民通过房屋的出租，有些居民通过沿街商店来就业或者加工一些手工艺品增加他们的收入。其间也散落着很多名人的故居，有的完全封闭，仅能观其形色，说明政府意识介入到对传统文化的保护。整条街不由一个公司统一运作和经营，实际上这是在保护的同时又改善了居民的生活条件，但在这个过程中更应该尊重在这片区域里生活的居民和商人，这些人的主体地位，使文化保护、居民生活条件的改善和产业适度发展三者之间有机的联系和协调起来。

教师：只观察了半天，就能说出这么多，真是动脑筋了。

同学乙：据了解，南锣鼓巷得名于民国初年，巷里有巷，纵横有18个胡同，集时尚玩意、老北京特色、特色小吃为一体的购物街。店面古色古香，穿着时尚的各色人穿梭其间。说到现代时尚与中国特色的结合，有三点可以证明：第一为销售的商品，如陶瓷、刺绣、绸缎、军绿色帽子等等；第二为建筑，如店面，行政部门在设计风格上都在一定程度上传承了中国特色；第三点为牌匾，牌匾是中国独有的一种商业语言、文化符号，其表现形式多样。

具体而言，第一，某些店铺的名称通常采用书法的形式，如“对翅”，这家店非常有趣，书写牌匾时，把字都倒了过来；第二，如本土意识，采用了奖状的方式；第三，如“青花的记忆”，牌匾上有印章，橱窗里摆放着画有旗袍的纸板，展现了中国风；第四，有些店面的牌匾为木材所制，并且在颜色上还原了木材所固有的颜色，有一种古色古香的感觉，如“陶笛公社”、“六十号”等；第五，有些店面的牌匾上的字为金黄色，并且以繁体字写成，如“江南织造”；第六，有些店铺的名字很现代，但因其以印章的形式写成，如“东堂餐吧”，巧妙地将现代风格和传统文化结合了起来；第七，有一些店面将一些现代的语言以传统的方式表现出来，如名为“无语”的店铺等。

本人对上述牌匾的整体特征进行了归纳，可分为以下五点：第一，在字体上，多采用繁体字；第二，牌匾上所题字多以书法的形式写成；第三，店铺名称往往采用“某某园”等形式；第四，牌匾上所题字的颜色多采用红色、金色等；第五，在牌匾的选材上多为木材。本人就设计牌匾时，采用上述形式的优点进行了总结，即可以营造一种怀旧的气氛，提醒现代人不要忘记老祖宗留下的无形资产，同时也可以向外国人推行老北京文化，从而使老北京文化走向全中国，乃至全世界。牌匾代表和传承着老北京深厚的商业文化精髓，作为宝贵的文化遗产和财富的标志，它将继续保持并焕发更加旺盛的生命力。

教师：你们是怎么想到要去南锣鼓巷的？

同学乙：我之前听说那里的奶酪很出名，比较有特色，所以就去了一趟。(笑)

教师：就是说你们这次是有目的、有准备地去，你的重点是考察牌匾？

同学乙：是的。

教师：使用这些牌匾的店铺都是做什么的，是否有思考？

同学乙：有一些思考。比如说有一家叫“火柴语录”，就是卖火柴等物品。

教师：你去看牌匾的时候，可以重点考察名称和经营的联系，因为这种联系可以体现一种文化意象、意境。那么，你观察的结论就是以上的那几点好处吗？

同学乙：我觉得人们生活在现代的都市难免有压力，而且有一种浮躁的感觉。如果在假期或者空闲的时候，能够在这种古色古香的巷子里走一走，沉浸在怀旧的氛围之中，可以起到一种缓解心理压力的效果。

教师：这是你感觉到的这类牌匾在文化意义上的价值，是吧？

同学乙：是的。现如今，大量欧美的商业文化流入我们的生活，我们本土的文化却在逐渐地被淡化。前几天，我看了个微博，题目是“还记得我们的传统服装是汉服吗”，就这一点，我个人觉得就挺值得反思的。换个角度说，我们可以通过牌匾这种事物向世界展示我们优秀的民族文化。

教师：总体上讲，你是以欣赏的角度来看待这类文化现象的，是吗？这中间有没有批判呢？

同学乙：我们在小组讨论的时候就有分歧，部分同学说商业运营使得这种文化氛围被淡化。但由于我是朝鲜族，从我个人成长环境来看，没有像大家一样从小就深刻地接触我国的传统文化。因此对大家司空见惯的东西，我反而会感觉很新奇，南锣鼓巷的事物对我而言都是新的，所以在我而言，可能欣赏的倾向会比较重。

教师：就是说传统文化还是有不少好东西的，挺有味的？

同学乙：是的。

教师：你们小组还有哪些观察成果可以说？

同学丙：我来补充一下。去之前我们在网上查了一下资料，南锣鼓巷是目前中国最具有老北京特色的景点，于是我们就带着一个目标去了——“探寻老北京文化”。

1. 南锣鼓巷不仅仅是“老北京”文化的代表，它是中国传统文化的代表，它已经融合了中国南北文化、古今文化乃至中西文化。

(1) 南北文化。它有苏浙文化的“苏绣”，有代表老北京传统小吃的“文宇奶酪”，在这之前我从来都不知道原来我们也有

奶酪，我一直以为奶酪是西方的传统食物，它的口感不同于西方的奶酪，不是那种臭臭的东西，它的口感更偏重于酸奶等乳制品。

（2）古今文化。有一家叫“若水堂”的油纸伞店，据说制作油纸伞的技艺已经传承了几千年，相传是鲁班的妻子发明的。南锣鼓巷还有一些近现代的文化，其中最具代表性的就是刚才同学乙向大家介绍的“本土意识”那家店。“本土意识”可以说唤起了我们儿时的记忆，里面卖的都是20世纪80年代的一些东西，比如白色搪瓷大茶杯、我们父母结婚时候用的那种写着大红喜字的铁皮水壶、红领巾奖状、军用小挎包，等等，就连店里面的电视放的也是我们小时候看的动画片——《金刚葫芦娃》。这是南锣鼓巷包容古今文化的体现。

（3）中西文化。中国人自古对石头的推崇在世界上是比较罕见的，南锣鼓巷就有一家印章店，主营寿山石（里面不仅仅卖印章，还有石雕摆件等等），这是中国文化。说到南锣鼓巷里的西方文化，我想最典型的就是酒吧了，但这里的酒吧很不一样，它的建筑风格完全是中式的（里面的装修也是中式复古风）。

所以我的总结就是南锣鼓巷已经不仅仅是老北京文化的代表了，它融合了中国南北文化、古今文化乃至中西文化。

2. 观察到的问题。这些东西的存在跟商业化的操作分不开，店铺追求的是特色商业，不像政府把它定义为“老北京文化”，相比于“老北京文化”而言，商家追求的更多的是特色和客流量。这些商业化的操作当然也带来了一些问题：

(1) 找不到老北京人的生活状态。我们对老北京文化通常的理解就是老北京人的一种生活状态：遛遛鸟、逛逛花市，但是在这儿我们看不到这种生活状态。因为这儿是个景点，所以人比较多，就使得南锣鼓巷少了些宁静质朴，多了些繁闹喧嚣。

(2) 商品“同质化”。我刚才说了一些很有特色的店，但是因为商业的竞争使得这里的文化产品出现了严重的“同质化”现象。比如有一家店卖火柴，而这个火柴又很畅销，那么就会有好几家卖火柴的店跟着出来，都卖火柴。就连刚才说到的“本土意识”，在这里也能找到2~3家，还有一个就是卖皮质文具的店，在这里也能找到很多。

(3) 商品价格昂贵。比如在那家卖苏绣纺织品的店里，一条手帕就卖200元~300元，一个肚兜卖到近400元，还有卖火柴的店，一盒火柴最便宜的也要卖到15元钱。

这种现象引发了我们小组的激烈讨论，即这种文化商业化的现象究竟是促进还是阻碍了文化的传承？大家基本持两种观点，支持方认为这更有利于中国文化的推广；反对一方认为，文化应该更贴近生活，我们保护文化，但不能利用商业操作把文化推广成奢侈品，从而使之离我们的生活越来越远，这种方式将不利于文化的传承。我个人持反对观点，所以我引用某同学的两个问题来表述一下反对方的观点：如何在商业化之下保持中国文化的特色？对文化的保护是不是只能局限于对建筑的保护？

教师：在文化商业化的现象上，你个人持什么观点？

同学丙：我个人持反对的观点，我认为文化应该更贴近生活。

教师：在南锣鼓巷，你观察到的文化商业化现象是什么状况，是一个苗头啊，还是一种趋势，还是已经成为风气？

同学丙：是一种趋势。来这个地方的人们关注的可能不是文化本身，游客关注的是什么东西好玩，而商家关注的是什么东西能带来更多的客流量，从而给他们带来更多的利益。但最后我们发现，当我们在讨论这种文化商业化的现象对文化传承是好是坏的时候，其实我们搞错了一个前提，那就是南锣鼓巷是条商业街而不是文化街。

教师：它的全称是"南锣鼓巷商业街"？

同学丙：是的，所以我们不能苛求一群商人为了传承文化而放弃经济利益。客观一点说吧，文化有其自身的内涵和外在的表现形式，商业也有其自身的内涵和表现形式，只不过南锣鼓巷的商业用了一些文化的符号，用了文化的表现形式。

教师：那么这里面能不能体现一种商业与文化的融合呢？

同学丙：南锣鼓巷用文化的形式发展商业，所以它其实就是文化和商业的结合。

教师：你所观察到的这种结合体现在哪儿呢？

同学丙：主要是文化产品。

教师：主要的就是同学乙说的"牌匾"，这些商家在起名字的时候特讲究文化。

小　结

教师：你们的观察还是有细微之处的。最开始你们是带着探寻老北京文化去的，后来你们观察到了南锣鼓巷是个商业街，但却打着文化与商业结合的牌。那么在这之后可探讨的东西就相当多了。为什么这样的文化产品在商业街会成为主流？你还可以进一步观察这里的旅游群体中哪些人进行了消费，又消费了哪些产品，这些产品在大家的眼中又代表了什么样的文化，等等，确实可以进行深入研究。你们的整个的线索都挺好的，但是还需深挖一下，支撑资料还不够丰富。有很多人可能像你们一样抱着探寻文化的目的去，在商业街既满足探寻文化的需求，又使得这些商家赢得了利润，而商家的盈利又反过来支撑着商业街的运作，这之间的相互支撑很有意思。

用观察的东西来说明你的观点，咱们的训练课就是要训练这个能力。不是说要有看法，任何人都可以有任何看法，关键是要通过观察，有你自己调查出来的看法，你的看法要处处有你的材料，有事实来支撑。

观察三：地坛书市

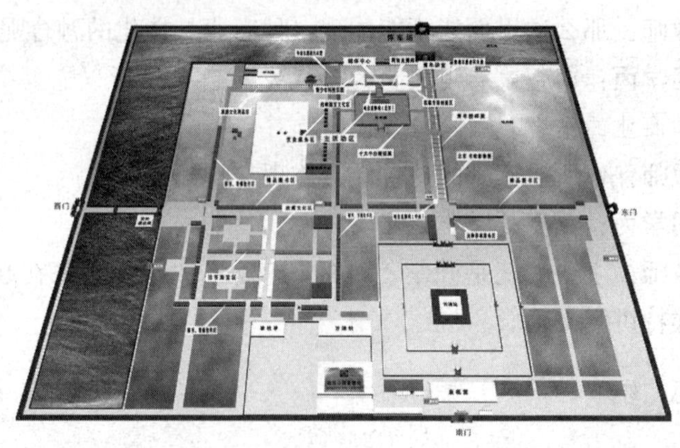

同学甲：我们这一组是去的地坛书市。我在观察地坛书市时总结了五段描述，这五段描述都有大致相对的两者或者三者是共存的，我把他们叫做这些存在的图景。

描述一，那天我们去了地坛书市，那是一个很大的地方。共存一：在那里有许多小出版社，比如远方、青岛、中国轻工业等。也有许多大出版社，比如三联、商务、中华书局等。共存二：有许多正版书，比如尚未拆封的《輶轩使者绝代语释别国方言》；也有许多盗版书，比如《中医教你治乙肝》；还有一位自由作家坐在地上，卖自己没有出版的书。共存三：有一些禁书，比如《国色天香》、《醋葫芦》；有古书，比如《卧云楼琴谱》、《民间文艺季刊》；也有畅销书，比如《世界如此险恶，你要内心强大》，摊位上这样的“幸福密码”比较多，而《2012年全国硕士研究生入学统一考试思想政治理论考试大纲解析》，当当网上近期畅销书榜排名首位，但是在摊位上就见得不多。

这是描述一，现在进入联系一，我感觉世界是无限多样的，世界是多元的。

描述二，共存一：在一堆好爸爸、坏爸爸、成功学、幸福经中间，夹杂着一本《论〈天问〉中的特指句式》。它们默然地在那里，以至于人们都没有想过将那本书抽出来放回学术书原位的冲动，好像说在这些书中夹杂着一本专业书籍似乎是生活中最正常的状态。共存二：在书市里的人，有老人，也有孩子。当时在书市里面，中年人群据我们的观察是不多的，可能是因为上班等各种原因。但是老人和小孩手拉着手，两手之间正是中年，于是在我的眼中，中年人群在书市的缺失，就这样被淡化了。共存三：面对书市既有正版书，也有盗版书的现象，作为主体的人群，反应是非常和谐的。从正版书穿梭回盗版书，从盗版书穿梭回正版书，人们心安理得、心平气和、心知肚明、心照不宣。抽身回校的时候，我们都是义愤填膺地讨伐盗版书，不过在书市里的时候，我们看见它们，依然像大部分读者一样无感，我们沉默而引以为常。

接下来进入联系二，我对描述二的感受是：相对来说，主体是一元的，客体是多元的。看上去相对的东西，它们却能够默然共存，就好像正版书和盗版书、老人和孩子，还有那些专业书和畅销书，从未因人的价值判断而挪动半步。回想起来，就“行为的主体”而言，出盗版书的人是错误的，然而当盗版书与正版书共存在我们面前的时候，我们却没有资格对这样的现象说：你错了。为什么呢？是因为老天既宽容、又悲悯，允许了一切的共存吗？或者，是因为在真实的世界里，一个太阳和一片叶子本来就各有特点，没有高下呢？还是因为盗版书或正版书、速成书或经典读物，其实都各忙各的，呼应了不同群体的需求吗？这共存的图景，究竟是“花开千万亿，朵朵见如来”的欣喜呢？还是悲伤的和谐呢？

描述三，这里的书很多，然而我却没有找到一本自己喜欢的书，我很郁闷地站在那里。这里，请允许我用李德顺老师《生活中的“多元”与“一元”》中的几句话来安慰自己：承认现实的多元与主张自己追求多元是两回事，不能把它们弄颠倒或混淆了。就因为现实是“多元”的，所以每个主体就更要认清自己的“一元”，保持自己的“一元”，所以，绝不是任何事情都可以“多元”。虽然这里的书很多，我却没有找到一本自己喜欢的书，就是因为我坚持了自己的一元性啊。

描述四，我没有找到一本自己喜欢的书，然而我转身一看，看到了一个人提着一大袋子书，脸上露出了满足的笑容。我什么都没有，而他有许多，老天从上往下看着这一切，看到这个世界如此平衡，一定也会感到很和谐的。

接下来进入联系四，我想到了顾城的一句话：“我觉得一个胜利者，一个成功的统治者，在某种意义上是个失败者，因为他服从了统治和获取成功的规律。”这个念头一闪而过，中国人真是活得太明白了。我和那个人站在那里，我什么都没有，而他有很多书，我们是以不同的方式感悟着地坛。最后，我们大家非常和谐地回学校了。有些东西文字才能表达，有些东西音乐才能表达，有些东西什么都不说才能表达，有些东西无法表达才能表达。最后，我们大家还坐在一起吃了一顿米线，有人吃荤，也有人吃素。

描述五，以上这些共存的图景告诉我们，个人并没有找到最合适的，然而整体却非常完满。

接下来进入联系五，个人与整体之间，一元的主体与多元的客体之间，都不是像我们小时候搭积木那样，一块一块拼拼凑凑，就能妥妥帖帖。这个游戏是这样子的：个人，是真的找不到最适合的，然而由个人搭建的整体，却能够非常完满。

教师：你的这个观察的主题似乎就是那句话：个人不一定找到合适的，但是人类的整体是和谐的。是这个意思吗？我听来听去，你的主题是这个，但是用来支持你这个结论的主要材料是什么呢？

同学甲：是描述一、二、三、四。

教师：你那个概念已经把我弄晕了，描述一，还共存一、二、三，你就说一下描述一证明了什么，描述二证明了什么。

同学甲：描述一证明了小出版社、大出版社、正版书、盗版书的共存现象。描述二证明了当小出版社、大出版社、正版书、盗版书、专业书和那些畅销书摆放的位置相杂的时候，这样一种相对的两者共存的现象。

教师：你说有这样的现象，有这样的现象就能证明世界的整体是和谐的，又各得其所的是吧？你刚才反复说的那个例子，就是一堆养生书里面夹着一本艺术概论，你说的时候还是觉得它不和谐是吧？

同学甲：和谐，因为这是人们乱放的，不是大家刻意摆放的。人们可能在插进去的那个直觉中，就没有把它放在专业书中的那个冲动。

教师：人们已经习惯了？

同学甲：习惯了，大家都习惯了。

教师：习惯了就意味着它是和谐的？习惯了就意味着一种自然的现实？

同学甲：对啊，就意味着无论是对是错，对错的两方都不能够消失，尽管他们的体积面积可能在改变，它们都要依存在这样的一个整体当中。

教师：你那里有一个哲学命题，“主体是一元的，客体是多元的”是什么意思？

同学甲：就是说个人在人生中所坚持的那些东西，不可能很多，不可能他既是一个诗人，又是一个建筑家或者一个画家，但是社会却提供了许多的位置，面对这样多元的社会，我们要认清自己的地位。

教师：那么主体是指个人，客体是指社会是吗？你为什么把社会与个人看成是主客体关系？

同学甲：因为面对这样一个书市的时候，是我从这个书市里做出自己的选择，所以，映射到社会上就是面对这个社会的多重选择，是我在其中作出自己的选择，社会相对我来说是客体，我相对社会来说是个主体。

教师：她的核心是逛书市找书没有找到，这是一个事实过程和结果，她的主要过程在于感受——个人感受，“联系”这个词应该改成“联想”。看到的现象本身并不多，但是你的联想很遥远、很广阔、很多样，人生、宇宙、古往今来，都联想到了。这是一种文学的方式，文学的片段，她的文学意境挺浓的，虽然和哲学也有联系，但更像诗人。诗人记叙观察事情是很不耐烦描述的，当年沙皇很重视普希金的时候，想提拔他，让他去调查蝗虫。普希金看不出什么，就写了首诗：“蝗虫飞呀飞，飞来就落定。落定一切都吃光，从此飞走无消息。”这四句诗就表明他作为诗人，把这个事看得很乏味，很不耐烦。

但是我们上哲学课要讲哲学，要有哲学的严谨。像“主体是一元的，客体是多元的”这种话，就不合哲学的理论和逻辑，不管哪家学派都不会这么说。观察事情，得有批判的现实的眼光，分析的眼光，不能和自己的联想随意地嫁接在一起，它经不起推敲。你不是说自己没找到书不圆满么？那么，你怎么就看得出别人乱糟糟的就圆满了呢？这太以自己的内心为中心了。观察要求我们少以自己的感受为中心，要对对象尽可能准确深入全面地了解，要给自己提问题，这与作诗不一样。好，现在请你们组第二个发言。

同学乙：我主要描述和讨论的是“从地坛书市管窥社会的阅读价值取向”，“取向”即每个人的阅读兴趣和阅读选择。我想从以下四个方面来谈这个话题。

首先，书市上有各种各样的读书群体，读着各种各样的书籍。大致分为以下五类人群：

第一类主要是大学师生，其中学生居多。他们主要是在商务、三联、中华书局、人民文学这几个大出版社买书，多为文史哲类书籍。这确实是京城读书圈一个盛大的节日，每年三次书市，我们很多人都会去那儿买书，那里的图书价格非常便宜，我们很多人都觉得不论带多少钱都可以花光。这一类人是书市的主要消费群体。

第二类是白领工作者和小资群体。他们一方面也有上一类群体的阅读取向，但另一方面更多的是阅读描写职场、官场以及财经类的作品，或者可以说是那些狭义上的畅销书，而非经典作品。这一点我们工作日去书市观察不到，工作日去的多为学生和老年人，周末的时候白领群体才去的较多。

第三类是中小学生群体。他们的主要阅读取向是漫画书籍、儿童文学和青少年流行文学，很少有阅读世界文学名著的。这是一个很突出的现象，因为我在买书的时候刻意留心观察了一下这个方面。

第四类是老年人群体。地坛书市里老年人居多，这个地方平时就是一个老年人聚集的场所，书市开市的时候他们也都会过来。通过观察他们的购书选择，可以知道他们的阅读取向多是老一代的红色经典读物，包括以前的老版本和现在翻印的新版本，让人觉得怀旧气息比较浓厚。

第五类就是中年人群体。他们是地坛书市里最少的人群，但周末的时候也会看到有一大家人一起逛书市的，他们有的是为孩子买书，有的是挑选自己年轻时候喜欢的图书，或者是购买一些官场类、财经类、历史类图书。譬如前几年卖得特别火爆的《明朝那些事儿》，出租车司机就挺爱读此类书籍。

其次，我想谈谈下述现象：地坛书市上充斥着速成类、成功学、养生类的书籍（譬如《把吃出来的病吃回去》等），此类图书的购买群体最多。而那些大出版社虽然拥有大学师生这样的主要购书群体，但在数量上跟那些社会群体比起来还是显得非常少的。这一点令我们觉得是一种“文化沙漠”、“文化快餐”现象。

再次，从出版社工作人员或书店销售人员对地坛书市的意见来看，他们觉得书市上的盗版图书和粗制滥造的图书太过泛滥，大社出版的严肃读物的太少了。同一种书籍有各种各样不同的版本，譬如《红楼梦》，他们建议大家购买人民文学出版社俞平伯校订、启功注释的版本，而别去购买那些别的出版社（譬如远方出版社等）随便编辑、没有任何注释的版本。但是，这一点只有那些有过在大社里面购书经历的读者方能体会到，一般的购书群体是不会了解到这一点的。这也是我们在地坛书市观察到的一个现象。

最后，我们尝试对以上现象作一个评述，但又不想把自己的立场强加于别人。我们应该怎样看待这种杂然并陈的社会阅读状况呢？如果从学生的立场来看的话，自然是“非经典不读，非经典不买”，但是别的人不知道这一点，他们觉得买那些随意编辑的书读起来也是挺好的。这是不同的读书群体之间无法弥补的鸿沟。以前没上《哲学方法论》课程时，我们有一种强烈的价值判断，觉得那类随意编辑出版的图书就是垃圾，我们从来不会看也不会买，别人如果看的话我们也会尽量劝他不要购买。但是，如果从价值中立的角度来看的话，这确实是现实中共存的现象，我们不宜妄加评判，我们只能先对之予以描述和观察。

从地坛书市引申开来，我们了解到三联书店的北京总店通往其地下室书库的楼梯台阶上，坐满了一排排捧着图书阅读的读者的壮丽景象，这被称为三联书店“一道美丽的风景线”。与之形成鲜明对比的是，我在暑假结束返校的火车上，经常看到一些大中专院校的学生手捧一部玄幻小说或穿越小说，津津有味、手不释卷地阅读着（甚至没有买到座票者竟然还能站着阅读）。虽然让人看来心中不禁暗自好笑，却也只能无奈地将之与三联那道“美丽的风景线”列为共存的世间景象，即便二者构成了这么大的鲜明对比。这类阅读大部头玄幻武侠作品的行为，私下里很令大家排斥，因为同样是休闲类武侠作品，金庸、古龙的著作相对来说就要严肃得多，但是总有一些人会不加甄别地阅读。

谈及杂乱纷呈的阅读现状，我的一位已经工作了的本科同学说道，“现在这个时代，如果有人还在读书的话，我就觉得已经是很令人欣慰的事情了，而不会去挑剔他读的是什么书。”从这位同学的角度来看，我们确实不应该再有什么不满和抱怨，每个人都有每个人的阅读选择和阅读价值取向。如果我们再回想一下自己年少时那个读物稀缺的年代，没有太多书籍可供选择的时候，或是只有中学里面非常简陋的图书馆可供阅读的时候，我们的阅读状况也是多么的贫乏啊！从这个角度来看，我们对于那些阅读粗制滥造随意编辑而成的读物的阅读群体，又有什么理由对之微词呢？或许这也仅仅只是一种杂然并陈的现象罢了。

我的发言差不多结束了，我们主要是想从地坛书市观察到的现象来看社会上不同的阅读价值取向问题。

教师：结论呢？你看出来什么阅读取向了？

同学乙：结论就是我上面所举的那五个例子，不同的人群有着不同的阅读价值取向。

教师：完了？结论就是不同的人群有着不同的阅读价值取向？就是这样？

同学乙：我们想描述的就是一些现象，就是一些各种图景共存的现象，不想对之有什么价值评判。

教师：那么你能不能大体地概括一下，你在地坛书市看到目前的主要的阅读价值取向是什么？

同学乙：目前最主要的阅读群体还是大学师生这个群体，而且他们的阅读价值取向是比较正统的阅读价值取向。但是跟那些社会群体比起来，他们在人数上相对来说还是要少一些。社会群体的阅读价值取向，就是阅读那些对于我们学生来说不会去读的图书，根本不管版本优劣和图书内容的阅读价值取向。他们的人数在数量上是居多的，而且他们的阅读在他们来说也是很开心的，所以我们也没有理由从自己的立场来鄙视别人的阅读价值取向。如果我们没有开这门《哲学方法论》课，如果不是老师跟我们强调从价值中立的角度来观察和描述现象的话，起初我们私下里都是很鄙视或者看不起这种阅读价值取向的。

教师：“我们”代表你们小组里面所有的人吗？

同学乙：我们小组讨论的时候，大家都很反对盗版书。

教师：很一致吗？有没有个别持反对意见的？

同学乙：都很反对，没有人持别的意见。甲说的是一种共存图景，但她不是说那是一种和谐，她只是把正版书和盗版书共存的现象描述出来。

教师：你所说反对盗版这一点我明白了，但我不太明白的地方就是，其余的你反对什么？

同学乙：有的人称之为“文化快餐”，我们并没有把它称为“文化快餐”，就是说从那些世界文学名著的粗制滥造的版本意义上来说的。

教师：哦，就是说粗制滥造的版本，这个粗制滥造是因为它的出版社不好吗？“粗制滥造”在这里是什么意思，我不太明白。

同学乙：图书要出版它是一个整体环节，不仅仅是因为一个现象就说出版社不好，而是因为这么一个出版社出了这种书，这种书是根本就不讲究编辑和校订就出版了的。这种书非常之多，在书市里面很泛滥，不知道的人就会为这种表象所迷惑，以为书市里面没有那些大出版社的好书出售。但是我们经常去逛（书市）的人就知道这一点，所以我们不从我们的立场来反驳别人，只是把它作为一种现象来描述出来。

教师：你们有没有了解一下，那种不挑拣、不去主动区分正版还是盗版、优质书还是劣质书，反正是我想要什么书我就买什么书，或者是同样的书哪个便宜我就买哪个，这样的读者他们是怎样想的？

同学乙：他们说，同样是《红楼梦》啊，这个便宜我就买这个。一方面是便宜，另一方面是他们不知道还有更好的版本。

教师：“好”怎么界定啊？

同学乙：“好”（书）的话，从社会学的角度是不好界定，但是如果我们自己是读书多的人，都知道自己心里面有这么一个评判标准。

教师：对一个老太太来讲，她可能觉得哪个便宜哪个就是好的。

同学乙：老太太讲究，老太太其实是很讲究的，因为她们之前读的书都是好版本的，我们主要是想从学生的立场来描述一下所观察到的现象。

教师：只是看到了盗版书还有市场这个现象，没有再进一步对这个进行提问，为什么它还有市场？在什么情况、什么条件下？这不是判断，而应该是你的观察啊？

同学乙：我们观察了，刚才也讲到，这个共存现象是没有办法避免的，谁也没有办法——因为只要有人看书，它就有各种各样的图书版本。

同学甲：相对于那些正版图书来说，盗版图书更好编辑……

教师：那是对于出版盗版作品的人来说的理由，盗版的“好处”就是成本低，可以多赚钱。那么，对于读者这一方面，能不能鉴别正版书还是盗版书，它的条件、意义究竟如何？

同学乙：我觉得这完全是个人化的事情，因为他自己不知道如何鉴别出来……

教师：恐怕不能简单地推为个人化的问题。你知道吗，我们跟美国人在版权问题上一直存在着争论，版权、知识产权，差不离儿就行，我们盗你的版，还宣传你的文化成果呢！普通老百姓买一个正版的花不起那么多钱，有时候盗版的（譬如软件什么的）能起到和正版一样的作用（好用），且适合老百姓的消费水平，它就有市场。你知道打击假冒伪劣的规律就是，危害消费者利益的那些劣质产品容易打掉，不危害消费者利益、只危害生产者利益的那种假冒产品，到现在在全世界都很难打掉——因为它们实际上是生产者和生产者之间的利益冲突，而消费者在这中间选择的标准，就是能够满足我的消费需要。所以，消费者本性上是不怎么重视、不会直接尊重知识产权的。只有当保护知识产权使消费者获得了应有的利益，并且为消费者所认识的时候，消费者才会有维护知识产权的积极性。是吧？

就是说，看这个问题进一步落实到哪里，不是说我们有个评价态度就行了。我们知道，有些人没有能力或者没有兴趣去专门挑些正版的，或者只去欣赏正版的，现在还有相当多的人甚至不得不去选择那些盗版的，是吧？我们要理解人，要尊重历史，要了解群众，不是仅仅就事情的好坏作一个判断。你的观察要力求深刻，就要问问，为什么有些人的阅读价值取向是那样的？你讲的重点不是在于内容是学术专著还是通俗读物，而是在于人们不区分正版和盗版，（同学乙：他们也不懂得区分）哦，不懂得区分。那么，重点放在这里的时候，你就要想办法去了解，比如你看一个人比较了正版和盗版之后，他买了盗版。假如有这样的案例的话，你就应该去了解一下，“你知道不知道这是盗版的啊？”“你为什么买盗版的啊？”这样你会了解他的想法，可能就是“反正专家说的那些个错字漏字标点符号错误什么的，对我们来说都不重要，重要的是我看到的基本上是原样的《红楼梦》，那我就买，我可以少花好多钱，因为我还要买别的书”，等等，这就是他的理由，或者是还有别的理由。

就是说，为什么说我们在这个过程中主要是观察，而不是判断呢？观察过程中你要把你准备得出判断的那个必要的证据找到，不能一看到这个现象，就想当然地得出那个结论。即使真是那个结论，你也不能想当然地推出来，你要拿出观察证据来。

同学乙： 有些情况下，必须得有你自己的判断。例如，《把吃出来的病吃回去》那些养生类图书，前两年特别火爆，但是后来被央视的《每周质量报告》栏目给检举出来了，这本书也就随之在市面上被禁了。但是我们学校有一位同学，研究生毕业之后工作了，却要挑这类书来买，我就问他为什么？他说想了解一下人体结构怎么就可以把吃出来的病再给吃回去，或者今后饮食方面当注意哪些方面，他还说要买一些成功学的书籍，说是职场上需要阅读这一类书籍。这就是一种阅读价值取向的转变。

教师： 那是他说的理由。而他的真实理由在哪里？如果你要做根据的话，光听他这样讲是不够的。那么，你认为把这类书列为禁书的后果是什么？

同学乙：我知道。但是他以前跟我们是一样的想法，他工作之后就变了。

教师：他做什么工作的？

同学乙：他是在检察院工作。

教师：在检察院工作?! “他想了解那些书”，你得弄明白“他想了解”是什么意思？了解什么？他是想吸收那里的“知识”，还是想识别这些书忽悠人的手法？

同学乙：他想自己用。

教师：那就是前一种。

同学乙：这只能是一种个人的判断。

教师：我觉得，这跟你所说的主题“盗版和非盗版”是两个内容。阅读什么样的种类和范围与鉴别正版和盗版，已经是两个层次的问题了。盗版和非盗版的选择，与阅读生活类、健康类的书还有知识类、学术类的书，这是两个问题啊！

同学丁：他就是也支持他的那个论点，所谓“不同的人有不同的阅读价值取向”的论据嘛，类别上有一个区别，然后正版盗版上也有一个区别。

同学乙：确实是这样。我们就是想把这个现象描述出来，不想予以自己的价值判断。

教师：在类型上，人们更倾向于眼前实用的诸如养生之类的图书；在正版和盗版上，人们也不大注重区分正版和盗版图书，也是以自己眼前实用为标准。是吧？那么这个结论呢？我不知道大家感觉怎么样，好像听起来不新颖，是吧？

同学乙：这个现象是很严重的，而且大家每次去都发现这一点，大家私下里都对之义愤填膺。

教师：你私下里义愤填膺，是对的。但是你的论据呢？严重到什么程度？你这个观察当中有没有提供相应的材料？比如具体数字统计或者场景？

同学乙：可以。就是它们那类书的书摊面前人头攒动，但是人民文学出版社那边就是冷冷清清。

教师：你觉得，在书市上看买什么书的人多，光凭这种观察和统计，能够在多大程度上供你来判断当前中国人的阅读价值取向？就是这个材料总体上，它能够占多大分量？你自己有个分析没有？

同学乙：所以我这个题目叫做“管窥”，不是说非要精确地表述，就是“窥其一斑”的意思。

教师：（笑）还有一个怎么理解价值中立的问题。价值中立是不带有价值取向地描述对象，不是说你自己就没有价值判断，我们只是说，你的价值判断需要实实在在的证据支持。价值中立只是说对支撑你的那些材料保持中立，谁说价值中立就是最后不要有一个结论或自己的看法？到底应该怎样理解价值中立呢？

同学乙：当时老师讲的观察的三大条件之一，最后一点就是价值中立。

教师：观察描述的时候，要保持中立，保持中立是为了把事物原本的面目表达出来，不要用偏好剪裁事实。

同学丁：可是老师也说，价值中立的过程中应当容纳可能的价值判断。

教师：可能的价值判断最好有自己的证据支持，我们要强调这一点。

行了，鼓鼓掌。下一个是谁？

同学丙：我重点选取了其中一个角度，对考察结果制作了一个考察报告。我们为什么选取地坛书市作为研究对象呢？因为一个民族的精神境界，在很大程度上取决于它的出版物的水平和全民族的阅读水平，所以要研究一个社会的文化动向、思想状态、价值倾向，最好从研究它的图书市场，研究它的出版物和读者群体着手。正是基于这样一种思想，我们小组决定对地坛书市进行考察。我们用了一天的时间，详细调查了书市现状、图书营销模式、新兴媒介形式，并对市场上的畅销书目做了统计，对购书者的年龄、职业和读书频率、阅读书目等做了相应调查，得到相关数据，并对这些数据做了科学分析。但是限于我们的统计条件、人手和统计方法，这些数据也不能全面反映读者群体和他们的阅读习惯。

近几年来，对社会的畅销书籍和读者的阅读倾向进行研究成为获取一手资料的一种重要手段。我们采取总体与局部相结合的考察方式，综合运用流量统计、调查访问等手段，获取了丰富的信息。

通过对商户的调查走访和我们的粗略统计，我们发现本届书展的人流量，较去年有大幅下滑。究其原因，一方面是在新兴电子媒介的冲击下，传统纸质图书的市场正在被逐渐蚕食；另一方面是网购等新兴的商业模式，使得购书渠道多元化，也让实体的书店失色不少。还有一个重要的问题，就是市场中盗版书籍的泛滥，这在中国是一个老问题，关于盗版书籍存在的利弊，社会也是颇多争论。我们在现场做了一个小范围的调查，有人认为它扰乱了市场秩序，也有人认为它使得我们能以更低廉的成本获得知识，众说纷纭。我们在这里只将这种争论罗列，并不做进一步的价值评判。

在调查中我们发现，一些书籍的功能超越了其原有的使用价值。以往的书仅仅是用来阅读的，但是如今却衍生出许多新的功能来。比如精装礼品书：在家中摆上一柜书，仿佛就能体现主人渊博的知识；送人一套书，既有礼数又不失风雅。于是越来越多的金装、珍藏版书籍充斥市场，价格昂贵。

书市给我们的另一个直观的印象就是经营向多元化方向发展，以前的书市仅仅就是买卖书籍，现在均被冠以文化市场的头衔，经营范围也越来越广。其中包括印刷制品、小饰品、电子数码产品、古玩、手工艺品、字画等等。

在地坛书市，最让爱书之人难以接受的是它浓得让人窒息的商业气息。近几年来，组织者为了收取摊位费，把好端端的书市变成了嘈杂的庙会。各个出版社借助书市的平台把自己库存积压的图书倾销出去，美其名曰服务读者。几年下来，书目难得变化，价格更是难得变化，书虫们总有“去年今日此门中，书名价格仍相同”的感觉，如果客流不减那真是没有道理了。越来越多与书籍、读书毫不相干的商品进入地坛书市里，真正卖书的越来越少，有市无书，“书市”两字，“书”不见了，只剩下“市”了。

这些仅仅是我们考察后得到的初步印象。另外，我们选择了书市中几处规模较大，图书种类较为丰富全面，人流量较多的摊位做了重点考察。我们希望通过对热卖图书、消费群体的调查研究，挖掘其背后更深层次的文化原因，深入认识我们这个时代社会的精神状况和价值取向。

我们选择了中老年人、青年人、中小学生作为对比观察的对象，考察了他们各自的购书倾向。我们发现中老年人比较青睐于养生保健类的图书，他们在市面流行的养生书籍面前停留的时间是最长的。而青年人的兴趣似乎又在于能直接向他们提供海量信息的文化快餐，如各种解读老庄、三国的快餐文学，只是浮光掠影，浅尝辄止式的涉猎，而忽略了对更深层次的知识的探求。他们的购书行为都有着明显的功利倾向：计算机、股票、房地产、现代管理等实用书刊非常走俏，外语、经济、商贸、金融类书刊是青年人关注的热点之一。另一个倾向就是以娱乐消遣为主的通俗文化，越来越受欢迎，而代表一定时期科学、文化、思想较高水平的学者们创造的，具有代表主导文化方向的高雅文化，被闲置在文化的边缘，乏人问津。中小学生比较喜欢的则集中在侦探历险读物、卡通漫画、幽默读物、名著读物和武侠言情读物等。从各大书店每日推出的最畅销排行榜看，卖得较多的书首推通俗文艺类，约占六成，其次是社科类、文教类、电子科技类等书籍。我们的观察，各家书店摆放最新通俗小说、名人新作（如朱镕基新作）的地方最拥挤，最受关注，而生涩的纯理论类书籍，则鲜有问津，只有少数专业人士在其中淘寻。

通过对市场上的文化产品和消费人群的分析，我们大致可以得出如下结论：当代中国的大众文化，在功能上逐渐蜕变成一种游戏性的娱乐文化；在生产方式上它是一种由文化工业生产的商品；在文本上它是一种无深度的平面文化；在传播上它是一种无等级的泛市民文化。因而可以说，大众文化是借助于现代文化工业日臻完美的传播技术和复制手段，为人们提供的是一种消遣性的“原始魔术”。它通过对观众无意识欲望的调用，为大众制造出一个又一个以快乐为原则的狂欢节。它们放弃对终极意义、绝对价值、生命本质、历史意识、美学个性的孜孜以求，也不再把文化当作济世救民、获取知识的法宝。因此，我们认为在这种以信息的快速复制传播技术为背景的大众文化，千篇一律缺乏智慧，是不利于塑造我们的国民性格的。它使我们逐渐丧失了基本的审美能力，而成为一种快餐一样的廉价工业产品。所以我们担心在这种文化工业浪潮的冲击下，我们公民的价值观念何去何从。

教师：你说得像写论文了。

同学丙：当时我们小组讨论了一下，我认为这是一个观察活动，不应太多的联系到理论层面，我的视角是不同的。

教师：行，视角不同。从形式上看，你的发言比较成熟，像一个完整的报告，像一篇学术论文。现在我就想问你几个小问题，第一，你说的这个“我们”到底是谁？

同学丙：指的是我们小组，包括我、同学戊、同学己这几个人。

教师：第二，你们三个人用多长时间来完成了这么多调查统计？

同学丙：前面已经说了，我们用了接近一天的时间。

教师：接近一天就能做那么多调查活动？第三，你们能不能展示一下你们调查的原始数据或者问卷？

同学丙：我们没有做问卷调查，只是做了一些书面的随访，对（市场）人流量做了一个初步估算。

教师：你怎么估算的？你们数了一下单位时间通过人数，然后乘以时间，是吗？

同学丙：我们选择了门口，我们觉得它能反映平均流量。

教师：你们声称做了很多数据的考察，你能不能出示一下你的数据。

同学丙：这篇报告的数据并不是特别正确，我们只是考察了大体情况，访问了一些商户。

教师：观察描述事情是要负责的。

同学丙：当时我们做这个考察的时候，老师说要有问题意识，结果发现很难找到切入点。我们三个坚持要把这个项目做下来，后来我们找到了一个文化工业化理论，我们觉得可以从工业文化对大众精神价值的侵蚀这个角度入手。

教师：选题角度很有高度。从这个报告来看，作者也懂得怎么观察，最大的问题是你实际上能否做到，做到什么程度。

同学丙：数据不太充分。

教师：数据不充分，议论那么多，这是观察的最大忌讳！我不是批评过吗，"材料不多观点多，问题不多答案多"。关键就在于，知道一个题目怎么做好，这是必要的，但是你真正扎扎实实做到没有？并不是知道了就行，那中间还有很多事要做。

同学丙的问题，不光是一个数据问题，数据可能是技术上的，我觉得在立意上可能也有些问题。你有没有想过地坛书市这样一个特定的场所，它所能够显示的信息有什么特点？对于调查研究来说，这是样本选择的问题，样本选择是可以讨论的，而且各家有不同观点。但你选择的前提、根据要交代给大家，要说明这个问题，你的大题目为什么上那儿去调查，你用什么方法找到需要的事实根据，这才是做科学的、认真负责的研究。关键之处不能轻率地一晃而过，一晃而过就是忽悠了，把握这个问题很重要。

观察四：地铁乞讨

同学甲： 地铁这个快捷便利的交通工具，在都市生活中扮演着越来越重要的角色，它如同一个浓缩的小社会，每天都会发生各种各样的事情，折射出世间百态和人情冷暖。我们组选择这个地方，目的是通过十个成员不同的视角发现问题，并进行探讨。

我与同学乙通过之前乘坐地铁的经历，经过思考，一致决定将观察的重点放在地铁乞讨现象上。乞讨现象并不少见，在地铁中更是家常便饭。但是有不少乞丐给人的感觉是职业乞讨者，他们经常在地铁里活动，对于城市风貌和地铁环境也造成了一定程度的不良影响。这种现象究竟是否能够得到有效的制止，或者能否从根本上解决？抱着这一系列的疑问和好奇，我们确定了观察目标，进入地铁站。

我们的第一个目标是同地铁工作人员、站务人员进行交流，看看他们对于乞讨问题的看法和解决意见。首先遇到一位男安检人员，看了半天没好意思开口，因为他太忙了。几分钟后一个看起来比较温和的男工作人员过来协助乘客购买地铁票，等他忙完我们立马冲上去问：“您好，我们是附近的大学生，有个问题想请教您。请问您在这边工作的时候有没有遇到乞讨人员进入地铁站行乞呢？”这位工作人员说，他来的时间只有4个月，是新人，并且在13号线上很少见到乞丐，那些人主要集中在4号线或者2号线上，建议我们去那边看看。

第二个目标，我们换乘2号线到达积水潭，积水潭的人流量很大，不少站务人员在忙碌。我们把目标转向一位清洁员工，大概五十岁的年纪，正在四处打扫乘客丢在地上的垃圾。我们走上前同他交谈："您好，我们是大学生，想要跟您了解一下关于地铁里的乞丐的一些信息。"大爷很热情地说："乞丐在这边很是常见，各种各样的都有，绝大部分是外来人员，彼此间多为老乡，残疾人、抱小孩的妇女居多。"我们问："地铁的工作人员不管吗？为什么他们可以自由地出入地铁站进行乞讨，而地铁公司却天天都有广播号召大家文明乘车，爱护站内设施，共同抵制乞讨卖艺等行为？"大爷说："不是不管，是管不了。这些人是打游击战，前脚赶走后脚就又转回来，并且人家买票进站，进站时候是乘客，没有理由阻止。更何况还有人拿着残疾证，连票都不用买。"从乘客化身为乞讨者，也就是一个瞬间的转身。地铁的员工并没有执法权，不能限制这些人的自由，最多也只能是好言相劝，稍微说的厉害点，乞讨者还会跟他们吵架。"那难道就没有办法限制他们了吗？"大爷说："有乘客举报或者我们工作人员自行发现的时候，也会举报到公安，公安机关有拘留或者罚款的权力。当然这也得看情况，如果真的是可怜人，没有生活来源的老弱病残，也是没有办法。""为什么愿意在地铁里乞讨？""地铁里冬暖夏凉。也没有城管驱逐，加上人流量大，愿意给钱的人相对较多，乞讨成功率高，并且一进来就可以呆一天，不用怎么换地方。""据您的了解，乞讨人员的收入是怎样的呢？""一天多的可以讨到好几百，有的月收入达到5000多。我一个月早晨四点起床，从六点半工作到晚上九点半，也才1260元的工资。加上补贴最多才2000元。我是临时员工，那些正式的地铁站务人员，固定工资也是从1000多元到3000多元之间，跟乞丐比还真差不少。”“怪不得曾经有报道说乞讨者遭到地铁工作人员制止时，很不屑地说，我一个月挣的钱比你多得多。您认为根本的解决方法存在吗?”“有，社会的贫富分化太严重了，这些人终究是可怜人，要地方的政府来管，给他们以经济来源和固定的工作。不要都来到北京，北京的收容所、福利院也不够，一般这些人去了也是给送回原籍地，还是得地方给予一定的协助来解决生存问题。这样就不会有这么多的人流浪北京了，影响市容，影响地铁的形象。”接下来，请同学乙介绍下我们同第三个目标的交谈内容。

同学乙：第三个目标，是一名穿着警服的公安人员。我们来到13号线西直门公安站点，以乘客身份向他们反映说自己在地铁上遇到了乞讨者，影响乘车，应该和谁反映这个问题？怎么解决这个问题？公安人员回答说：“如果是在行进的地铁上，比较麻烦，较难控制住乞讨者，乘客可拨打110；如果是在站台遇到乞讨者，可以向站台工作人员进行求助。由于这些乞讨者也是买票进入地铁站，没有权利阻止他们进入，唯一可做的是劝说教育他们别在地铁上行乞，但又有人有这个同情心，愿意给他们钱，所以他们也就继续在这儿行乞了。”

最后，我们在乞丐较为集中的2号线上，看到一位穿着较为邋遢的矮个子女子用布背着一个几个月大的孩子，手中拿着一个布袋向地铁中乘客乞讨，乘客见此状，多为垂下头、看手机、玩游戏等。在以前坐地铁的过程中，我们还碰到其他形式的乞丐：前面的乞讨者拿着麦克风，身上挂着喇叭，后面牵着一位盲人或一位老人，唱着凄凉歌曲；还有失去双腿坐在滚车上，用手协助自己前进的乞讨者。接下来由同学甲来分析一下乞讨现象产生的原因。

同学甲：乞丐分为两种：真乞丐和假乞丐。真乞丐即老弱病残幼，为了生计迫于无奈；假乞丐懒惰，想要不劳而获。受到社会现象的不良影响，有些新闻报道说乞丐的收入大于白领，月收入达到

10 000 多元，有房有车吃喝不愁，导致某些想发家致富又不愿意付出努力的人仿效。根据报道，位于北京郊区的苹果园（地铁 1 号线终点站）是地铁乞丐的聚居区，至少有 50 ~ 60 人。那里有些老房的月租才 150 元，不仅便宜，而且离地铁很近。绝大部分乞丐选择在人流量较大的地铁 1 号、2 号、5 号线换乘站一带乞讨，乞丐们一般不在上下班高峰期乞讨；每逢春节、五一等大节，乞丐为躲避严查都先回家躲避，这样就已经形成了相对完善的乞丐模式。

我们分析，乞丐产生的具体原因是：

（1）城市乞讨的管理机制不完善，分工不明，管理不当。公安、城管、交通、卫生、民政部门之间的分工不够明确，协助配合不足，很容易出现踢皮球的现象。

（2）对于欺诈乞讨和犯罪型乞讨的打击力度不足。

（3）社会保障制度和流浪者救助制度的不完善。救助制度虽然存在，但是在执行的时候，对于被救助者群体的范围定义不明确，救助措施的可持续性不足，被救助者如果无法获得稳定的经济生活来源，很有可能再次沦为乞丐，造成恶性循环。很多乞丐不愿意去救助站，认为耽误挣钱，不自由而且不能常驻。很多乞讨者尤其“丐帮”的主要成员，其离开一天对“丐帮”的收入就会减损很多。

（4）公民素质有待提高，对此类群体的人生观和价值观的教育不足，伦理道德的缺失，不劳而获、懒惰思想影响比较严重。

那么，他们为何选择在地铁里乞讨呢？有以下几个原因：地铁里环境好，冬暖夏凉，而且不容易被管理驱逐；买一张 2 元的地铁票就可以常驻在站里一天，投资少效率高，基本零风险；人群集中且相对稳定，以学生和白领、上班族为主，同情心较重，有一定的经济实力；每个人在地铁里停留的时间至少一站地，足够行乞者达到自己乞讨的目的。

通过我们的观察，乘坐地铁的人以 20 岁 ~ 50 岁年龄段为主，比较注重自身的形象，爱面子。行乞者尤其喜欢向爱面子的中年男子、年轻女性、恋爱情侣乞讨，成功率较高。特别在面对情侣时，一般男性会更愿意在女友面前表现自己，所以很容易拿到钱。

总结：当前我国的解决措施

同学甲：（1）警方表示，不提倡个人在地铁给乞丐钱物，以助长不劳而获的思想，见到类似的乞讨行为，乘客可以马上和站台的协警或者地铁公司投诉中心联系，由警方进行处理。

（2）地铁公司人员表示，我们接到乘客的投诉后，会立即与轨道交通公安分局联系，他们会通知定点稽查警务人员到指定车厢去执法。我们地铁公司没有执法权，不能强行制止那些乞讨者，我们能做的是倡导乘客抵制他们，其次是加强巡视。

（3）社会学家周孝正说，地铁乞丐是一种正常的社会生态，在具体操作时，既要体现一个城市的人性温暖，又不能过分纵容。他认为，应尽快修订《城市流浪乞讨人员救助管理办法》，以“分而治之”：对残疾人、未成年人和老年人乞讨的要积极引导他们到救助站；对恶讨、强讨、骗讨行为以及非法组织乞讨团伙，要予以严厉打击。

（4）北京石景山区救助管理站站长李立新认为，它反映了市民环境权与乞丐行乞权之间的矛盾。特定时期（如国庆日等）的特定时间段设立临时禁讨区是平衡两者权利的处理方式之一。目前很多城市为解决乞丐影响社会管理秩序的问题，设立了永久性禁乞区域，然而很多社会学者分析，本质解决方法，还是加快完善社会保障和救助体制。

这是我们对乞讨现象存在的原因分析以及所了解的对于乞讨现象的国内解决政策。接下来请同学乙给我们介绍国外对于这个现象的一些解决方法。

西方国家救助流浪乞讨人员的政策

同学乙：（1）美国：政府在救助管理上推行“小政府、大社会”政策，救助资金主要来源于政府资助和社会资助。政府资助包括联邦政府、州政府、市政府的资金投入，社会捐赠包括慈善机构、教会及一些个人、企业、社会团体的捐赠等。美国的救助站里面非常干净，每个人都有单人床和贮物柜，生活设施一应俱全。此外，救助站还有图书馆、医务室、阅览室、计算机房、健身房等其他配套设施，甚至连宗教祈祷场所也都是配套的，被救助者可以根据自己的情况决定何时离开救助站。

（2）法国：巴黎“无家可归者救助队”就是一个专门为居无定所的流浪者提供帮助的警察机构。一旦接到无家可归者打来的求助电话，或者是市民的“举报电话”，机构会立即通知在附近巡逻的队员，要求他们火速赶往指定地点实施救助。队员对无家可归者进行简短审查，确定他们的身份和所需要帮助后，才按不同情况与相应的救助中心联系。

（3）澳大利亚：2008年陆克文（Kevin Rudd）政府发表一份流浪者白皮书《回家路》，建议大幅改善对无家可归人士的服务。此外，澳大利亚鼓励全员参与救助流浪者，并注意维护流浪者自尊心。在澳大利亚有一种名为 Soup Kitchen 的食堂，专门为流浪汉提供免费饮食，这项措施大大维护了流浪汉的自尊，也提高了流浪汉的自我评价。

从法律角度看乞讨行为

《北京市城市轨道交通安全运营管理办法》第34条第5项有相关禁止规定。规定不得从事兜售物品、散发广告或者反复纠缠、强行讨要以及以其他滋扰他人的方式乞讨等影响乘车秩序的行为。

《城市生活无着的流浪乞讨人员救助管理办法实施细则》中有较为详细的规定，如流浪乞讨人员向救助站求助时，应提供本人何种情况，救助站为受助人员提供的服务，受助人员在站内突发疾病如何处理，受助人员放弃救助离开救助站的相关事宜等。

虽然颁布了较为详细的救助办法，但乞讨人员还是不愿离去，这是为何？从网上看到一个采访《为什么乞讨者不去救助站》：首先，个别救助站条件之差，令人望而生畏。如海南虽说各方面条件还不错，但每天也只是保证6元的生活费，这点钱他们在外面很容易乞讨回来。其次，流浪乞讨人员住在站里，几天之后就要被送回去，不是长远之计。某行乞者说，虽说住在里边吃喝不愁，但没有银子进账，在里面也呆不住啊。最后，住在里面，肯定有里面的规矩，这对他们自由散漫惯了的人来说，无异于受罪。

从调查的资料分析中，我们得到了一些启示，接下来探讨一下。

同学甲：我来讲一些个人的想法，不一定科学，希望大家批评指教。

(1) 行乞者个人。他们习惯了“伸手要钱”的生活方式，缺失对生活积极进取的态度。需要心理治疗，对其价值观和人生观的科学向上引导尤其重要，要帮助其树立自立自强的生活观念。同时没有技术、手艺，难以在社会上生存，可以从最简单的做起进行就业技术指导。

(2) 国家对比。发达国家在救助流浪汉过程中，除提供物质保障，已经开始考虑如何提高其自尊心了。另外，即便澳大利亚是发达国家，其慈善工作也不是由国家独自承担，而是由个人、非政府组织等共同参与，我们应考虑从制度层次改善。

(3) 社会人文关怀。国家制度建设固然重要，对于残障人士和贫困家庭的资助与尊重也很重要。此举可拉近人与人之间的关系，让他们感受到自身的价值，使他们从心理上感受到尊重。

(4) 乞讨现象是否能从根本上解决呢？在我国它是自古存在的，纵然是美国、澳大利亚等发达国家，乞丐也是普遍存在的。

这个现象是不是人类社会所固然存在的，不可能消灭的？乞丐是贫穷产生的，还是由于个人素质和生活价值观不正确而产生的？若是乞讨现象无法消除，它可能是人自己选择的一种生活方式，那么我们是不是应该考虑，如何让他们能成为一个体面的乞丐，让他们能融入我们的公众生活，同我们和谐相处？如果说乞讨现象会一直伴随着人类社会的发展，那么乞丐的存在或许有它存在的价值，甚至说它可以时刻提醒政府，提醒我们每一个人，这个社会一直存在贫富差距，存在着一些弱势群体，他们需要我们的关心和帮助。

我们的报告先到这里，感谢指导老师的帮助和全体成员的配合，请大家提问讨论。

同学丙：我觉得她们这个做得特别的好，观察全面、深刻，而且中外进行对比。我之前在《南方周末》看到一篇关于乞讨的文章，从那篇文章来看，组织性非法乞讨是目前大城市最主要的一种形式，它有自己的内部生态，不是谁都可以去乞讨，你穷也不一定让你乞讨，你乞讨必须加入一个组织，进入一个管理系统。还有更可怕的，现在社会上拐卖儿童很多，被拐卖的儿童有一批是特殊处理了的，直接在幼儿时自残，年龄不大被人背着去乞讨，大一些自己去乞讨。有这样一个循环在里面，那里面的残疾让我们的恻隐之心受到极大触动的，这种集体性、有组织性的乞讨行为，应该是更值得我们去关注的，而且关注难度大，维稳成本也大。组织性的乞讨行为可能随着我们经济的发展会慢慢缓解，因为这种组织性毫无疑问有它非常深刻的文化背景。所以可能的话，她们组这个调研，可以往非法的有组织性的乞讨去找一找，看有没有这样的资料。

同学丁：你知道去年微博上随手拍解救被拐儿童，网上那么轰轰烈烈，几乎人人参与，他们有成果么，事实上他们最后只找到了两三个孩子。南方周末最后没有报道，是另外一个报纸报道的，他们预设有这么个前提：这些儿童被拐后他们怎么怎么样，要帮他们找父母，最后没有找到。

同学丙： 但是你这个现象就会出现两个结论，一个结论就是你说的没有，另一个结论就是太难找。难找就是因为他这个组织太严密，你不可能去突破他的组织，或者以我们目前所消耗的精力和所投入的相关方面的措施是不够的。你说的像微博只是网友一个简单的参与，这个东西是完全不够的。

同学甲： 它是个违法犯罪行为，是国家机关要负责的，它是个犯罪团伙，这不是公民力量可以解决的。

同学戊： 我们经常看到抱着吉他在表演的人，以我的心态来说我觉得他唱得挺好的才愿意给他钱，完全不是因为他在乞讨，这类人能算到乞讨范围吗？我觉得这里面是存在交易行为的，他表演，我给他钱。

同学甲： 我们没有把这类人归到我们今天要说的地铁行乞者，他们可以算成是街头艺人。

同学戊： 因为刚才听到你们列举了，没有把此类排除在外。

同学甲： 我们刚才说的是那个唱着歌，带着喇叭的行乞者，他们一般都是唱着比较凄凉的歌，而且没有什么水平，和你说的不是同一种。

教师一： 什么是观察？观察不只是用眼睛看东西，所有的观察都要分析，把来龙去脉搞清楚，而不只是看到什么，看只能看到见到外表，说不了更多。分析思考则是进入到里面观察，搞清楚来龙去脉，不是只看外表的东西，这才叫观察。

再一点，她俩从地铁谈到了美国、澳大利亚。能想到去网上查国外的资料，查法律资料，这就是一个视角的拓展。从一个点谈到另外一个点，从小的现象看到大的问题。怎么看出来的？你不是想出来的，是考察、搜集、整理资料来找这个视角，分析它，这就是实实在在的东西。这样你说得再多，人家都不觉得多，反而觉得没说够。这不是联想，而是思想，不怕你谈多远，只怕你不知道怎么说到远的。一定要找一条路，怎么联系起来，思想，在这里就是把所有东西能够联系到一起，而且这种联系都是有迹可循的，这就是逻辑。可见光是观察这一项，能把这个事情弄清楚，本身就已经很复杂了。

目前乞丐是无法根除的，是社会的一个必然的负面现象，只有在一个梦想的社会里才不是一个梦想，在现实社会无法根除。那么，设想怎么能够在合理的范围之内，让大家同情心、爱心得到体现，人们处境得到改善，不受侵犯，有做人的尊严？社会所能做的工作是通过一套社会机制以及个人的努力，让这个事情正常化。

教师二：谁愿意做乞丐？现在乞丐是不体面的。发达国家也有很多乞丐，但他们的乞丐很体面，大部分要钱的时候很隐蔽，不让人看出他是乞丐。所以，我们分析的重点不在于是什么原因让他们做一个乞丐，而是说什么原因让他们不能成为一个体面的乞丐？中国的乞丐是赤裸裸的、不体面的，我觉得这也是可以策划的一个问题。

教师三：两个同学发言准备得很充分，很好。论证也很充分，将中国的一些管理措施政策同西方国家做了对比，我觉得有一句话可以代表西方国家，让他们活的有尊严，让他们成为一个体面的乞丐。你们的发言让我们想起很多，我们小时候很穷，怎么没想到做乞丐呢？我问同学一句话，是我们的政府有问题还是乞丐有问题，谁的价值观有问题？我觉得你们刚才有一句话是不对的，说乞丐没有科学的价值观，我觉得其实是我们的社会有问题。“叫花子”这个词不知道你们有没有考查过，它不是不劳而获的意思。乞丐是以乞讨为生的，是社会发展不完善的结果，但绝不是一个社会的丑闻，真正的丑闻是上边有吃不完的饭喝不完的酒，而很多人却生活无着落。前几天我在公主坟正好遇到一个真乞丐，一个小女孩，毛笔字写得特别好。我走的时候给了她50元，本想多给一些，但是很多人在拍我，所以就有点无奈。有句话是对乞丐的不尊重——打击乞讨卖艺，我觉得这不是一个文明政府应该说的话。谈到救助，我们有，西方也有，但我们主要的是为了打击，在打击过程中的一种补救措施，不是救助。所以我觉得，你们应该考虑怎么改进对乞讨人员的管理和救助，而不是讨论乞丐他们应该怎么做，每个人都有自己选择人生生活方式的自由。

同学甲：老师批评的也对，但是我们刚刚讲的缺乏科学价值观的乞丐，指的是现在社会上存在的一些假乞丐，特别是一些犯罪乞丐团伙，通过各种欺骗甚至犯罪的方法，比如拐卖儿童甚至将小孩子故意致残来组织乞讨。真正的老弱病残，我刚才也讲了，他们是迫于生计而降低自己的尊严，只求维持生计，这种乞丐我们当然是报以同情和关怀态度，而不可能说指责他们没有科学的价值观人生观，苛求他们应该如何自立自强。

同学乙：对于老师所说的第二个问题，我们其实也有过搜集资料和思考，只是觉得说出来有点大空话，政府应该怎么样做来改进对乞丐的管理救助，比如民政部门、民间力量加强组织领导，都是比较空和宽泛的规定，对于特别有执行力或者更加具体的解决方法和政策，一是没能力参与，二是也确实没想到。

教师一：这个观察报告是我见过的最好的，不但内容完整，七个W全部具备，时间、地点、人物、原因、结果、看法都具备了，而且形式也很新，陈述方式有实景感。你们刚一上来，我还想你们是不是要说相声？说相声也可以，一个捧哏一个逗哏。但你们现在是“接龙式”的，这个形式很好很有创意，值得肯定，将来还可以用问答式、辩论式的。我觉得有一点希望再突出，就是提升。你们说到这个问题是一个世界性的有争议的问题，过去把乞丐当作下等人、最不齿的人，那种等级观念现在被颠覆了，开始重视人权了。你们所说的用非法的不道德的方式去赚钱的“假”乞丐，是要排除、要打击的。

剩下的所谓“真”乞丐，其实也有两种：一种是为生计所迫，不得已的。这种乞丐重点是社会要救助、保护和尊重他们的权利，不管什么部门，都应认真考虑，端正态度去解决生计问题；还有一种，选择以乞讨作为生活方式，不能说这种生活方式是不劳而获的，乞讨也可以当作一项工作，要打扮、要设计、要营造场景。

同学甲：有的就类似于街头艺人了。

教师一：对，就类似“街头艺术”了。这种人之所以存在，就在于能要到，甚至比地铁工作人员月收入都高。有人愿意要，有人愿意给，为什么不行呢？现在问题的焦点，就是做乞丐是一种什么样的生活方式？再进一步分析的话，其实还有区别：一种是反社会的、抗议式的，抗议社会制度体系，对抗公众道德；另一种是逃避式的，不愿意或者觉得自己没能力做别的事情，选择做乞丐。我在国外比如东京地铁也见到，地下室很空的地方，有的乞丐就用纸箱子圈起来，作为自己生活的小圈子，放着黄色读物，过得很滋润。他就喜欢这样的方式，风不进雨不淋，想干什么干什么，自由。这就是他个人的人生价值选择和定位，是一种思想状态和价值观。我们的观察作为一个哲学观察，可以把问题集中在这里，如果是我，我为什么认为应该或不应该这样选择？把这里的问题想透了，把道理想明白了。就个人来讲，每个人都有选择的权利，做乞丐还是当工人，是可以选择的，也是可以分析的，最终人都要有选择，那么我为什么认为这样的选择是对的，那样的选择是错的？道理要讲透要服人；而国家应该怎么做，公安应该怎么做，或者社会学家说应该怎么办，好多人都说过了，也可以再从哲学角度考虑一下。总之，国家社会怎样对待这样的事情是最合理的，个人怎么看待这个事情是最高尚、最道德、最有人的尊严的，让最合理的理念形成一种社会共识，这就是哲学上一个人生价值的思考。

观察五：其他片断

水立方

同学乙在考察水立方之后，认为其开放程度不够高，没有落实“与民共享”的宣传理念，老师的追问如下：

教师：你这次的观察很清楚很准确，但是如果你要想用这个观察再进一步得出你的分析和意见的话，你就还得观察。比如你认为官方在这些措施上失信于民的背后，到底是他不想还是不能？如果是不想，是凭什么、为什么不能？又是由于哪些问题？解决这样的问题的权利和职责到底是谁的？我们应该怎样去推进这些问题的解决？可以结合有关安检问题、票价问题、服务问题的管理决策机制，针对这些提出更深刻更具体的意见。

我们的观察，不能只停留在实然上，同时要考虑应然；知道应然也还不够，还要考察从实然走向应然的条件和过程，它的条件在哪里。我最佩服马克思的哲学就是这一点：它不是仅仅说应该怎么样，而是同时考虑这个“应该”在现实中有什么样的条件和因素，你抓住这种潜在的趋势，就能够慢慢地将实然的东西转化为应然。看任何事情能够看到这一步就不再仅仅“愤青”了，而是开始成为一个社会改良的推动者、建设者。

潘家园旧货市场

某同学丙对北京一个古玩市场潘家园做了实地观察，他描述了自己看到的一些古玩，比如玉石、木雕、珊瑚等。老师的追问如下：

教师：嗯，你观察的是潘家园，但是是潘家园的什么？你刚才叙述了一些最直观的现象，那你评价一下看看。

同学：对老百姓来说，潘家园里面卖的那些东西基本上是没有实用价值的，因为主要是一些假的古董字画之类的，但是为什么人们还是老想来这里，他的生意依然做得火热？我想主要有这样的原因：人们想到潘家园的时候，很有可能把它同清朝时代的潘家园，琉璃厂联系起来，觉得其中会有一些清朝时候的东西，但是其实现在已经没有了，或者不多了，即便是假的，比如古钱或者字画，人们也认为这是一种精神享受。商家就迎合这种心理，从民间或者其他地方拉来这些古玩或者一些稀奇古怪的东西，有一些石像，很可能就是从一些破旧的庙里拉来的，人们就对这些东西非常感兴趣。虽然很多东西都是假的，但是老百姓有这个需求，所以市场看来很繁荣。

教师：你的观察只是描述外在的现象，用眼一路看进去的过程。它有点像中小学作文，不太像哲学观察，哲学的观察首先就是宏观的立场和角度，从这个立场与角度出发分层次，慢慢接近你所要说的问题。比如你说的供与需的问题，应该怎样分步骤分层次地慢慢接近你的目标？你所描述的现象怎样来论证你要表达的问题，比如供需关系是怎样体现的，买卖什么东西的人多，什么东西讨价还价比较激烈？看到的能证明你后面所说结论的部分，就要突出出来，抓住要点，不然你的观察与后面的结论就脱节。你看前面你只把眼睛看到的东西叙述了一下，没太多可说的么。现象层面的观察与透过现象看出背后的关系和结构，这是不一样的。怎样用你所的描述来揭示背后的关系，这才是哲学的观察，这是观察的深度问题。

"养老防儿"

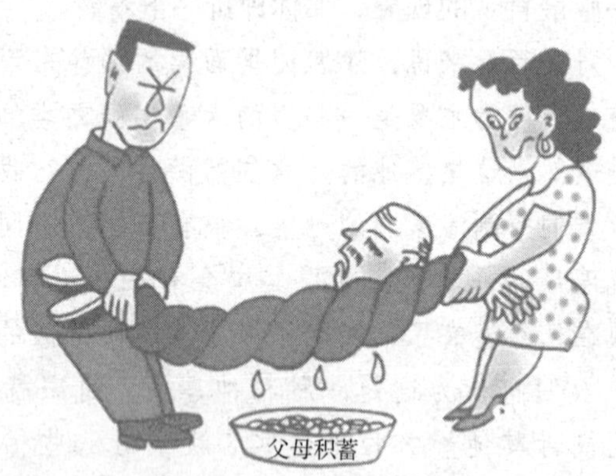

同学丁看到社会上有了"养老防儿"的说法，于是认为，目前出现"啃老"现象的本质是"年轻人所面对的经济压力的增加远远超过了个人收入水平的发展"。

教师：我对你的本质定论没有评价，但我首先对你提出的现象提出质疑，因为你这里并没有自己的观察，你只是听人家说了，就去解释它。比方说，现在有多少人提出了"养老防儿"的问题，什么样的人属于这种情况？我最近刚好听说了一个"养女防老"的话题，儿子在家都是少爷，在丈母娘家是的壮劳力，女儿才可靠。我的意思是说，你的这种结论跟"养女防老"一样，都是极个别的现象。描述本身没有说出它的普遍性、必然性在哪里，你要确认它们，就必须先看清楚，是什么样的人在什么情况下强调"养老防儿"的观点？一般是那些遭遇了"啃老族"的人的说法，但"啃老族"现象在什么层面、什么意义，以及在什么程度上是一个具有普遍性的问题？这是需要严格考察的。有些媒体喜欢捕风捉影、片面夸大，你不能轻易跟着它跑。观察要用自己的眼睛，这里只是替人解释，没有你自己的观察。

我们不能只看到了一点，就开始去解释它。从哲学上讲，要深入地观察了解现象，就要先看清楚事实情况是怎么样，要对它的来龙去脉进行完整的了解，把握它的本质，不要急于轻信什么人的判断。

我们的哲学观察不是说找到一个哲学概念套上去就行，而是要贴着这个现象本身，找到它本身有的那个普遍性的东西给予回答。最重要的是立足于这件事本身，通过中间这些环节来进行你的表述，不然的话就是我所说的过度的抽象了。随着你的思考，你的观察要展开、要深入，这样才能抓住具有普遍性的东西，也才能够找到回答问题和解决问题的过程与方式。

哲学不仅是这两个字或几个概念，有时候更在意你思考问题的方式是哲学的，就像黑格尔说的，哲学就是究竟之极的学问。把一个问题说清楚、说全、说透，说到各种细节的理由都可以被我的这个范畴囊括进来解决。

KTV 文化

同学戊在网上搜集了一些资料，对 KTV 文化的起源以及它的名称由来进行了一些考查，并对出入 KTV 的不同年龄、文化层次的人进行观察。通过观察，他认为 KTV 原来作为一种大众自娱自乐的文化形式，也在发展中异化成一种腐败堕落工具，并提出“我们的社会在怎样的层面上来接受 KTV 文化，以及它与我们的政府所倡导的道德标准怎样协调”这一疑问。老师追问如下：

教师：观察的时候就容易有这个问题，也就是事情只看个大概，但是问题的意义和分析经常用自己的联想与推理来代替，不是用观察中的材料来支持你的观点。你前面关于 KTV 的渊源就扯得太远，有点像 KTV 商家的广告词，写的好像现代人不去 KTV 就没有了现代意识，这就夸张过度了。后面的问题则是没有用你的材料来支撑你的观点，很多事情本身只看到一个大概，然后就用别人的解释与发挥来支撑你的观点，这样就失去了我们所谓独立观察的意义。面对着同样的事实，你的想法却是别人加给你的，或者是你主动地去搬过来的。要走出这个路子，就是要你自己去提炼出问题来。就像你刚才所说的，KTV 如何从过去没有到演变成一种大众的娱乐形式？这种自娱自乐的消费文化的意义就是，比如我不是歌星，但我爱唱歌，我就可以去唱，主要是满足自己的文化需要。有了这种大众的文化消费以后，对它的服务就可以成为一种商机。既然有了商业经营，在商业利益加入之后，经营者就开始赋予它别的意义、性质和形式，更进一步使它开始扭曲，从而背离了 KTV 文化自身那种自娱自乐的性质。你有了这种看法，就要用你自己的东西来支撑这个观点。

前面有的观察对事情本身看的不是太细，观点并非深刻地根据你的观察中某些关键的细节得出来，而且还有一些套概念的嫌疑，比如你准备用我的“三个三”来分析问题，教条主义的倾向太严重了。要实事求是，不能先列出分析的公式，然后向里面填事件。这种思维方式是不合理的，你觉得挺有道理，实际上仅仅是把别人的道理给组合到一块，你的脑袋都是被别人牵着跑的。

观察一定要是自己的眼睛看到的，自己的耳朵听到的，自己的脑子分析想到的，然后由自己的嘴说出来。要排除很多先入之见，排除很多概念的诱惑，这很重要。我们现在的人整天都被忽悠，被忽悠的太多了就不会自己看了、不会想了。

第一道关为什么是“把事情看清楚”呢？你看到了什么，你想到了什么，你需要再看什么，然后看什么，才能再看清楚对象，……这样深入地去观察，这是一个需要积累的过程。从网上搜索资料也很重要，但这也需要你自己去观察，这些资料仅仅是起参考作用，不是让它们框住你，不是预先就变成你的结论。

实地观察小结

教师：同学们做了认真的观察，开了小组会，今天又在大组进行了交流。我总的感觉是，这次比起上一次，虽然大多数仍是随机性地观察，但大家的积极性更高，对象更多样，思考也更深入了一些。我总的判断是，同学们有“思考的头脑”，但还需要更进一步练就“发现的眼睛”。这是个什么问题呢？

观察有两种：一部分是事先想好了，要去哪看，为什么去看，有了想法去看的。像南锣鼓巷的基本是这种。其他大部分都是随机观察，有的还先参加考试，回来后回忆，其实是记忆自己在考场的心理状态，属于一种自我观察。随机观察和我们的常规活动相结合，并不一定专门要去哪，这是可以的。但是随机观察毛病就是目的性不强。不管是哪种观察，都需要在观察中随时调整、随时聚焦，才能引导深入。如果没这个本事的话，那就可能事后发现，虽然事情整个经历了，而应该看的却没注意看，当时注意看了的，事后却发现在形成概念时并不重要。

大家讲的过程中有一个共同的毛病，是“小马拉大车”，就是选择提炼出来的资料与你要阐述的意见相比太弱了。材料太少而观点和想法太多，就做不到严格地按照实际得出判断，往往是看到一点现象，接下来是想象加推论，讲出了很大的东西。说老实话，这种讲法在我们现有的知识和价值体系下，讲不出新东西来。你的框架和材料选择的重点，都是大家第一感觉就可以知道的，这就是缺少发现。

“发现的眼睛”有几个环节。首先是在观察过程中，你要不断地提问。比方说，对这个事情有个第一印象了，那么第一印象准确不准确，正确不正确，你要通过观察什么来验证它？对此你要心里有数，要给自己提这些问题。或者是你在观察中，对对象发生了什么疑问？你要再通过观察什么来解答这个疑问？你也要提出来，以形成自己的认识和判断。“是不是这样”、“是不是那样”，你要随时给自己提出问题，才能促使观察聚焦。提出第一步问题，然后提出第二步、第三步的问题，这样就引导观察走向深入，不是在共同的表层说出大家共同的感受就完了。如果局限在这里，就是缺少发现，难以见人所未见，言人所未言，你的观察就缺少一种发现的效果。

我们每个人从自己的视角去出发、去观察的时候，都不断给自己也给对象提问，这是只有你，只有从你这个角度才会看到才会想到的问题；提问后再努力用对象的事实与材料来回答。如果不断这样问下去的话，你就会有所发现，见人所未见，言人所未言；如果没有追问，你后面形成的判断每一步都缺少检验和支撑，而是顺着原有的思维习惯走下去，推出这样那样的结论，这就成了一种自说自话。

可见，观察不是扫描，不是简单拍照、整体吞食，而是有筛选、有选择、有校正的过程，这个过程就是靠我们的提问来解决，而这就是我们的反思、批判。要避免看到一点情景，就想当然的认为如何。一定避免这种常犯的毛病，这个毛病不只你们年轻学生有，就是我们一些学者、专家、教授、博导也常犯。看到一些情况，就想当然地做出判断和结论，使我们很多问题的研究不深入，停留在看似众说纷纭，实则人云亦云的阶段。这种不深入，是一种学风、文风的通病。

其次就是观察中的背景知识、材料和我们独立的观察思考的关系。只观察到一点点，为什么就能得出那么多看法和结论？就是因为我们有大量背景资料和经验。你多半是从自己的背景资料、背景知识那里出发进行联想，心理学中叫做“格式塔（完形）效应”，给你几段弧线，在你脑子里就成为一个圆。我们要重视在观察过程中对背景知识、资料的检验和批判。你在网上或其他地方查阅已往对这个问题的讨论，知道人们一般都习惯于怎样认为，这些背景资料当然很重要，但是你要对它自觉。你的观察也要针对背景资料提出和回答问题，如果不自觉，不知道背景资料的界限和局限在哪里，就不一定能把握眼前观察的重点和突破点。同学们在现场看了以后，回去上网查查，还有什么情况？事情进展如何？再加以思考：从中可以抓住什么问题进行阐述？讲什么？重点是什么？这样就有了前进的方向。不然的话，如同生活中90%的话语是在重复，我们很可能是把自己不知道的旧东西当作新东西说了。总之，掌握背景是为了知道什么是新东西，注意背景资料的充实很重要，但不能代替自己的观察和思考。

最后是大家提到的价值中立问题。描述中讲价值中立，是为了保证描述的客观性，不要用自己的取向来剪裁事实。但是，描述是不可能绝对中立的。我们追求的描述的客观性，其实是指价值、评价的公共性，不是说，我不能随便判断好坏，就意味着这个事情本身没有什么好坏可判断。所谓价值中立，是指相对每个个体是中立的。你说好，我说坏，我的描述先不说你的观点对还是我的观点对，我们先要在确认事实的基础上，有一个公共的话语平台、话语空间。像同学刚才讲的那个问题，南锣鼓巷的发展，怎样是好的，怎样是对的，要按照谁的意向？你不可能单听售货员的，也不可能单听老太太的，要把南锣鼓巷这条街和整个区域、整个北京市乃至全国文化的发展，放在一个整体格局中来判断。描述的客观性，是为走向合理的公共性评价提供一个合理的基础和根据，并不是回避价值判断。就像新闻报道为什么要强调客观真实，要提供完整的准确的事实，而不能用自己的好恶取舍事实？价值判断会因主体不同而不同，而我们作科学研究的责任，是为公共评价、公共价值选择提供基础。要认清这里面价值关系的多样性、复杂性，在描述中给它们留有余地，也就是给从整体的、公共的角度做出评价判断提供基础。

大家可以感觉到，观察、看是容易的，到哪看都容易，现在甚至有了钱可以去太空看。看容易，但看清楚不容易。我想，我们第一阶段实地观察最大的收获，就是开始让大家知道观察的严肃性、复杂性，观察不是一次就能完成的。

这堂课就到这，下课。

附：体会絮语

★ 所谓哲学观察不是说找到一个哲学概念套上去就行，而是要贴着这个现象本身，找到它本身有的那个普遍性的东西给予回答。

★ 哲学的观察，要求“把事情看清楚，把问题想透彻，把道理讲明白”，而我们的实践表明，这三者其实是一回事。

★ 我们的观察不能停留在实然上，而是同时要考虑应然，考虑了应然也还不够，还要考察从实然走向应然的条件和关系，它的过程和方式在哪里。

【第三课】

文本观察训练

教师：这一课还是要进行观察，但是叫文本观察。我找了个文本发给大家，文本并不长，是美国兰德公司关于中国人的一个研究报告。这个报告本身的真实性、可靠性、准确性我都不知道，是从网上下载的，反正就是一个文本，我不加任何评论和说明，拷贝给你们，你们拿去看，爱怎么看就怎么看。看完以后还是按照这个程序，先小组，然后每个小组下次课准备发言，讲讲你看到了什么，你怎么看，怎么想。

文本一：假兰德公司报告

网络文章：《十年后中国将成为世界上最穷的国家》

2010－09－20

原文按语：兰德公司发表了一个关于中国的报告，无论题目还是内容都够耸人听闻的。中国未必能像兰德公司的报告所说的那样，在10年之内就会迅速地衰落下去，但是，这个报告中所提出的问题却是中国最大的病根。国内学界诸多同仁多年来一直就这些问题发出呼吁，却没有得到上层的呼应。中国就这样依然病着，至于何时真正病倒，并非是兰德公司所能定下时间的。中国太大，问题太多，但是最大的问题是什么？兰德公司的报告是值得我们深入思考的。为此，我在这里转发这个报告，供网上的朋友观看思考。

惊人预测10年后中国将成为世界上最穷的国家，中国真的像兰德公司预测的这样吗？不管他们的预测带有什么目的，我们事先思考一下日常所看到的和媒体所报导的有无类似状况，是大动干戈指责对方丑化我们，还是冷静地梳理一下。美国的兰德公司对于绝大多数中国人而言，很少耳闻，而正是这个公司，在60年前，由于准确预测“一旦美国参与朝鲜战争，中国必将出兵朝鲜”而一炮走红，从此确立了兰德公司“世界第一智库”的显赫地位，它可以说是当今美国乃至世界最负盛名的决策咨询机构。

教师：文本的观察，首先要确证材料的可靠性，来历的合法性，原来担心同学们拿起文本就读，放下文本就开始发表体会、议论，没有文本观察意识，后来在小组讨论中发现同学们有这种文本批判的意识。只有在文本批判之后，才能对文本的内容是否合理，观点是否成立进行讨论。

所以今天的发言分两个方面，一方面作文本观察的发言，要举出事实例证；另一方面集中在文本中值得关注和讨论的观点和问题上。

一、文本来源考察

同学甲：想必大家都想知道这篇文章是不是兰德公司写的，现在我们就刨根问底，找出这篇文章的来源，分清其中引用的成分和作者自己发挥的成分。本来以为这是一个非常繁琐的任务，结果在网上看见了一篇叫"《兰德公司对中国人的评价》谣言追踪与真相"的帖子，大大减轻了我的工作量，不敢居功，所以先把这个作者提出来，表示感谢。

教师：这是有版权自觉意识。

同学甲：我做了一个表格，具体如下：

版本	时间	作者	标题	出处	内容	链接
0.0版	2004年12月14日	网名：kakarudo	《What is China》	美国军事论坛	英文	失效
1.0版	2005年3月3日	网名：地主子弟&LYNN&汉奸是一种境界	《美国人眼里的中国人》	热血汉奸论坛	翻译为中文	翻不出去

续表

版本	时间	作者	标题	出处	内容	链接
原版	2005 年 5 月 19 日	William H. Overholt	China and Globalization	兰德公司	请稍后	http://www.rand.org/pubs/testimonies/CT244.
原版译文	2005 年 8 月 25 日前	何颖	《中国与全球化》	百度文库	同上	http://wenku.baidu.com/view/953c36c52cc58bd63186bd50.html.
最早删减版	2005 年 9 月 30 日	网名：老猫爱偷腥	《兰德公司：2020 年，中国会非常穷》	“战斗在法国”论坛	不详	依旧翻不出去
2.0 版	2007 年 3 月 5 日前	网名：Janyse	《美国兰德公司对中国人的评价》、《美国兰德公司：中国的大学生像迷失的狗》等	360 图书馆	原版中摘抄 5 段，1.0 版中摘抄 14 段	http://www.360doc.com/content/07/0305/16/17433_385345.shtml.
2.5 版 2008 年，2.0 版全面爆发，成为月经贴，有辟谣，效果微乎其微，2.0 版传播越来越广。在传播过程中，出现 2.5 版等改良版（例如在文章中很郑重地加上《中国与全球化》的链接，空城计?）						
3.0 版	2010 年 5 月 1 日前	网名：百雅仙人	《兰德公司：2020 年中国将成为世界上最穷的国家》	新浪博客	删去真正属于兰德公司的那 5 段，保留了剩下的 1.0 版的文字并添加一些内容	http://blog.sina.com.cn/s/blog_4c1ef21a0100j2zv.html.

同学甲：手上的这篇文章是大面积摘抄1.0版的，这篇文章的内容已经与兰德公司没什么关系，但是为了表述的连贯性，还是提一下。这个报告是为中美经济安全评论委员会写的，从写报告的公司以及他服务的对象可以推测出，这应该是一篇针对经济问题做出的比较严肃的报告，有五个部分："一、中国与全球化；二、中国的全球化；三、中国的全球化与其他国家；四、美国获得利益和付出的成本；五、调整方面的问题"。由此可见，兰德公司的报告和手中拿到的这种不负责任的文章没什么关系。

接下来是2.0版的，它摘抄兰德公司的5段，我们手上拿到的文章已经删除了这一部分。而3.0版中，作者自己发挥的部分，就是有关宗教信仰的论述。

教师：你有没有尝试印证一下作者是不是基督教徒？

同学甲：试着找了，但没找到。接下来是他的社会影响，比如在天涯，很多网民会怀疑这究竟是不是兰德公司写的，但同时他们也会觉得这文章写得不错，很少有人去辟谣。还有一些知识分子和社会名流，对该文不加辨识的转载，反而成了谣言的中转站。在他们的博客里，不加辨识的转载了2.0版，题目分别是《美国兰德公司最近对中国评价》和《美国兰德公司对中国评价》，但均未注明此文系转载。

同学乙：我的发言主要分为两个方面，一是文本来源之解读；二是向老师提一个问题。

第一方面，文本来源之解读。第一，文本来源。这篇文章在网上已经流传很久，我在百度、谷歌上搜"十年后中国将成为世界上最穷的国家"，得到的结果大部分都标榜是出自兰德公司，但却极少有人标注文章来源于哪个具体网址，更有少部分人连"转载"两个字都没有加，就是赤裸着的一篇文章。这可以看出很多人缺乏严谨的治学态度和自我约束的言论习惯。

很多转载的人都是以这样的格式转载：题目居中，然后换行标注“兰德公司报告”和时间“2010－09－20”。众所周知，这样一种格式传达出来的意思是兰德公司在2010年9月20日发表的这篇文章。我想，如果找到最接近“2010－09－20”这个时间的发文作者，也许能把他作为将此文引进中国网络的第一人，这对于我们追究的“文本来源”或许有一定的参考意义。结果我找到了最接近的一篇文章，这篇文章是在天涯“经济论坛”上的一篇题为《2020年，中国将成为世界上最穷的国家》[1]的文章，可令人失望的是，这篇文章的发表时间是2010年9月19日11:37。这样就混乱了，网上大约80%的人称这篇文章是2010－09－20兰德公司发表的，但在天涯上竟然出现了一篇比兰德公司提前一天发表的，并也声称是兰德公司发表的文章，这样推理，那么那80%的声称兰德公司于“2010－09－20”发表此文的人都是错误的。当然，这得排除一种情况就是，fenghui234这个人提前给兰德公司泄密了。

这是我从互联网上，根据文章发表时间得到的“文本来源”的信息，也可以说是此文来源令人质疑的原因之一吧。

第二，此文存在明显的逻辑推理错误。比如以偏概全、推理环节的严重缺失、主观臆断等等，诚如老师所说，“它有明显的偏见”，并不符合兰德公司的理念和以数据说话的报告风格。这是文本来源令人质疑的原因之二。

第三，老师给的文本上称报告似“错误地引用了一位兰德公司研究员于2005年的证词”。我登陆了兰德官网，并下载了文本中提到的“证词”，这是亚太政策研究中心主任，亚洲政策部主席William H. Overholt于2005年5月19日对美中经济安全审查委员会进行的题为《中国与全球化》的陈述。文中几乎没有提到

〔1〕 作者：fenghui234，来源：http：//www. tianya. cn/publicforum/content/develop/1/485396. shtml.

关于中国的负面信息，而且整篇陈述都是关于中国政治经济发展的论述，并未提到关于中国人的话题，我看不出这篇陈述与我们分析的文本有什么交集。也就是说，对于《十年后中国将成为世界上最穷的国家》这篇疑似兰德公司报告的评价人，即我们手中所持有的文本的作者，其自身是否真诚严谨，也是令人质疑的。

第二方面，我向老师提出的问题是，如何有效地对一个“烂文本”进行解读与批判？我们小组在总结时发现，我们对于这个杂乱文本的批判，徘徊在与这个文本水平相当的层次上。在生活中可以发现类似的情景，比如，在个人思维、表达水平已定的情况下，与一个思维清晰、表达有条理的人辩论，自己也会相应地思维清晰、表达有条理；而如果换做与一个思维混乱、表达不力的人辩论，自己也会被带到“阴沟”里去。在个人篮球技艺已定的情况下，与一群高手合作，可以更超常地发挥，否则，就可能发挥地一塌糊涂。这种现象为什么存在以及如何改正与避免？请老师指点。

教师：你这个问题很好。我们提高理论素养，进行哲学训练，就是为了避免碰上“烂人”之后被缠乱了，我们要保持自己的一种层次、一种能力，揭露和批判一个烂文本最好的办法，就是证明它如何之烂，而不是跟着它一步步去走。鲁迅曾经说过，写战斗文章有男性和女性的两种风格：女性的风格就是列举对方的观点，一一加以驳斥，这样就会跟着它走很多；而男性的风格，就是抓住它的要害，一击致命。像这个烂文本的要害是什么？就是它是一个伪文本，就是这个文本本身之不合法性，它冒充兰德公司而贩卖自己的私货。这一点还可以发挥，这个人为什么不说是自己的观点，而要戴人家的帽子？其内心之阴暗可以理解。对于他说的那些话，如果要置评的话，就在于他不是一种实事求是、认真负责的态度，而只是一种谩骂。对于谩骂有什么好讨论的？所以要有文本批判意识，一个文本“出笼”的过程及其表达形式，充分说明了文本制造者的内心。

同学丙： 当我拿到这个文本，第一反应就是要找到这个文本的来源，看看它是哪里来的，怎么来的。在百度文库里我看到了一篇文章对它的来源性进行了详细地解答，我就对此进行了一一地印证。经过细细查找过后，发现这篇文章首发不是2004年12月14号，而是2004年12月29号，不过这个原文已经被删了。但是很巧合的是我在一个人的博文中找到了当时“军事论坛”上这篇文章的截图，正好上面有日期的显示，这个文本的作者是一个名叫“Kakarudo”的人，“kakarudo”是日本动漫《七龙珠》中的一个人物形象。当时有一个叫吴健的人利用Google搜索了这个名字，却发现只有25个结果，而且其中好几个结果都是指向“军事论坛”上的几篇文章，其余的结果都和日本网站并没有联系。他想在谷歌上不可能搜索不到日本的网站，于是就推定这个名叫“kakarudo”的人全球只有一个，就是当时搜索到的一个香港某论坛的ID。但我认为这个不具有确定性，因为这个名字是拼音，而不是日文，就如同我们在美国用汉字搜索人名会有显示，但是如果用拼音搜索可能就搜索不到国内的拼音人名了，所以我有些怀疑。

那么我们来看看吴健搜索到的香港“kakarudo”这个人的信息显示。他确实是2004年注册的这个名字，而且2005年也登录过，可是之后就再也没有登录过了。根据这个文本的写作时间来看，两者是吻合的，而且香港的这个“Kakarudo”在自己的资料介绍里的爱好中写了“游戏”，而七龙珠里的“kakarudo”同时也是一款游戏的主角，我就会想这一点是不是能证实些什么关系呢。而且这个人当时是在一所英文教会学校读的书，这所学校的学生英语都特别好，他的博客我有看，是全英文的写作。从这里我们可以推断一下他当时20岁左右，正处于愤青的阶段，很有可能因为受各种因素的影响而对当前社会存在着一些不满情绪，思想有一些偏激，而且香港那边政治表达相对自由一些。通过上述这些线索我觉得很有可能这两个“kakarudo”就是同一个人，但是在没有足够完全的证据情况下，我不能下定论。我一直对这个作者到底是谁十分地感兴趣，因为弄清作者是谁，是中国人，美国人或者日本人，这篇文本的写作动机、写作视角、写作立场就会一目了然。如果真的是香港这个“kakarudo”写的，我们就不难看出，他作为一个未经世事的20岁多一点的学生希望通过表达自己的不满，在美国网站引起轰动，引起国人注意。

这篇文章最早是以全英文的形式发在美国“军事论坛”之上的，后来被三个在“热血汉奸”论坛上的人翻译成了中文。说到这个美国“军事论坛”，好多人都以为它是美国官方的军事论坛，其实不是的，从它的网址中我们就可以看出，它其实是美国的一家普通的民间商业性网站，与美国政府毫无关系。所以不少人第一眼看到就想当然地认为这篇文本是美国人对中国人的评价，在之后的传播中这篇文本被冠以了“美国人眼中的中国人”、“美国人给中国人以教训”等题目，于是引起了网友们疯狂地转发。我觉得这篇文本之所以传播地这么广泛，很大的一个原因在于“美国”这两个字，如“美国人”、“美国兰德公司”，可能普通的一篇批判文章很少有人关注，但是一旦大家看到了是“美国”对中国人的评价后就立刻觉得不普通了，这可能是关键之处。网友们没有看清，于是就疯狂地转发。

刚才甲同学已经讲了这个文本从1.0版本到4.0版本的发展过程，我就不多重复，只稍作补充。当1.0版本出来后，正好没过多久美国兰德公司发表了一篇名为《China and Globalization》的文章，于是衍生出来了2.0版本，对其断章取义，组合而成。其实兰德公司的这篇文章是有直接公布在它的官网上的，不过广大网友却几乎没有去自己验证，大家想当然地认为兰德公司和美国政府有着很大的联系，在网络上学会辨别真伪很重要。2009年出现的3.0版本是在截取了1.0中的14段和2.0中的5段基础上产生的，到我们手上拿到的这个4.0版本时，2.0中的内容已经没有了，有的是1.0版本中的那14段以及我们尚未发现其具体来源的一些段落和语句，如关于“信仰”这一段之前是没有的，把1.0版本中的一句话提升为标题等。

教师：在文本中添加内容的都是谁？是中国人还是外国人？

同学丙：我觉得肯定是中国人，因为之后的这些版本都是在中国网站上粘贴复制的，只是在这一过程中做了少许的修改、删节。

教师：这一点是不是能确定？因为在中国的网站上外国人也可以参与，比如说受某个情报机关的指示。

同学丙：其中加了仅仅有四段，从这个量上来看应该不会是外国人所为的。

教师：这个要确证，不能说在“军事论坛”上发的帖都是美国人写的，在中国网站上发的帖都是中国人写的，也不能直接就断定是中国人自己写的。可能事实的确是这样，但是你得证明它。

同学丙：所以整篇文章我最大的疑惑就是“kakarudo”是不是香港的那个人。我之前在他的资料里找到他的E-mail，给他发了封很长的邮件，抱着侥幸的心理希望他能有所回应，到现在还不知道他有没有收到回复我。虽然希望很渺茫，但是我觉得还是要试一试。

教师：这种态度很好，亲自去证实，就能够拿到第一手的资料。

同学丙：在对整个文本来源的证实过程中，你获得的可能远远超过文本本身给你带来的认识。首先，对从1.0版本到4.0版本升级的思考，这个升级的过程是谁在推动？而且这篇文本的搜索量已经达到了上百万条。“美国人”、“美国兰德公司”的看法是不是比我们自身的看法更重要？我们在更多时候是不是很害怕别人的眼光和看法？

其次，这篇文本的逻辑虽然很夸大，但是否有一些地方的描述的确很像我们自己呢？我们在夸大的背后也找到了自身国民性的一部分。如果完全不合实际，我们肯定会嗤之以鼻，觉得实在是无事生非，关键在于它在某种程度上真的说中了我们的要害。

再次，在当下的网络环境下，我们对于转载的学术规范意识很淡薄。很多包括大学教授在内的人员在对这篇文章转载时甚至没有标明是转载，默示占为己有，还很少有人关注这个文本来源的真实性问题，这也是网络上谣言频发的一个原因。

最后，从表象到内容的思考。如文本中提到的信仰问题、价值观问题以及环境问题，是否值得我们在反思过后有所作为呢。

教师：这几位同学讲得都很好。流言止于智者，这个社会不缺流言，但很缺智者，流言之所以会像滚雪球一样越来越大，就在于某些有影响力的人盲目引用、不加认证。前些年我看到过有人在引用马克思原话的时候引用错了，后来的很多人都跟着他不加验证地引用，结果一个接一个的错，其实这是我们的学风、文风、社会风气问题。所以学习哲学观察，就是希望大家成为一个能鉴别流言、辨别真伪的智者，不要让自己的思维被别人牵着走。

“蚂蚁怎么样变成大象”的故事，值得我们深思。我希望你们能组织一下，写成一篇文章，辨清这篇在网上流传甚广、歧视中国人的文章的来龙去脉，这将是一篇很有意义的文章。

二、文本结构与文风分析

同学甲：我主要从文本论证的逻辑和思想的角度来分析这个文本。

（一）论证的逻辑。该文本在论证逻辑上的错误主要有以下四点：

1. 以偏概全。如“中国人没有信仰”、“大多数中国人从来没有学过什么是体面和尊敬的生活意义”、“大多数中国人不懂得优雅的举止”……以上的论证都是以所谓的“大多数中国人”作为论据，没有相关的数据支持，没法知道“大多数”是指什么意义上的大多数，如地区、年龄、阶层、性别等等，因此是无效的论证。

2. 以普遍性论证特殊性。本文中有把人性中的普遍性归结为中国人的特殊性，从而论证其为中国人特有的问题的地方，如“在中国，政治斗争是罕见残酷而无情的”、“中国人习惯接受廉价和免费的事物”、“中国人追求腐化堕落的生活，满足于自我生理感官需求”、“大多数中国毕业生对选择出国并为外国工作不会感到内疚”……以上的论证都把人类或社会上共有的特性作为中国人或中国社会所特有的属性来进行的论述。试想一下，政治斗争从来都是残酷无情的，东西方人都接受廉价或免费的事物（中国商品在全球范围的流行可以充分说明问题），很多西方人同样追求腐化堕落的生活，追求感官享受。上述以普遍存在于人性中的恶性归结为中国人特有的属性的论证是不公平的、无效的。

3. 单一原因论。如“这种以血缘关系为基础的道德观势必导致自私……”、“中国人没有信仰，这导致自我泛滥，缺少约束……”、“中国人对西方的技术与产品狂热追求，却对西方管理文化所强调的坦率、直接、诚实这些品质漠不关心”、“……中国人最缺乏的不是智慧，而是勇气、正直的纯正品性……如今依旧准确诊断出中国综合症的病因”。以上论证把中国人人性的自私、自我泛滥、工业生产和企业管理中的落后、中国人才缺乏等现象简单地还原为缺少信仰，缺乏品性等原因，从而忽略了其他原因，如制度的缺失、技术壁垒、外国势力的干涉、缺少发展的时间和过程等，因此，这些论证也是无效的。

4. 论据无法支持论点。这是最明显的问题，即使文中提出的七小点都成立，它们作为论据都不足以说明本文的总论点——十年后中国将成为世界上最穷的国家。

诚然，不管本文的论证逻辑上有多大的漏洞，它确实提出了许多现在中国人和中国社会中存在的问题和现象，这是值得我们深思的。但是，我觉得文中透露出来的一些思想上的倾向是不可取的，那就是，它以西方的价值体系（“统一的信仰”、“理性的社会基础”、“冒险、勇气等的品质”）作为标准来评判中国的现象，凡是不符合这些标准的都会被打到价值的反面加以批评，从而抹杀了其他的价值体系的可能性。

教师：甲同学总体上的批驳方法，就是跟着对方去争辩其中的具体观点。有两个背景不要忘记，一是前面已经批驳了该文本的虚假性；二是文本提到的很多观点往往是被人们所承认的流行的观点。比如中国的社会关系建立在血缘基础之上，中国人没有信仰，它不是毫无根据。那么我们的批判要在哪个层次上找？就是把一个问题作为一个正面问题。在学术论战当中，我们不要去抓对手枝节上、表述上或技术上的那些小毛病，男性的笔法就是抓住要害。什么是要害？比如说“中国人没有信仰”，这是西方人的普遍看法，我们怎么回答它？他们是把信仰和信仰基督教等同起来了，他们不懂信仰和宗教的区别。我研究我们中国人的信仰，在历史上是处于一种“有信仰无宗教”的状态，你要在理解了信仰与宗教的区别之后，来了解中国人的信仰特征。这是我们正面的阐述、论证的题目，这样才能从理论上、根本上回答这个问题：信仰和宗教是什么关系？基督教的信仰和宗教信仰是什么关系？一切宗教信仰与作为我们人类精神的一种普遍生活方式的信仰是什么关系？

我们后面的发言要自觉把握怎么看这些问题，不要让自己被这种明显带有种族偏见的看法牵着走，我们要超越它，不受它们的影响。在谈到这一点的时候，我们不要忽略了多少年国内外学者的研究成果，例如，怎么理解中国人，怎么理解中西文化的同和异？要有这些背景，我们对于它的分析或者批判才可以到达一定的高度，不至于被它死缠烂打，绕进去。因为像这样的一些武断的结论，要举例子随时可以举很多，你驳倒 1000 个，他会找到第 1001 个。这样的纠缠，在理论论战中是没有结果的。我们必须从基本概念、普遍事实、思想方法和理论逻辑上来回答问题。

同学乙：我从这个文本的语言风格上谈起。这篇文章出现了许多带有强烈感情色彩和非学术性的、不严谨的、不缜密的词，像“无视”出现了 20 多次，“从来”、“没有”也出现多次，这些词出现在这样一篇文章中，它的可信度和真实程度就大打折扣。“只关心”、“只在乎”、“势必”、“却没有”、“缺乏”等这么武断、强烈感情色彩的词汇，在严谨的学术论文上不会也不应该出现的太多。

对这个文本进行概括，主要是对中国经济、社会问题、中国人这几个方面来讲对中国人的看法。

教师：你有没有提炼和提升？比方说从大的问题上看，分几类？

同学乙：主要讲中国在经济、社会、环境、教育、文化这些社会问题。

教师：这不是提炼，这叫概括，甚至概括也不是，只是复述。你把重点放在“用词”上，用词只能是某种迹象，某种符号化的标志，也就是说，这个人的思考点、关注点和他的立场、态度反映了这些东西。仅仅看到这个不够，要搞理论批判仅仅抓这个是不行的，这叫“皮相之论”，就是不够深入、不够深刻。你有没有站在理论高度归纳这个文本主要讲了什么问题，所持的观点是什么，主要根据和方法是什么？

同学乙：没有。

教师：从整体上看，这个文本其实主要围绕三个问题谈中国：信仰、公共主体意识和教育。首先就是信仰问题，“没有共同的信仰是中国人没有社会公共意识的根源”；其次是没有公共主体意识的表现，文章分散在几个地方说的；最后是讲我们的教育，通过教育讲制度问题。

前两个问题是互相论证的，一个说中国人没有公共主体意识、没有公共责任意识，根源在于没有共同的信仰。那么，是没有公共责任造成了没有共同信仰，还是没有共同信仰造成了没有公共责任？这两者成立不成立？如果成立是什么关系？这些都值得思考。

例如，中国人是不是只对自己和家庭负责，对社会不负责？中国人的行为是不是有这个问题？有的时候在街上走，你也能强烈地感觉到，最得不到尊重，最得不到保护的就是我们的公共空间。比如马路上画出来的人行道，许多地方是谁想占谁就占，变成了停车场，谁想摆摊就摆摊，谁想扩建就扩建，公共的人行道是没人管的，最不受保护的。这是一个形象，更是一个象征。城乡的公共空间最没有保障，自己家里收拾得干干净净，公共场所一定是又脏又乱又破；过去的单位里有公共自行车，公共自行车是最先坏的……但是，这些现象能不能证明我们中国人没有公共意识？公共空间经常被随意侵占，在意识当中这是一个很普遍的现象。但是现在，我们有很多人，包括政府和很多市民都致力于保护公共空间，不让随意占道，不让随便摆摊，停车要限定位置，要收费，这个发展、进步的过程也不能忽视。

同学乙：我觉得，像这样的现象是在一个社会完善的早期是必然的，像在欧洲等其他国家也有这种现象，这是在社会进化的过程中一个必然的阶段。

教师：你是说对这种现象的看法，那前提就是承认有这种现象，是吗？

同学乙：对，资本主义发展早期也存在这一问题，我们不能只用现代的眼光看待这种现象，不能简单地说这是不对的。

同学丙：你是把它看成一种必然、应该的现象了。

同学乙：所以就没有必要责备它了。

同学丁：如果把这样的现象看成是必然的，那大家就更不会把公共空间看成是自己的空间，一起去爱护它。例如，现在的禁烟规章已经出台了，“在公共场合，为了大家的健康请不要吸烟”，这应该是全社会所倡导的，但它是个不容易落实的问题。一方面，现在也有公共的可供吸烟者吸烟的场所，另一方面，提倡大家不要在公共场所吸烟，这就很矛盾，即限制又不限制，所以说这个规定到现在都没有看到落实的效果。

同学乙：我们设置了公共的法规，但却没有给它一个过渡的发展完善的时期。我们突然产生了很多公共法规，而老百姓的素质没有跟上，所以一时间让人们去遵守是很难做到的。欧洲是经过了好多年，长期形成的过程，而中国受到外来的冲击，想要把我们变成西方一样的，却没给老百姓以适应的时间。

教师：在哲学上，这里就涉及怎么理解“存在的就是合理的”，有一个“实然”和“应然”的关系问题。就拿禁烟这个事来说，去年某省有个卷烟厂的厂长，也是哲学爱好者，他看到我吸烟就很高兴，让我从哲学角度讲一讲吸烟的好处，我说：“我不知道吸烟有什么好处，只知道自己有毛病改不了。”我的意思是不想把自己的弱点变成公共的理由。社会上也是一样的，大家都知道烟酒的经济效益大，所以官方下不了决心完全禁烟。只是这不让吸那不让吸，却不管产烟卖烟的，就是丁同学说的“现实的矛盾”。这个矛盾表明，我们在实践中面临诸方面的因素制约，必须多方面的考虑这个问题。

实践中有这样的困难，怎么解决？从哲学上讲就是从“实然”走向“应然”。“存在的就是合理的”是指其实然的状态，但是对“存在”的理解不能凝固化，不要动不动就说“中国人怎么怎么样”，好像中国人都一样。其实，中国人里有支持吸烟的，也有反对吸烟的。很多人养成多年吸烟的习惯，甚至形成了一种生理平衡，不吸烟就做不了事、发不了言，这是一种实然。但是还有很多人观察吸烟，身受吸烟之害，然后提出来禁烟，这也是中国人的一部分。但慢慢地越来越多的人开始意识到应该限制、禁止、反对吸烟，道理这样一点点发展起来，会逐渐成为一种主导趋势。就像我们人类污染了环境，但是认识污染、揭露污染，提出来保护环境的也是人，这是人在整体上的一种自觉，一种觉悟，也是人类发展的一个方面。所以在讲人类存在的时候，就不能只讲一面。说“中国人如何如何”的人，常常忘了自己也是中国人，并把痛恨不良现象的那些中国人都给排除在外了，这样就不能理解中国社会发展进步的动力、源泉在哪。

文本中只看一面不看另一面的理念研究、思想方法，甚至理论立场的偏颇，导致它的结论完全是消极的、没有出路的结论，或者是一种暴力化的、全盘否定的结论。我们怎么才能够不落入他的套子，去超越它，去批评它？我们就得看得比他完整，比他全面，包括动态的、历史变化的完整全面。就像前面说的，中国是一个血缘关系纽带的社会，那是传统社会的特征，这种血缘纽带的人际关系在现在正在转变。乡土社会、差序格局、圈子文化在生活实践中正在解体，解体的时候又会造就新的社会关系基础和结构。看不到这一方面，自然就找不到出路，除了埋怨、咒骂以外，找不到解决问题的方向。我们要批判对手，不能靠发指责和调谩骂，要用道理、事实去超越他、批判他。最重要的是不要抠字眼儿，所以怎么通过实际观察来看清一种现象，怎么通过文本观察来看清一种思路，一种思想方法，一种治学方式。我们得有点批判意识，批判要引向问题，批判不是互相挑剔，不是对人的、话语的互相挑剔，而是对问题、观点、方法的一种超越性把握。有时候听到一些很难听、很不顺耳的话，我们就在他的话语水平上和他争论，这是一种批判。但是如果我们能站在一个更高的层次上，在能够理解他的合理的根据、合理的导向的前提下，揭示他不合理的东西，这样的批判是一种超越。所以我们写文章、讨论问题或者是批判别人的时候，不要只挑别人最低级的、最边缘的小毛病，不要争论细枝末节，要抓他自己不知道，但是他最信任，最引以为根据，自己坚信不疑的立场、观点、材料、方法去批判。从对手最强的地方找到他的弱点，这样的批判才能抓住要害。

历史的自我否定、否定之否定发展，就是通过有时候看起来很偶然的行为发生的。但是哲学辩证法告诉我们，偶然背后都是有必然的，必然通过偶然为自己开辟道路。我们要善于观察生活中看似偶然，其实很深刻、很有前途、很有力量的现象，这是哲学所要的一种能力，而这种能力需要一种很敏锐、很深入的方法。比如最近美国的占领华尔街运动，已经有 90 多个城市响应了。多少年以后，我们可能会感觉这是一个历史性的伟大转折点，这个运动是把矛头对准金融寡头，即这次金融危机的引发者。很多人都热衷于讨论社会主义、资本主义，要重读马克思，有一部分人还停留在阶级斗争的层面上。但是，不管社会主义国家还是资本主义国家，大都被卷入了这次金融危机，只是影响的深浅、大小不同罢了。影响的深浅、大小是受什么决定呢？要考察这个问题的话，就要注意现阶段的全球化，这是世界走入全球化进程中的第一场磨难。而这场磨难的起因就是金融系统失去了合理的形态，银行系统炒货币，炒货币的各种符号，证券、证券的证券，房地产的货币、资本，被符号化、再符号化、再再符号化，造成泡沫，泡沫一破裂，全球经济马上陷入困境。这是一个全球化的现象，它的实质是金融的地位和作用问题。在发达国家，这些金融业的作用被夸大，脱离了实体经济，脱离了大众的生活，脱离了公民的权利。所以金融危机之后的几年里，美国一些失业的白领开始意识到金融寡头的危害，占领华尔街运动就发生了。这其实是人类经济对金融业地位和作用的一种反思，是一种要求变革的呼声。当然，这必然要受到政府和主流媒体的抵制，政府和主流媒体都是金融寡头的工具，肯定千方百计想封杀这场运动，宣称这样做“没用，不解决问题”，用各种方式削弱和封杀它。如果看到这个整体的意义，我认为它是一个伟大的历史事件，伟大的历史起点。

三、文本内容分析

（一） 信仰问题

同学甲：我主要分析文本中所提到的信仰问题。请大家注意文章第二段的标题“中国人是世界上少数没有信仰的可怕国家之一”，如果我们抽掉句子的枝节就会发现，这个标题的主干是：“中国人是国家”，由此可见此文章的不严肃。这篇文章指责中国人没有“自己的信仰”，缺乏“统一的精神支柱”，这里就出现了混乱，“自己的”究竟是说中国人全体，还是说个体的中国人？如果是说个体的话，那么“统一的精神支柱”就无从谈起。第二段又说中国人实质上是泛神论者，泛神论毫无疑问是信仰的一类，中国人作为整体就是有信仰的，这不是矛盾了吗？或许作者只是想指责中国不是一个宗教国家，更大的可能性是作者所认定的信仰，是而且必须是某一个统一的宗教形式。

本文在最初流传的香港教会学校版本中，是没有关于信仰的部分的。但是从文本看来，我依然揣测这部分很有可能出自一个基督徒之手，作者的态度是排斥泛神论，强调“统一的精神支柱”。再看第二段末尾处，在中国“拜鬼现象十分普遍”，很明显，任何一个多神教体系或是对宗教现象持中立态度的描述都不会用“拜鬼”这个充满歧视意味的词语，那么可以证明作者所持的宗教观点必定出自一神教即亚伯拉罕诸教——犹太教、基督教和伊斯兰教。又因为犹太教本是根据血缘来传播的，而伊斯兰教教义上并不指责其他宗教信仰，加之只有基督教传教时将异教视为一个不可忽视的问题，所以我们有理由猜测，本文是出自一个基督徒之手。如果我们认同这个论断，那么就能够更好地理解作者是如何站在自己的角度对中国人信仰问题进行指责。

实际上这种指责是完全站不住脚的，一方面我们可以用大量的数据指出中国有多少宗教信徒，其比例与世界各国相比如何。但更重要的一方面，徐梵澄先生讲过，中国人内心深处都有隐秘的道教跟佛教思想在里面，更别说儒家也可以被当作儒教看待了。这部分指责中国人没有罪恶感更是无稽之谈，中国人不但讲“神目如电”、“举头三尺有神明”，更对于命运－天命跟因果报应理论看得极重。在这样一种世界观之下，没有罪恶感是无法想象的。

我确实也承认，这个时代我们遭遇到了一些跟信仰有关的问题，可以说是传统的信仰与精神家园受到了挑战，古今中西之争是绕不开的问题。但是即使在这种情况下，我也想恳请大家，先去思考一个问题：什么样的信仰才算得上真正的信仰？是否只要声称是信仰一种宗教、一种思想、一种主义就能够成为真正的信徒？这个问题是充满争议的，犹太教跟基督教都有关于异端的责难，佛教也讲究“当愿众生，生生世世，得闻正法，学最上乘，不落邪见”，古代伊斯兰教学者赛尔顿丁所著的《教典诠释》（该书在伊斯兰教经义讲述中是一个非常重要的文本）也讲“真正的信仰与口头上的招认是有区别的，口头上招认的，有一部分不是信士”。而反过来讲，禅宗、新教本身对于经义的态度更为开放，可是所属宗教那个内核性的东西还是无可争执的。从这一点出发，很多人声称自己是宗教信徒，但是其行止却不符合教义与经书的教导，甚至对教义本身也一无所知，这种信徒多大程度上是信仰，多大程度上只是找一个精神寄托，其行为又在多大程度上能够受其宗教的影响，这都是或然的。而在这种状况下，去谈中国人有没有信仰，中国人有什么样的信仰，中国人为什么没有信仰，都是没有意义的。

芝加哥大学原宗教学系主任米尔恰·伊利亚德（Mircea Eliade）在《神圣的存在》一书中也区分了“神圣”（the Sacred）和“神显”（Hierophany），前者是各个宗教现象中存在的那个不可化约的因素，而它通过“世俗”显现自己，而这个“世俗”也就成为完全不同的事物，也就是“神显”。在这一过程中，神圣通过某些事物来表现自身，而神圣并不直接呈现，那些成为神显的事物并不因为他们是事物而受人崇拜，正相反，是因为它们是全然的他者，是神显的形式，这就从根本上打破了任何“拜物教”的指责。而人本身不是且不同于神圣，世俗的人类生存因为遭遇神圣才有意义。那些被称为宗教的东西，恰好是在诸多不同神显上面建立起来的，但归根到底都是神显，并无真理与谬误的区别。那么就更无理由声称某一种具体的信仰是信仰，而其他的信仰由于与它形式不符就不是信仰，这是一种奇怪的偏见。真正想要通过信仰来规范或是建立一种价值体系来影响大多数人的行止，就更需要对信仰问题进行深入地探讨，而不能如本文一样不经思考就大肆攻击。我的发言到此结束。

教师：中国人到底有没有信仰呢，刚才同学乙也说这个问题，现在的中国人有没有信仰，中国人自古以来到底有没有信仰，有没有中华民族文化的信仰，有没有自古以来的一个一贯的、统一的信仰？

同学丙：儒家思想。

教师：儒家思想？儒家思想是很晚的了。而且儒家思想作为一个思想体系，他自己提倡什么、信仰什么？还是说就让人把它当作信仰？一个是“信儒家”，另一个是“儒家主张信什么”，这是两个概念。

同学丙：那我觉得中国也应该有啊，佛教也应该算中国的信仰。

教师：那也是很晚的了，魏晋以后。

同学丁：老师的意思是说，中华民族的根上，显然很早。

教师：要那样说，中国有本土宗教道教，后来各教也都来了。你看现在伊斯兰教、佛教、基督教，影响范围也都很大，怎么看中国人的信仰这个现象？

同学戊：信祖宗。

教师：祖先崇拜？

同学乙：但是这个好像跟萨满教有些类似。

教师：信祖宗、祖先崇拜，是一种早期的原始宗教形态。

同学戊：现在不也信吗？

教师：信吗？

同学戊：烧纸嘛。

教师：这又涉及什么是信仰了，烧纸是不是信仰？给灶王爷糖吃叫不叫信仰？

同学戊：那基督教又能否叫信仰呢？

教师：基督教它是一整套理论。基督教形成以后，在它的范围内，形成了统一的规则程序，有它固定的形式。

同学乙：我觉得中国人应该是一种“泛神主义”。

教师：先说丙同学那个问题，从考察一种信仰对于造就一个民族、一个国家、一种社会生活方式所起的作用这个角度来讲，西方的很多国家是按照基督教的原则建立和形成的，但中国，你说是按照哪个信仰的方式形成的？

对这个问题的分析和回答，涉及一个逻辑起点的问题，信仰和宗教，必须区分开来。信仰是人类精神生命，精神生活的一种必然的、普遍的形式，作为价值观的核心和最高形态。人必定有信仰，没有信仰的人，在精神上很难生存，很难成为自己。但是，信仰什么，则是多样的，是具体历史形成的。

宗教是一种社会组织化的信仰形式。宗教的核心是信仰，并且是对某个神、某个教主、某种教义的信仰，它和社会上各种自由的信仰不同，宗教是一种组织化的形式，它有教会、有教廷、有教仪、有教规、有教义，甚至还有教服，它形成了组织化形态的信仰模式。要区分信仰和宗教，它们有关系，但不是完全等同的。

而我们中国的历史文化，最大的特点是“有信仰而无宗教”，这种状态成为主流。中国人有信仰，从表达上来看，中国人自古以来信的就是“天”。天是最高的，“天道”，“天命”，“天意”，“天理”，连老百姓都说“天命难违”，“人的命天注定”。中国人有“天”的信仰，但是没有把这个信仰的对象——“天”，自觉地做系统化、形象化、组织化的整理，“天”只是在中国各家学说里默默地作为一个理论共识和前提存在，“道之大原出于天”，“天不变道亦不变”，这是董仲舒说的。其实中国文化最早的起源，发端于《易》，《周易》一开始就讲“天、地、人”，对“天、地”崇拜，“天”是最高的。中国人不怎么信神，或者把神放在很低的层次，很实用主义地对待神。中国传统文化中的信仰，最典型的是把三个教的教主塑在一个殿里面，如来佛、孔子、老子，儒释道三教可以合一。像鲁迅说的那样，想抱孙子就拜菩萨，这是佛教的；想发财就供财神，这是道教的；想升官就祭孔子，这是儒教的。对各教都可以信，但是对哪个教都不认真，都不负责，为什么呢？因为在各教之上有天，中国的统治者都依靠天，皇帝叫天子，奉天承运，都是以天为根据的，用“来自于天”的道理解释自己。但是我们对自己的信仰缺少一种系统化的自觉反思批判和建构，没有把它变成一套系统严密的逻辑，更没有把它社会组织化，它是松散的、弹性很大的。天是什么？古人讲“天视自我民视，天听自我民听”，天都是用人的眼睛来看、用人的耳朵来听的，天和人是合一的，天就是人，是人间的最高力量、最高智慧和最高道德，天是人的一个最高代表。

孔子教给中国人一个智慧，对神采取存而不论的态度，祭神如神在，“子不语怪力乱神”，不怎么主动去说神的事。别人问他死后的事，他说“未知生，焉知死?”孔子对神的态度就是：你要信，你就信，你要认为有，它就有，但这个你不要过分追究它，只把我们现在的事弄好就行。孔子教给中国人这样一种智慧，所以自古以来中国人对神都采取实用主义的态度，“平时不烧香，急时抱佛脚”，这是传统文化的一个特点。我们中国人这样一个特点，在西方人看来就是没有信仰，因为他们观念里的信仰就是宗教，而且可能就是基督教。在他们看来，人要是没有信仰的话，是很可怕很可恶的。因为有“中国人没有信仰”的观点，所以使得西方人对中国人怀着特别深的反感和恐惧，这是文化上的差别和对立，我们应该理解和知道。现在很多人反过来，要给中国人灌输“敬畏”意识，说中国人没有信仰，什么都不怕，因此不知道约束自己，保护环境，所以提倡要灌输敬畏意识。现在“敬畏”还有“感恩”这些词都比较流行，就是拿西方的信仰观念和信仰方式，来诱导或指引中国人。在社会流行的各种思潮中，就有一种要用西方社会的宗教信仰来改造提升中国人的文化境界和文化思想主张。

所以，怎么看信仰和宗教的关系，一是怎么理解中国人的信仰状态，二是怎么理解信仰的含义。思想文化建设领域的一种趋向，要让中国人有点信仰，能自我约束，但是要把信仰和对神的信仰要区分开来。

（二） 教育问题

同学甲： 中国的学生在受了教育之后，会选择出国，甚至选择移民。我们国家花钱教育他们，而他们却为别的国家服务，并且他们不会感到内疚。除了移民之外难道没有别的出路吗？还有一种说法，中国很大一部分精英选择了移民，很多有钱人都选择在国外生活，很多学生考雅思要到国外去，中国一旦发生什么变故，也到别的国家大使馆寻求保护，他们已经对我们这个国家和政府失去了信心。

教师：在文章里把这个作为教育失败的一个表现，一个证据。移民现象说明什么？咱们就以教育为重点，谈谈大家的看法。

同学甲： 邓小平当年对出国留学的学生持来去自由的观点，不要求你去了以后一定要回来。但现在我们国家有个公派留学的项目，好像是去国外留学之后，五年之内不能出国，必须在中国，有这样的一个规定。我听说现在还要定期开会，加强你回来的观念，但是还是会有人宁愿付违约金也不想回来。

同学乙： 这是不是和从小受到的教育有关？咱们受到的教育，不管家庭还是学校的教育，都是说人要往高处走，不就是说为了未来的生活优越一点，自己的才能有一个能够发挥的空间吗？在这样的一个教育背景下，他在中国感受到的社会现实不那么优越，而到了国外就有了一个更大的发挥空间，有了一个更好发挥自己才能的地方，这种意识就是“人往高处走”，能蹦到一个更好的地方，我感觉跟这种潜在的心理意识有关系。并不是说中国的教育有多差，但是他毕竟是从中国教育出来的，他自身的一个基础，还有培养的一个习惯、学习的方法、思想的整体过程，还是跟中国教育有关系。现在虽然大家都说会有很多海归回来，但是他们都说在国外可能没有找到一个用武之地。更多的是那种自身真正有能力，能够独挡一面，这种人才能够申请到在国外生活的一个机会，有一个自己能够发挥自己才能的空间。

同学甲： 你说的是能留的他尽量留了，留不了他才回来。但是你说中国教育从小教育爱国，报效国家，建设社会主义，成为接班人，这是我们更多强调的，但为什么他走了之后就不回来了呢？

同学丙： 我能为国家做贡献，但是国家给我提供了什么？

同学甲： 这是不是就是说对我们的政府、国家失去信心了呢？

同学丁： 有的知识分子，他想报效国家，但是国家却不一定给他机会，所以他到外面去寻找一个环境。好多人即使到了国外，也还想报效国家。也可能是我们的体制使这些人才流失的。

同学丙： 谁愿意背井离乡呢！

同学甲： 有一个报道，说是一个耶鲁毕业的中国留学生夫妇给耶鲁大学捐了 888 万美元，却没有捐给中国，他们说是因为受到了耶鲁的教育。

同学丁： 我觉得那个很复杂。比如现在我感谢中国的大学，我也不一定敢直接捐钱，像红十字会，还涉及一些体制问题，你捐的款能对它有直接作用吗？（同学甲：你都不一定信他）我都不一定信。他可能也对中国的大学心存感激，只是可能会换种方式吧。

同学戊： 那对夫妇捐钱给耶鲁大学是怀着感恩之心的，因为他们出去的时候很困难。用他们的话讲，就是出国留学的时候阻碍重重，而且是他老婆先走的。他老婆在北京没有户口，而且生活特别艰苦，他们两个在北京工资只有几百块钱，住的也不好，没有人帮他们。当时他们申请奖学金的时候，耶鲁大学通过了，因为他的妻子挺优秀的，但是她在北京没有户口，所以找不到正式工作。但是他们出国的费用都是耶鲁大学提供的，包括生活费，所以他们后来都把钱捐给了耶鲁大学。

同学丁：其实我们的教育还是挺不错的，我们培养的人才还是挺优秀的。

同学戊：但是社会没珍惜这个人才，所以人家走了。

同学丁：所以看来不是教育出了问题。

同学戊：耶鲁大学对他们是有知遇之恩的，他们怎么没捐给本科院校？

同学丁：我是说她挺优秀的，咱教育还是教育得挺成功的。

同学己：这也是个别现象，不能代表总体，大多出国了不回来的就会找各种借口。

同学甲：还有一个问题，有个同学他自己是学法律的。一讲起中国社会，就很愤恨，说中国是人情社会、关系社会。若你问他现在信什么，你信不信法律，他说，不信，现在连钱都不管用，管用的是关系、人情，我相信的是权力，不相信法律，不靠谱，不管用。他自己学法律的，他骂那些人情关系，另外他自己又不信法律。这个就是一种分裂，自己学的东西他都不信它。

同学戊：像马克思说的异化。

同学甲：有这种倾向，这个就是中国的教育出问题了。

同学己：你学什么和你信什么不一定是一回事。

同学丙：学的也不一定爱这个，不能学一个就爱一个。

同学甲：这个文本中也有说，中国人不勇敢，对自己觉得正确的东西不敢追求。

同学己：他不觉得法律正确，所以肯定不会追求；他觉得法律不管用，他肯定不追求法律。

同学戊：他可能学的比较多了，看到深层次的黑暗的东西比较多一点。

教师：教育问题的讨论中，大家对文本批判解读的功夫还不够。比如他说中国教育失败，从哪几个方面概括的？他分的几个自然段：第一段说公民接受教育的目的是扭曲的；第二段讲教育制度、教育体制的培养目标也是扭曲的；后面三段讲教育失败从三个方面表现出来，一是培养出来的人很少有追求真理的，都是一群投机分子；二是可以培养很多技能人才，可是培养不出钱学森那种领军人才，培养不出有创造精神的领军人才；三是讲了流失，中国培养的人才不爱中国。这个执笔者把这些出国的人骂得很厉害，说他们是一群狗。也就是说，他认为教育成功的一个标志，是中国培养出来的人才应该留在中国，为国家效力，他认为培养的精英人才流失是教育失败的一个标志。有个耶鲁大学校长批评中国教育，那个文章在网上也很流行，他讲的问题是值得思考的。

同学己：老师，我觉得我们除了批评文本中的观点的片面性以外，还真的很难从理论上对他进行反驳。他说的这个观点，我基本上是认可的。

教师：就是你只好接受，对吗？

同学己：想反驳很难。

教师：那么你能不能设想一下，中国教育的执行者、管理者，他们会怎么解释这些问题，或者怎么反驳？

同学己：他们也很难做出决断。如果说青少年、年轻人学习的目的不正确，他们可能解释为传统文化的影响，或者现在社会的大趋势。

教师：咱们的教育部受到很多批评。前些日子教育体制改革规划还挂在网上征集意见，让大家放开提意见，中国教育到底怎么搞。现在骂中国教育的人很多，包括咱们在学校的人也都骂，老师、校长、书记们大概也都骂，对教育体系的现状非常不满意。但是骂归骂，从骂中能不能骂出一个出路、一种智慧、一套办法来？我们可以从这个角度来看来想问题：一是怎么来解释现在的现象；二是从解释这个现象中找到它可能或应有的出路。

同学己：发现问题和解决问题是两码事。发现问题可能是个短暂的过程，但是解决问题却没有一个一劳永逸的办法。

教师：这个看法就不妥。因为你说的“发现问题”是指很表层的、皮毛的、枝节的问题，如果真正发现了实质的核心的问题的话，那么解决问题的路子也就有了。正如那句话：正确地提出问题是正确解决问题的一半。正确提出问题就是真正地揭露问题，但问题是不是在于某个人，骂教育部长、骂校长、骂学生、骂老师、骂家长，骂谁能解决这个问题？都不行。比如教育公平问题，好像谁都骂择校，但是哪个家长都舍不得不择校，辛辛苦苦攒点儿钱来，就是为了给孩子择校、交钱。你们考大学的时候不知道是怎么想的，恐怕潜台词里，还是只需要应试教育，不需要素质教育吧。

同学丙：分够了就行。

教师：就是琢磨怎么把分弄够了，你不那样想行不行？

同学丙：不行，不然考不上大学了。

教师：像这样的问题，就不是哪个个人的问题了。

同学己：上升到社会以后就没有可解决的办法了。

教师：为什么？

同学己：因为连解决问题的对象都没有。因为社会是连动的，要解决这个问题，可能会牵扯到更深层的另一个问题，另一个问题更深层的可能又联系到其他问题，一旦说是连动了，就没办法解决了。比如说我们的教育问题，可能要考虑家庭环境、社会风气、文化传播、文化源流、国外影响等等，这样就发现教育问题真的无从下手了。

教师：这个前提有问题。上升到社会，就复杂了，就无从下手了，是这个逻辑吗？

同学己：嗯。

教师：那回过头来，教育到底是谁的事业？有什么问题？

同学己：大家都觉得教育不好，就像我们得了一个什么样的病，结果你发现这个病牵涉到很多很多的问题，各个学科的问题，就会发现很难了，疑难杂症。

同学庚：这种问题就不能靠速成了，可以从细微上慢慢调整，不能说一步到位。

同学己：我就是这个意思。它只能说调整，微调，慢慢地进行改进，就像换血一样，慢慢来，没有一个能很快解决的办法。

教师：还是没理出头绪来，到底能解决还是不能解决？

同学己：只是说有解决的这么一个愿望，但是具体什么时候、用什么办法解决，还是个未知数。

教师：什么时候解决可以不限定，用什么办法解决这个靠谁来回答，等谁来回答？

同学己：找不到一个责任人。

教师：前提就是一个责任人吗？

同学己：解决问题就是要找到一个存在问题的主要责任人。

同学戊：这不是一个人的问题。

同学己：如果把所有的问题都归结到社会问题，真的是没法解决了。你比如说，医疗问题也是社会问题，教育问题也是社会问题，住房保障问题也是社会问题，但必须有一个人承担责任。

教师：你这是问责制，主张每个问题都要有一个责任人。

同学己：至少有一个人要承担主要责任，否则问题就不能解决。社会问题是谁的问题，没办法回答。

教师：每个领域都有主要的管理者，而且好多都是中央讨论的，中央定的。从某种意义上说，责任人是有的，从责任人这个意识上来讲，至少是想落实的，但是落实了责任人是不是就解决了？

同学己：没有。

教师：我们高校，现在体会到的就是建房子、捞项目，千方百计凑分数，按照排名榜上的各种指标往上凑分数。大学主要就干这事儿，教学面积有多少，国家级项目有多少，省部级项目有多少，凑这个分数。

同学戊：是硬指标？

教师：是硬指标。既然是好事就得这么干，那还埋怨什么呢？为什么说失败呢？人家可以拿出来好多证据来说明我们的教育不失败，“我们的学生参加什么国际大赛成绩优异”，“中国学生的综合创新能力竞赛，远远比别的国家强”，等等，这样的教学质量是高还是低？我们的孩子出国以后发现小学五年级学生学的课程相当于他们中学生的水平。

同学戊：不过我们的学生感觉压力比较大，我们的体制有问题，但是国外的体制就没问题吗？这是不可能的！

教师：对呀，你说孩子压力大是好事还是坏事？关于“虎妈”教育孩子的这个事情就很有争议，是吧？

同学己：我认为有很多问题仅仅是一个文化差异。比如说，那种开放式的教育（启发、引导）跟我们中国的教育方式（严谨的或严格的灌输式教育）相比较，到底谁好？他们都是各有各的好处，选择哪一种并不是纯粹理性的判断，肯定有文化上的差异。中国人觉得从古至今“子不教，父之过，教不严，师之惰”，老师要严谨地教学，学生要恭敬地听老师讲课。但在西方有这么个传统，要活跃课堂气氛，引导学生研究问题、探索问题。各有各的好处，这不是一个纯粹理性的教育学问题，而是一个文化差异问题。

教师：是文化问题又怎么样呢？

同学己：这就不能涉及价值判断，不能说谁好谁坏。

教师：不能说谁好谁坏，又怎么回答文本中谈的这些问题？因为你的潜台词还是：中国教育并不失败。

同学己：不是很失败，至少不像文本说的那样。

教师：那你就得回到这个结论上：在我们看来并不很失败，但作者说失败。那么他的思想方法、理论材料的毛病究竟在哪里呢？

同学戊：其中就有一点，他在用他们的优点来比我们的缺点。

教师：哎，这样问题就深化了！

同学戊：我们说我们的好，他说他们的好，这种对比不是典型研究对比，不是在一个水平线上的对比。

同学己：就是中餐、西餐到底谁好，这么一种对比。

教师：那还是中餐好，他们西方人到中国来，都说中餐好。

同学甲：我觉得，判断教育成功与否，应该从教育给社会带来什么来衡量。

同学多人：评价标准是不一样的！

同学甲：要讨论一下教育的本质是什么？

同学己：教育的本质是促进社会的文化繁荣、科技进步，还是对人的塑造，塑造完整的一个人，还是什么别的？

同学戊：你说的就比较远了，我刚才只是举一个很简单的例子而已。

同学己：你刚才说的，实际上还可以说中餐和西餐比是一回事的话，西餐没味，中餐美味。

同学戊：那就这么说，你吃惯了西餐之后再去吃中餐你就会感觉中餐好，那你天天吃中餐、顿顿吃中餐，而换了西餐就会感觉西餐好。

同学己：那长期吃西餐的人，突然换了中餐，一顿你觉得好，但你吃了几顿之后，感觉还是西餐好。

同学戊：对呀，那不就涉及这个问题了吗，他说他们的好，我们说我们的好，时间久了，你看自己的，出现问题了，你说人家的好。

教师：对，这就涉及问题的高端了，就是教育成败的标准是什么，是单一的还是多样的，这个争议不大，可以是多样的。但是，衡量我们教育成或败，究竟应该用什么标尺？文本是用什么来衡量？而我们讲自己的教育取得的成就或哪有问题的时候，是用什么来衡量的，是一样的标准还是不一样的标准？

教师：牛津大学校长讲过一句话，我印象很深，他说："牛津的风格和传统就是保守！"他们以前设立的院系和我们都不一样，而且他们特别讲究传统，以前怎么做，以后就得照规矩怎么做。这引起他们自己的很多教师不满，所以有一帮青年教师"叛逃"了，跑去另外建了一所大学——剑桥。几十年以后，这个牛津大学的校长总结的时候就说："我们得诺贝尔奖的不如剑桥多，但是我们培养了英国的36任首相！"牛津讲自己的成就，认为正确有效地坚持了自己的办学方向——培养代表和引领英国社会发展的人才，诺贝尔奖也要得，但这不是牛津的主要目标。所以牛津很骄傲，"我们培养了英国的36任首相"。剑桥是由一群不满意牛津的保守作风，最富有探索创新意识的人建立起来的，这种创新意识使得剑桥也结出硕果——得了许多诺贝尔奖。英国有剑式和牛式两种办学的思路，跟这个作对比，再看我们中国办学的成败，我们实际用的标准是什么？我们应该用的标准是什么？

同学甲：对中国来说，出来的人才是整齐划一的。我们不是说要把你教育成什么，而是说不要压制你将来成为各种可能的人才。例如，我们不是说一定要把你培养成哲学家，但是，一定不要把我们培养成社会的渣子，你可以成为哲学家、音乐家等发挥你的各种可能性。

同学己：就是说，他不给你选择具体的目标，但是给你提供可能性，是吧？

同学戊：是不是说教育可以培养不同类型的人才，比如说，我的这个教育体制符合了我的教育目标，达到了这个目的，就算是成功的。

同学甲：对，好多学校要培养什么样的人，从这个学校出来的人是什么样，有些学校说是培养这个人将来有各种可能性，而不是在这里就把他这种可能性抹杀掉了，出来的人应该有好多种类型。而很多学校出来的，只有一个类型——我们培养首相、我们培养诺贝尔，出去的时候都已是格式化的了。

同学戊：就是说，我这个学校有这个目标，我真的培养出了这样类型的人才，这应该是成功的。你是说，人才应该是发散型的，多种多样的，只要发挥你自身的潜能，然后，达到一定水平，这个教育也是成功的，因为我把人的潜能都开发出来了。

同学甲：就是标准设在哪里的问题。

同学戊：标准不一定是同一的，每一所学校，每一种教育体制，他都有自己的模式，他只要达到他既定的目标，他应该就是成功的。比如说，像中国这种应试教育，他有很多缺陷，但他也出了很多人才，而国外的教育相对比较轻松，人家也出了很多人才，无所谓谁更好一些，谁更差一些。我们从小就在经历各种各样的教育体制改革，小学在减负而且教材一年一换；初中要培养发散型人才，英语书突然厚了很多；高中要改成修学分；等等。教育体制改革就像一个大机器一样，像同学已说的一定要找一个负责人，那源头到底在哪儿？这就像齿轮一层卷一层，你不能找出最终的那个根结点。

同学己：一个问题，应该有对这个问题承担责任的人。

同学戊：那你是要教育部长承担责任？那谁任命的教育部长？

同学甲：教育部长也是受教育出来的。

同学戊：对呀，那谁来承担责任呢？

教师：这是人治主义的思路。有个同学刚才讲了一个很好的观点，教育的成败要看教育的效果是否符合教育的目标，是否达到自己的教育目的。因为教育本身是多层、多元、多样的，比如小学教育要达到什么目标，中学教育要达到什么目标，职业教育要达到什么目标，高等教育要达到什么目标，要用效果来衡量是否符合这个目标。舞蹈学校就要培养舞蹈家，学校培养了很多舞蹈家，还出一批拔尖的舞蹈家，这就算成功。你不能说舞蹈学校教出来的学生不会画画，就是片面发展，这种要求是不合理的。因此，解决教育问题的一个起点是：如何端正和落实它的目标、教育目的。先考虑怎么样定位、定性，把这个弄明确清楚了，接下来就是怎么落实、坚持的问题，就像牛津，就要走保守路线，因此不会也不怕被人家说缺少创新精神、没有时代感、需要改革。牛津校园都是很老的房子，越老的房子，他们越引以为荣，他们维护的很好，修整得也很漂亮。牛津的指导思想就使得他成为英国文化的带领者、领军人物，牛津的教育达到了这个目的，所以他这个校长就可以很自豪，诺贝尔奖比剑桥是多还是少的问题不是他最重要的尺度。

那么，我们中国教育现在面临的问题究竟在哪里？我们教育目标的选择和设定有没有问题？有什么问题？还有，我们的教育方式，就是贯彻教育目标的路径、形式、过程，是不是有利于实现我们的教育目标和目的？它本身的结构、方法、规则规范体系怎么样？然后，再用效果来检验，有效性如何？对吧？比如，应试教育培养能考高分的人，培养的学生多数能考高分，这就是有效、成功的；但素质教育要培养比较有思想境界、心理健康的人。那么，如果学生基本上都是心态比较健康的、自主独立的人，教育的目的就达到了，考多少分就不是主要的标准。

拿效果来检验的时候，我们回过来反思教育，就可以从教育目的或教育方针，教育体制或者教育程序、教育过程和教育结果来进行。教育结果是只看他培养的拔尖人才，还是看他培养的大多数人才的效果？今年清华校庆的时候，有个校长讲清华历史，他讲了当了大官的，中央委员、中央政治局委员、中央政治局常委有多少，省部级干部有多少，等等。这个讲话出来以后，在网上遭到很多人批评，说他光用当官的数量来衡量清华的成就，却没讲清华一个得诺贝尔奖都没有的这种耻辱，也没讲清华在各个学科里面大师级的人物究竟有多少，历史性的巨著有多少。所以一些人批评说清华已经堕落了，从办学思想上就已经堕落了，但是我知道清华办学的一个思想，特别是新中国成立以后的一个办学思想，就是培养社会主流人才。他们的前任校党委书记曾经到政法大学来开小型座谈会，就讲了清华的主流意识：清华就是要多培养一些省部长、院士等主流的领军人物。但别的学校，像北大就不是这种风格，北大就是要培养很多社会评判者、自由学者，就要讲思想、学术、文化。清华北大两校学生经常较劲，争谁第一，在国内，清华常排在前头，但国外常把北大放在清华前头。这就是用不同的尺度来衡量教育。

后来，有人问咱们政法大学到底想培养什么人才？我想，这个问题正是需要自觉把握的。我担心的是，咱们只想培养一批律师、法官等司法部门的从业者，而不把培养中国法治建设的思想家、实干家和带头人作为目标。政法大学要有自己独特的目标，法大就是法大，把法大办成一个国际知名的大学究竟要靠什么？这个目标让别人理解了，地位才能提高。这才是关键性的定位问题，目标定位能够决定办学的方式和风格，影响办学的成败。

那么哲学方法论这个课要达到什么目标？我想得比较简单，虽然你们在座的也有哲学专业的，但开这个课的目的不是让你们都成为哲学家、哲学教师或者是哲学专业工作者，而是让你学了哲学以后，在回答“怎么看、怎么想、怎么说”的问题的时候，能有一点新的东西，不是那种习惯性的，那种人人都自发地会说的东西，这就是目标。

那么，我们的教育目标到底怎么定？1987 年讨论教育改革文件的时候，我们就曾建议，要从教育方针开始改革。我们过去的教育方针是“教育为无产阶级政治服务，教育与生产劳动相结合，培养德智体全面发展的共产主义接班人”。这是解放初期就定的。“文革”以后，又略微修改了一下，改成“教育为社会主义建设服务，教育与生产劳动相结合，培养德智体美全面发展的接班人”。这两个教育方针的版本有一个共同的问题、共同的毛病：总把教育放在为什么“服务”的地位上。前面讲要为无产阶级政治服务，现在讲要为社会主义建设服务。总把教育放在要为什么目标服务的位置上，而没有把教育放在国家社会未来主体的培育上。这个教育方针从一开始定的基调，就是教育是一种工具主义的体系，而不是一个以人为本、以国家和社会的主人的培育为目标。总是把教育看作一种工具，认为教育仅仅是为了培养各种各样的、德智体全面发展的“劳动者”，而不是把教育放在培养社会主人的地位上。“主人”是劳动者与享有者的统一。既然只是工具，那么应试就是一种必然的检验尺度了，这就决定了我们的教育发展不好。这个话说了有20多年了，我看了一下新修订的教育规划里关于教育目标的阐述，比以前有所改变，而且向着以人为本的方向走了一点儿，但还是很不明确、很不坚决，所以大伙儿印象都不深。

在实际中，国家教育的目标是引导个人、引导受教育者，在这个层次上，我们的思考、反思很不够。至于路径、教育体制、教育形式，现在则是越来越行政化了，越来越没有科学精神、人本精神，完全是按一种工具主义的要求。现在的行政化比新中国成立前的学校更厉害，官本位、行政化、形式主义，教师和学生的潜力、潜能怎么释放，怎么发挥，都受行政化的操控，这和我们的目标就背离比较大。

无论从制度上来讲，还是从体制上来讲，从社会风气上来讲，教育问题现在确实也是国家和社会的一个基础性问题。社会上的教育公平问题怎么解决？这已经是个政治问题了。为什么应试教育不行？因为社会的等级制这个关口总突不破，你上学的级别和你的身份的等级是相关的。有人说一个社会只要有三种人不堕落，这个社会就是可以挽救的：第一是教师，第二是警察，第三是医生。这是西方人说的，他们的警察是一个社会正面形象的标志，我们的警察始终没占有这个地位。在我国，我发现干部比警察的地位要重要，干部这个队伍腐败，失去诚信了，剩下大家还寄予希望的就是教师和医生。教师和医生大概是人们内心深处最后信赖的两种社会角色，能成为大家良心和诚信的标志。如果教师和医生都向钱看、不负责任，那么这个社会人们内心深处的最后的信任和支撑就没了，问题就大了。但是我们现在教师怎么样？对此我挺焦虑，我们的教师像不像教师？我们教师的风气在变坏，这一点是很令人忧虑的。老师不好好当老师，不为学生着想、不好好教学，这问题其实是很大的，后果很严重的。

文本中说的很多事都是真实的，报告里可能很多内容不是兰德公司的，是借题发挥加进来的，很多话说得都很偏激，但是关于教育这一块，他是抓住要害了，就是前两段教育的目的、关于教育目的的扭曲，还是点了我们的死穴的。那么有没有出路呢？怎么改才好？恐怕一点一点地也会有。当大伙儿都骂的时候，就说明已经觉悟了，就是另一面已经开始起来了。出路还是有，问题是咱们怎么做到，咱们怎么坚持。

四、成果文章：流言止于智者

——对一篇网络文章的探究与思考

郑法言

【摘要】当下中国已拥有世界上数量最多的网民，虚拟网络对现实社会的影响无疑是重大的。本文以一篇空穴来风的网络假文为视角，通过对此文从“无中生有”到“家喻户晓”的过程的分析指出，当下网民中存在着严重的“群体性盲从”、“毫无根据的排斥”、“游戏网络”式言行盛行、“反对无力”以及理性辟谣“失声”等不良迹象，为网络信息的理性传播和和谐发展埋下了巨大隐患。最后，本文提出以“把事实看清楚”为前提，以“实事求是”为准则，以“两个避免”为批判思路的一点建议，希望构建一种健康文明的网络文化。

【关键词】文章来源　理性程度　网络文化

近几年来，有一篇题为《十年后中国将成为世界上最穷的国家》的网络文章在中国互联网上盛极一时。该文假冒美国兰德公司研究报告的名义，对中国人多加诋毁，在国内网上发表后却引起无数人跟帖、转载，数千万人参与了讨论与争议，有人说它是“中文互联网上当之无愧的第一月经贴”[1]。而且其影响还在持续着，不能不引起我们的注意。

“空穴来风”何致“满城风雨”?

这篇文章题为《十年后中国将成为世界上最穷的国家》，乍看上去，应该是一篇有关中国经济发展的研究报告或科学预测，然而实际上它的内容却与这个题目毫不相干，其全文完全是用不加论证的判断，对当代中国人的道德面貌横加指责。例如，它一上来就说：中国人“不了解他们作为社会个体应该对国家和社会所承担的责任和义务”，“只在乎他们直系亲属的福祉”；并断言“中国人没有自己的信仰”，“由于缺乏信仰，中国人没有罪恶感，没有亏欠和内疚感，只要犯罪不被知道，就是无罪”；中国人“思想被贪婪所占据”，“倾向于索取而不给予”，而且“从来就没有学到过什么是体面和尊敬的生活意义”；“中国人所说的政治除了欺骗和背叛没有其他东西”，国家被“粉饰”成“表面上繁荣的伪资本主义国家”；中国青少年所接受的教育是“如何说谎并从别人那里索取，而不是去与别人去分享自己的所有”；中国人“追求腐化堕落的生活，满足于自我生理感官需求，他们的文

〔1〕 http://bbs.m4.cn/thread-281185-1-1.html.

化建立在声色犬马之中——麻将、赌博、色情、吃欲、贪欲、色欲无不渗透在他们的生活和文化中"，等等。一路骂下来，并无新意，都是重复、拼凑人们已经听说多年的陈词。例如它说"以血缘关系为基础的道德观势必导致自私、冷酷，这种自私和冷酷已经成为阻碍中国社会向前发展的最关键因素"，真不知道说的是哪个时代的哪些中国人？而且，它说的这些，与"十年后中国将成为世界上最穷的国家"的断言又有何联系？

不难看出，该文虽然打出了"兰德公司"的显赫名称，却没有一点兰德公司报告所特有的那种风格和语气，也看不出一点以实事求是的态度进行科学研究的意思，倒是以赤裸裸的偏见和蛮横，表达出了一种莫名其妙的仇恨和敌视。

那么，这样一篇既无善意又不讲理，既充满偏见又水平极差的文章，何以竟会轰动一时，流传甚广？从治学的角度来看，对文本追根溯源，考察文本的写作背景，探究作者的立场及学术素养等，在这里显然是必要的。只有这样才有利于更客观、全面地理解和评价文本。

于是，我们对此文进行了详尽的考察。在调查考证中，凡所引用或作为线索的资料，我们都到原始出处一一做了确认核实。应该感谢的是，我们也得益于一篇名为《〈兰德公司对中国人的评价〉谣言追踪与真相》〔1〕的文章。

目前在互联网上见到的，大多是《十年后中国将成为世界上最穷的国家》的最新版本，可称之为3.0版。而我们所能搜索到的最早版本，即"0.0版"，是一位网名为Kakarudo的网民，于2004年12月14日在美国军事论坛上以英文发表的《What is China》〔2〕。这位背景和身份均不大明朗的网民，从其使用"Kakaru-

〔1〕 参考：http：//bbs. m4. cn/thread－281185－1－1. html.

〔2〕 参考：http：//forums. military. com/1/OpenTopic？a＝tpc&s＝78919038&f＝8001934822&m＝107109774.

do”这个带有戏谑意味的网名[1]中，可以多少感觉到一点游戏的味道；其网文的内容，也无非是一些愤懑指责的个人见解。但不久之后，这篇《What is China》就被有意放大了：2005 年 3 月 3 日，“热血汉奸论坛”上有三位成员将其译成中文，并更名为《美国人眼里的中国人》[2]，随即在各大论坛上迅速扩散，引起了强烈反响。我们将《美国人眼中的中国人》称为“1.0 版”。截至此时，这篇与兰德公司毫无瓜葛，以诋毁中国人为主要内容的《美国人眼中的中国人》，仍可能是打着“美国”旗号的一个恶意炒作。

那么它是怎样与“兰德公司”挂上的呢？2005 年 5 月 19 日，兰德公司亚太政策研究中心主任、亚洲政策部主席 William H. Overholt 对美中经济安全审查委员会陈述一篇名为《China And Globalization》的报告[3]。这篇报告于 2005 年 8 月 25 日前，被何颖译为中文《中国与全球化》[4]，并被百度文库收集。报告的主要内容是，中国现行的政治经济政策和未来的发展趋势将对世界经济全球化进程产生积极的影响。报告整体上是对中国的正面评价，仅有的两点负面评价是“中国金融体系的不合理”和“财政状况的潜在问题”。该文依据这两点负面评价得出的结论是，“如果没有奇迹般的新政策的话，中国的经济在那个时期（中国将因人口老龄化而成为世界上工作与非工作人口的比率最糟糕的国家的 2020 年）就会碰壁，到 2020 年，以我们的标准来看，它仍会是一个非常贫穷的国家”。应该说，无论是否同意这个结论，

---

〔1〕 “Kakarudo”据说是日本漫画里的孙悟空。吴健考证，这位始作者在 2005 年时 20 岁，2003 年曾在香港拔萃男书院（英文教会学校）5A 班念书。详细请参考：http：//www. tutorial. com. hk/forum/viewpro. php？ username = kakarudo&sid = JuZ47OcC 和 http：//www. diocesans. net/vbb/member. php？ u = 942.

〔2〕 参考：http：//www. rxhj. net/phpBB2/viewtopic. php？ t = 1703&.

〔3〕 参考：http：//www. rand. org/pubs/testimonies/CT244/.

〔4〕 参考：http：//wenku. baidu. com/view/953c36c52cc58bd63186bd50. html.

都可以肯定，它是有据可查、界限清楚、负责任的。

问题出在这之后，一位网名为Janyse的网民于2007年3月5日将“1.0版”（《美国人眼中的中国人》）与兰德公司上述报告“结合”了起来。它用意明显地从不无夸大的该报告网络版《兰德公司：2020年，中国会非常穷》中摘抄了5段（其核心内容是报告中对中国进行负面评价的两点），又从《美国人眼中的中国人》（“1.0版”）中摘抄了14段，然后拼凑出了一篇名为《美国兰德公司最近对中国评价》[1]帖子，并很有“修养”地声明：此文“转载”于美国兰德公司报告。这就是我们说的“2.0版”。

2.0版在网上盛传热议时被再次升级。2010年5月1日起，本文最先提到的《十年后中国将成为世界上最穷的国家》——又名《美国兰德公司：2020年中国将会是最穷的国家》、《美国兰德公司对中国人的研究报告》，也是当下的最新版本3.0版——出世了。这个最新版本基本删除了属于兰德公司《中国与全球化》报告中的5段，保留了之前从“1.0版”（《美国人眼中的中国人》）中摘抄的部分，并从“1.0版”中再次摘抄了一部分内容，还加入了一些我们无法考证其来源的内容，比如关于宗教信仰的部分。目前我们能够发现的最早出现的3.0版本是“百雅仙人”的博文[2]。

为此，美国兰德公司曾在其官网[3]上专门发布了一篇中英对照的辟谣声明[4]，原文如下：

“Several online postings containing false information regarding RAND Corporation research have appeared on various websites and

〔1〕 参考：http：//www.360doc.com/content/07/0305/16/17433_385345.shtml.

〔2〕 参考：http：//blog.sina.com.cn/s/blog_4c1ef21a0100j2zv.html.

〔3〕 参考：http：//www.rand.org/.

〔4〕 参考：http：//www.rand.org/news/announcements/2010/10/04/.

blogs produced in China. With titles such as ‘China will become the poorest country in the world in 2020’ and ‘RAND Corporation's evaluation of Chinese people’ the online postings contain extremely negative comments about the Chinese people, and attribute those to RAND. RAND has never published the comments or reports cited in the online postings. ……”

“一些包含关于兰德公司研究的错误信息的网络文章在中国各大网站和博客中出现。题如‘2020 年，中国将成为世界上最穷的国家’和‘兰德公司对中国人的评价’的报告对中国人民作出极为负面的评论，并称这些报告出自兰德公司。兰德公司从未发表这些网络文章中引用的评论或报告。……”

至此，真相已经水落石出——这篇声称出自兰德公司的报告实际上与兰德公司毫不相干，只是随着版本升级，兰德公司被“华丽转身”，成了他人施以“空城计”的道具。于是，随着 3.0 版本的完工，此文的真实作者也在其几经转手的过程中变得无从查证，而它的社会影响却继续扩大，有增无减，几近于“满城风雨”。

流言面前的网民心态

此文几经演变，历时之长、版本之多，都给我们的调查带来了很大困难。以“3.0 版”为例，在被转载时，就被赋予了花样众多的题目。援引一位名为“风尘棋客”的网民于 2008 年 8 月 24 日发表的题为《〈美国兰德公司对中国人的评价〉到底是谁写的？抽丝剥茧带你看 08 中文网络一大闹剧》[1] 帖子写道：

“08 年网上不知从什么地方冒出一篇特别火爆的文章，名曰

〔1〕 参考：http：//www. tianya. cn/publicforum/content/free/1/1414922. shtml.

《美国兰德公司对中国人的评价》。Google 中文上搜索该题目有超过57 万的检索结果，其中还不包括题目被换成《美国人对中国人的评价》《美国人眼里的中国人》等内容一致的换题文。我第一次是在校内上看一个排版很差的转载，也有六万多的阅读量，至于57 万的检索结果所带来的全中文网络阅读量更是难以估量。”

我们就以上提到的三篇 3.0 版文章进行了调查。2011 年 10 月 29 日，我们在谷歌、百度上直接输入三个中文题名，点击搜索，得到的结果如下：

搜索“十年后中国将成为世界上最穷的国家”，谷歌显示“找到约 6 750 000 条结果”，百度显示“找到相关结果约141 000个”；

搜索“美国兰德公司：2020 年中国将会是最穷的国家”，谷歌显示“找到约 61 700 条结果”，百度显示“找到相关结果约 51 600 个”；

搜索“美国兰德公司对中国人的研究报告”，谷歌显示“找到约 737 000 条结果”，百度显示“找到相关结果约 330 000 个”。

这些数据只是代表可被搜索的发帖和回帖的数量。至于浏览、阅读乃至听说过这三篇文章的人到底有多少，我们无从考证。汇总以上数据，排除一人多次在发言中直接写出三个题名或者多次发帖的情况，排除个别字眼引起的无效搜索，以最保守原则估算，发帖人大概有 500 000 人（以大约 10% 有效性对搜索结果进行估算），参与回帖的平均 20 人/帖，阅读、浏览的平均 50 人/帖，那么，大概有 1000 万人参与了发帖和回帖，2500 万人阅读、浏览过这篇文章。如果再退一步，把凡是“知道”（转载、回帖、阅读、浏览以及听说等种种途径）这篇文章的人都加进来，再次形成一个数据就是——“知道”这篇网络文章的人有 2500 万之多！

另外一个间接的证据是，在百度上搜索“兰德公司”，排名第一位是百度百科关于兰德公司的介绍；第二位是兰德公司官网；第三位就是天涯论坛上题为“兰德公司：2020 年，中国将成为世界上最穷的国家”这篇帖子。

当然，单从“知道”此文的国人数量来推断其社会影响，只能算是一个方面。为了进一步了解其影响程度，我们对网民阅读此文后的反应进行了调查统计。我们选取在百度搜索中排第三位的帖子——《兰德公司：2020 年，中国将成为世界上最穷的国家(转载)》[1]。这是一个网名为“fenghui234”的网民于 2010 年 9 月 19 日发表在天涯论坛经济分坛上的。截至 2011 年 10 月 30 日 09 时，该帖信息显示“点击：181 636，回复：742”。我们以注册网名为准，每一网名计一次回帖（即使同一网名的网民有多次回帖也算作一人回帖一次进行统计）。在 742 个跟帖中，我们共统计出有效跟帖 652 个，具体统计结果如下：

表 1　跟帖网民的差异性反应

对文章来源的辨识情况	大致态度	具体态度		赋值	人数（X_i）	所占比例（P_i）
未加辨识	同意	同意		0	181	27.76%
		顶		0	16	2.45%
		复制		0	15	2.30%
		抱怨/响应		0	73	11.20%
		总计		–	285	43.71%
	反对	无力反驳		2	7	1.07%
		反对（内容）	纯粹反对型	2	74	11.35%
			理性反对型	4	51	7.82%
		诅咒		0	5	0.77%
		总计		–	137	21.01%

〔1〕 参考：http：//www. tianya. cn/publicforum/content/develop/1/485396. shtml.

续表

对文章来源的辨识情况	大致态度	具体态度	赋值	人数（X_i）	所占比例（P_i）
有辨识意识	质疑真实性	质疑文章来源但同意其内容	6	24	3.68%
		纯粹质疑文章来源与内容	8	30	4.60%
		质疑文章来源与内容并以行动证明	10	24	3.68%
		总计	–	78	11.96%
未知		灌水/语义不明	–	152	23.31%

表格1备注：

（a）具体态度是“同意”的，包括仅表示部分同意，但未提出反对意见的。

（b）具体态度是“顶”的，可能有灌水嫌疑，但考虑到此类网民很可能怀有一种希望此文被更多人看到的心理，故将其归为“同意”类别里。

（c）具体态度是“复制”的，是指直接复制文章里部分词句予以回帖的一类网民态度，推测其同意复制的部分，故将其归为“同意”类别里。

（d）具体态度是“抱怨/响应”的，是指仅以抱怨内容回帖的，或仅列举了某些负面社会现象予以泄愤的一类网民态度，此类回帖虽然没有明确表示同意，但从其内容、语气上分析，应属于“同意”范畴。

（e）具体态度是“无力反驳”的，是指虽然不同意文中观点，但承认自己无力反驳的一类网民态度。

（f）具体态度是“反对”的，是指明确表示不同意文中观点的网民态度，其中分为两类：一类是仅有表态而无其他的，即“纯粹反对型”，这类网民态度比下一条“诅咒”态度表达方式更为理性，当然两者无严格界限，有一定程度上的“模糊地带”，但这种“模糊地带”的存在基本不影响数据分析；另一类是既有表态，也有指出文章的哪些具体观点存有认知错误或者逻辑错误的，即“理性反对型”。

（g）具体态度是“诅咒”的，是指情绪化谩骂发帖人的一类网民态度。

（h）具体态度是“质疑文章来源但同意其内容”的，是指质疑文章来源的真实性，但表示基本上同意文章全部内容的一类网民态度。

（i）具体态度是“纯粹质疑文章来源与内容”的，是指对文章来源与内容都有所质疑的，但没做出实际证明行动的一类网民态度。

（j）具体态度是“质疑文章来源与内容并以行动证明”的，是指以实际论证行动参与辟谣，比如张贴出兰德公司辟谣链接的一类网民态度。

（k）具体态度是“灌水/语义不明”的，是指一些语义不明，或是回复与文章无关的内容或者广告等帖子的一类网民态度，另外，网民互相间的情绪化谩骂统归为此类。

我们认为，以上调查统计结果主要反映出以下两个值得注意的问题：

首先，在明确表态的网民中，即排除“具体态度”是“灌水/语义不明”的网民，有八成多的网民对此文的来源未加辨识地接受。这里不仅包括“大致态度”是“同意”的网民，也包括“大致态度”是“反对”的网民，因为后者虽然持有反对态度，但也是在无自觉意识的情况下默认文本来源为“真”，而只对文章相关内容提出质疑，这种反对态度是不同于“大致态度”是“质疑（文章来源）真实性”的。所以，对此文未加辨识的网民的比例值为：

$$\frac{\text{“未知辨识”的网民数量}}{\text{所调查网民数量}-\text{“灌水/语义不明”的网民数量}}=\frac{285+137}{652-152}$$

$$=84.40\%$$

其次，“具体态度”为“灌水/语义不明”的网民的比例值为23.31%。若再加上“具体态度”是“诅咒”的网民，就构成了一个有着“游戏网络”式的言行，其网民比例为：

$$23.31\%+0.77\%=24.08\%$$

所谓的“游戏网络”式言行，是指网民在网络言语或行为中表现出一种游戏心态，具体表现为轻佻不严肃，放纵无约束，没有遵守和维护网络公共秩序的意识和责任感，而其网络言行往往不同于其现实言行。以上数据说明，“游戏网络”式言行的网民约占全体网民1/5，是一个不容忽视的现象。

从以上数据可以看出，有大批网民对该文表达了无批判的认同。也不难想到，该文仅仅在网上就有如此广泛的市场，那么它在社会上所起的作用又会是怎样的呢？一篇空穴来风的烂文章，其影响却能够如此之大，我们在此之前都未敢想象。

是谁在诋毁中国人？

常言道："流言止于智者。"那么，读过此文的知名学者、公众人物及媒体对此文的回应又是怎样呢？调查结果并不乐观，以至于我们几乎从中找不出对此文来源进行过客观、准确地调查，对其内容进行过理性批判的学者和公众人物。而草率转载、评论炒作此文的却不少见。试举例如下：

某市委党校某校领导、香港凤凰卫视《时事辩论会》特约评论员刘某某在凤凰博报的博客里转载了此文，并认为此文出自兰德公司，也提出了"中国最大的病根"[1]。

重庆大学知名经济学教授蒲某某在转载此文时也未加辨识[2]，甚至"忘记"标示"转载"二字，其转载又被多家媒体再转载，以至不少人曾经误解这篇文章是蒲教授所写。

不加"转载"二字可能因一时疏忽，但自己转载时不加"转载"，却在博客中标示"本博客首发的文章可以转载，但须保持完整性，并注明转自诗性正义（justice. fyfz. cn）"，这已经不能用"疏忽"来解释了。——原西南政法大学教授、博导，现为北京理工大学法学院徐某教授的这篇博文[3]，截至我们成文时，也在岿然不动地坚守着。

在被公认是"全球领先、中国最大的互联网互动传媒广告平台之一"的某集团[4]任 CEO 的洪某女士，在其新浪博客中同样

---

〔1〕 参考：http：//blog. ifeng. com/article/9555962 – 27. html.

〔2〕 参考：http：//puyjan. blog. hexun. com/19041246_ d. html.

〔3〕 参考：http：//justice. fyfz. cn/art/203716. htm.

〔4〕 参考：http：//baike. baidu. com/view/1279404. htm.

转载了此文[1]。虽然在这篇博文之首，她理性地表达：此文是“对我们这一代人的一个警钟”，“中国不要成为一个没有灵魂的巨人”，但她对此文来源也欠缺考证地声称“本文观点来自美国兰德公司亚太政策中心”，并认为“文章写的很狠，但耐心想想是有它的道理”。截至我们成文时，洪女士的这篇博文的阅读量为 138 950，访问量 117 787 767，关注人气 27 980，并拥有大量“粉丝”，其影响力可窥一斑。从我们搜集的信息来看，不少网民都是从洪女士这里转载了此文。

这些本应以治学严谨、说话负责任为其本色的专家学者和媒体人士，也加入了跟风之列。很多人和一些媒体都是从这些学者和公众人物那里转载了此文，并对此深信不疑。这里面有诸多原因，不可排除的一点是人们和媒体对这些学者和公众人物的信任，尤其当后者号称是某领域的权威或者拥有传奇人生等诸多“美丽光环”时，这种信任更如加了高强度密码一样，难以被其他因素所威胁或者解除。如此看来，正是他们的轻率态度，起到了推波助澜的作用。

那么，一篇没有经过考究其真实来源，在认知、态度及逻辑等方面都存有明显错误的网络拼凑之文，为何却得到了许多人包括某些知名学者和公众人物的认同与传播？是因为“美国”这两个醒目的标题字打破了我们的理性思考，还是在当下的环境中我们太习惯于盲从？……说到底，更值得反思的是：是谁在通过这种方式有意无意地诋毁着我们中国人？这个事实给予的答案是：正是某些失去了文化自觉的中国人自己！

（一）网络非理性的泛滥，无疑是这场网文闹剧的现实基础。通过对天涯论坛上的《兰德公司：2020 年，中国将成为世界上最穷的国家（转载）》一文的样本分析，我们大致推断出，中国网

---

〔1〕 参考：http：//blog. sina. com. cn/s/blog_ 476bdd0a0100ggvp. html.

民在阅读过这篇文章后能对其来源、内容提出质疑，并理性反对的人确实太少，而能把自己定位在一个有责任和义务去遵守、维护乃至捍卫网络公共秩序的网络公民角色上的人，则更是凤毛麟角。相当数量的网民，尚游走在“群体性盲从”和“毫无根据的排斥”之间。表现在：

第一，在观察文本时带有很大的盲目性，极易被网络噪音所误导，进而出现群体性盲从、人云亦云的现象，形成浮躁、跟风的不良风气。这种不良的网络言行习惯，相当于在事件的起点上埋下了巨大隐患，其危险性随着事件的后续发展极可能形成“蝴蝶效应”，甚至波及现实社会。比如，此文在网络上的广泛流传很可能会给国人的公共主体意识、价值观念等方面带来负面影响，使原本信心十足的改善行为变成心灰意冷的自暴自弃。

第二，容易形成错判和误解，影响到现实社会中人们对相关人或事件的看法。比如此文中，那些怀疑文章内容却默认文章来源于兰德公司的网民们，也会对兰德公司形成误解，滋生出一种盲目的反弹情绪。

第三，相关人或事件在不知不觉中蒙受冤屈，更要承担不必要的损失。比如，兰德公司就被迫在其官网上以报告形式进行辟谣。且不论相关人的后续辟谣、解释澄清等行为能否有效遏制负面影响的继续扩大，单是已有的负面影响所造成的损失和后续辟谣、解释澄清等行为所需要的时间、精力以及资源等方面的耗费，就是相当巨大的。

第四，陷入另一个极端——网络上充满怀疑、排斥、牢骚满腹或者愤愤不平。从某个极端到与它相背离的那个极端之间的距离也许是最短的——当群体性盲从、人云亦云的现象在网络上迅速蔓延的时候，它的反面现象，即被放大无数倍的莫名悲观、无合理根据的排斥乃至仇视等，几乎是同样的来势汹涌，不可遏制。

奇怪的是，“群体性盲从”和“毫无根据的排斥”通常出现在同一类网民的身上，比如，在以上分析中具体态度是“同意”、“顶”以及“抱怨/社会现象”的网民。仔细分析会发现，这种现象并不是那么令人费解，“群体性盲从”和“毫无根据的排斥”不过是对同一种行为进行不同视角的观察而得到的不同结果而已。比如此文中，部分网民对所谓的兰德公司的群体性盲从，也是对相关事实的毫无根据的否定与排斥。

（二）“游戏网络”式言行在网民中的盛行。针对一个网络信息或者噪音，部分网民的言行并没有传达出一种明确的态度，而且其中很多人的言行并非理性，这就是上文提到的“游戏网络”式言行。在样本直观性分析中，这部分网民数量占所有统计网民的 24.08%。据我们推测，这类网民可能心存侥幸地认为网络公共秩序无关乎我们的现实生活，所以，其态度难得严肃，其言行少有约束，殊不知这种看法是片面的。在当下网络信息时代，网络文化早已成为社会文化的重要组成部分，如果不加以遵守、维护乃至捍卫，它将会对现实社会产生极其重大的负面影响，网络文化和现实社会文化很可能就陷入了一个相互作用、相互影响且难以解除的恶性循环中。

（三）反对的“无力”与理性辟谣的“失声”。理性的、负责任的实事求是态度，自觉的反思和自我批判意识，越来越被急功近利和急于求成的浮躁态度的所侵蚀，这是我们社会当下令人担忧的现象。反映在网络上，这种倾向更为明显。正如样本直观性分析所呈现的，有一部分网民（样本中比例为 21.01%）虽然对流言、假象等保有一定的警惕态度，但往往或自觉“无力反驳”，或论证不充分，或情绪化表达，以至最终都难以说服其他人。这是一种反对“无力”的现象。另外，即使有一小部分网民（样本中比例为 3.68%）有凡事先调查、再思考、后评价的言行习惯，并能理性表达，说服他人，但也很可能被湮没在海量的网络信息和噪音中，难以得到较多网民的关注。这种现象就是理性辟谣的“失声”。样本中652名网民反应的理性程度平均值［E(X) =1.518］略低于或约等于“无力反驳”、“纯粹反对型”所表现出来的理性程度值（等于2）。以此推测，全部中国网民反应的理性程度平均值略低于或约等于“无力反驳”、“纯粹反对型”所表现出来的理性程度值。换句话说，全部中国网民对于网络信息或噪音的处理能力——如果乐观估计——只是徘徊在低级认知与低级判断的水平上，对网络噪音具有相当有限的排除能力，即处于似是而非状态，能够意识到噪音存在，却没有理性论辩的能力，这种能力甚至不能说服自己，更别谈说服他人，净化网络环境。

总之，中国互联网整体上看来是一个抵御噪音干扰能力相当有限，极容易受到各种网络噪音影响，又难以自我净化，而更可能陷入越来越严重的恶性循环的一个体系。也许正是因为需要对这种前景加以抵制，所以一些人纷纷站出来打假，一些民间人士自发组织成立的“辟谣联盟”，均能备受网民的青睐。这意味着，通过网络上的充分民主，建立起常态化的网络言论自我纠正机制，已经提上了日程。

一点感想：怎样做个好网民

网络是个大场面，网络是个好东西。当下中国已进入网络信息时代，并且拥有世界上数量最多的网民。据中国互联网络信息中心最新发布报告称，“截至2011年6月底，中国网民规模达到4.85亿”[1]。对于一个拥有如此庞大网民数量的国家来说，它的影响——无论其利，还是其弊——必定是史前未有之大的。所以，构建一种健康文明的网络文化，维护良好的网络公共秩序是十分重要的。这不仅是网络管理者的责任，也是每个网民的

---

〔1〕 参考：http：//www. cnnic. cn/dtygg/dtgg/201107/t20110719_ 22132. html.

意愿。

我们年轻人大多是忠诚积极的网民。我们要为构建一种健康文明的网络文化行使自己的权力，担负自己的责任，首先就是要让自己成为一名有尊严的、负责任的网民。通过研究这篇网文事件的前前后后，我们对怎样当好一个称职的网民有了新的体会。

1. 坦言己见，要以“把事实看清楚”为先。在网络上发布信息，发表议论，是网民享有的一种言论自由的权力。一个好网民在行使自己权力时，要像做学问一样，“言之有物，言之有据”，首先就是要把自己所说的对象“看清楚”。这是我们的老师、著名学者李德顺教授在课堂上反复强调的一条原则。“把事情看清楚”，是要尽可能全面地了解对象的真实面貌和全过程，“消除描述的盲点”。他说，这是观察与体验的要求，是思考与评价的基础。而我们现实中一个常见的浮躁现象，正是“事情还没看清楚，看法却有了一大堆”！本文的案例给我们一个启示：对于一个网民而言，有时充当记者角色，比如发表原创作品或者转载他人作品时；有时充当评论者角色，比如跟帖时；有时充当建言者角色，比如在“百度知道”上回答他人问题时；有时充当行动者角色，比如网上购物时，等等。就记者而言，切莫为了追求轰动效果，把没有看清楚的事件报道出来；对于评论者而言，有必要先把事件的原委调查一下，把事实看清楚后再做思考与评价也不迟；对于建言者和行动者来说，在言行之前，更有必要花费一定的时间与精力去全面地调查一番，然后再坦言己见，有所作为。

2. 规范网言，当以“实事求是”为准则。要真正做到“把事情看清楚”，还取决于以什么样的态度、立场以及方式来观察和思考。这里更需要有实事求是的客观态度。实事求是既包括尊重事实，又包括把握自己的立场和态度，不要把它与事实混为一谈。对事实的描述要力求客观完整，对自己的看法要交代清楚。其中首先是尊重事实，承认事实，在任何情况下不可以用猜测代替事实，也不可以按个人的偏好和情绪去剪裁事实，更不可以凭空编造事实。所以，尽量避免用感想代替现实，填涂过多的主观色彩，以至于遮蔽了事实的本真面目，使自己的议论大厦建立在主客观相混淆的沙滩之上，这是做好一个网民不可或缺的素养。

3. 保持批判意识，须有责任担当的胸怀。面对现实，我们要倡导批判意识。有批判才有超越，才有改革和创新，但保持批判意识须有责任担当的胸怀。担当就是要对自己负责，对公众负责，对后果负责。否则，批判就会盲目化，成为一味地挑剔和否定，成为无聊的宣泄和纠缠，甚至成为恶意的破坏。我们看到，网络上确有如故意“灌水”一类的噪音，大都来自不负责任甚至别有用心的叫嚣。它们严重地破坏着网络环境，力图将尚显稚弱的网络引向歧途。作为网民，我们要珍惜自己的这片家园，就一定要有真正的批判意识和责任担当的胸怀，才能有益于构建健康文明的网络环境和维护良好的网络公共秩序。

总之，反思当下网络环境，非理性泛滥的现象固然与我国转型期矛盾凸显、物质生产方式急剧变革等变化有关，但这绝不能成为放任网络文化走向愚昧和混乱的借口。构建健康文明的网络文化，维护良好的网络公共秩序，固然需要健全相关的法律和依法治理体系，同时也离不开广大网民主观能动性的积极发挥，必然有赖于广大网民理性程度的大力提高。

（梁权赠、王瑞雪、孙婧等执笔，本文发表于《中国政法大学学报》2012 年 03 期）

文本二：阅读一份调查数据

教师：这次给大家提供的调查数据，来自人文学院和北京市共建的一个项目，叫“公民素质与价值观念的调查研究”。这个研究的理论背景是我们关于价值观念的设定：所谓公民素质，从公民的主体和精神方面来看，是由两个方面构成的，一个是知识文化素质，一个是思想品德素质，即价值观念的表现。一个人有什么样的价值观，他在思想品德上就是一个什么样的人。按照这个理论，重点进行了价值观的调研。这次调查研究只给了一年时间，于是就集中到一点——主体意识的调查研究。

价值观是一个很庞大复杂的系统，是由五大要素构成的，一个坐标系的原点，加上 XYZ 三个轴，这是空间四维，旁边再加上一个向量，是时间一维，这样一共五个要素，是一个立体的动态的坐标系，价值观念在人们心目中就是这样一个坐标系，这五个要素分别都有所指。作为这个坐标系核心的，是主体意识：谁是主体，主体怎样自我定位，比方说主体认为自己是谁，不是谁，自己从哪里来，到哪里去，自己的社会权利和责任是什么，角色是什么，自己和他人什么关系，等等，这些叫主体意识或主体定位。我们把主体意识进一步具体化为三个方面：权利意识、责任意识、公平意识。注意这里是“权利”不是“权力”。学术界有 power 和 right 这两个词，我们这里规定“权利”是 right（等于 power 加 interest）。这跟有些人讲的不太一样，他们的意思是，power（权力）只是公共的、强制的、政府的权力；在我们这里，power、right、interest 都具有普遍性，是任何一个主体都可以享有的，并不像他们限定老百姓只有 right，没有 power。老百姓事实上有没有，和老百姓是否应该享有，这是两回事。我们强调老百姓既有 interest（利益），也有 power（权力），这是“权利意识”所指；人们对自己享有并行使自己权利后果的担当意识，则叫“责任意识”；而自己的权利责任与他人的权利责任之间如何彼此对待的意识，我们把它叫做公平意识。

你们看到的调查问卷有二十几个题目，就是围绕这三个方面设计的：权利、责任、公平。调查后做了初步的统计。我把初步统计出来的半原始的数据发给大家，就是希望你们再做一点批判性的观察和思考，看你怎么用这些数据，用这些数据能提出和回答什么问题。下面就请大家就各自准备的东西发表意见。

一、北京公民权责意识分析

同学甲：我选的是第 17 题，通过对南水北调的看法来分析首都公民的权责意识状况。第 17 题是这样的："您知道'南水北调'、'西气东输'工程吗？您的看法是什么？"回答选项依次为：A. 知道，保证首都发展，这样做是理所当然的；B. 知道，首都发展得益于全国支持，首都市民应该感谢和珍惜；C. 知道，与北京是否是首都没有关系，全国发展都要互通有无，相互支持；D. 知道，不支持，北京在利用资源方面不应有优先权；E. 知道，没有什么看法；F. 不知道。统计的结果大致是，选择 A 项的占 21.1%，选择最多的是 B，占 49.1%，位列第三的选项是 C 选项，占 16.5%。

表 17－1　本题各选项频数和百分比

	频率	百分比
无效	15	0.7
保证首都发展，理所当然	475	21.1
首都发展得益于全国支持，应该感谢和珍惜	1103	49.1
与北京是否是首都无关，全国都应互通有无，相互支持	372	16.5
不支持，北京不应有优先权	90	4.0
没有看法	85	3.8
不知道	108	4.8
合计	2248	100.0

这是抽样样本全部的整体分布状况。从中可以看出，近半数在首都生活的民众选择了C项，还是怀着感恩的心，认识到了首都的发展得到了全国的支持，享受了相对多的权利，并且没有将这种权利当作一种理所当然的特权。而16.5%的人并没有认为北京有什么特殊性，全国各处权利与责任是相统一的，在一处享受权利的同时，也在为他处承担责任。而认为北京是首都，理应享有特权的人的比例并不少，占21.1%，这些人强调了享受权利的合理性，而没有想到应该履行的相应责任；而明确认为北京不应该有优先权的只占4%，比例非常小。如果将知道并赞同这种权利享有的合理性，但又没有过分强调这种权利的理所当然的比例合起来，比例则为65.6%，也就是说，超过半数的人的权责意识差距并没有太大，但权责意识相一致的的比例相对过小。

接着在“户籍状况与南水北调工程的交互分析”中，我们又可以得出进一步的结论。户籍状况的分类有北京非农业户口、北京市农业户口、非北京市户口、在京就读学生四类。在非农业户口中，选择比例最多的一项是“首都得益应该珍惜”的最多，占52.1%。

是否知道南水北调和西气东输工程		户籍状况				合计
		北京非农业户口	北京市农业户口	非北京市户口	在京就读学生	
保证首都，理所当然	计数	352	44	78	1	475
	户籍状况%	23.4%	23.2%	15.3%	3.6%	21.3%
首都得益，感谢珍惜	计数	784	90	215	13	1102
	户籍状况%	52.1%	47.4%	42.2%	46.4%	49.4%
互通有无，相互支持	计数	223	27	112	10	372
	户籍状况%	14.8%	14.2%	22.0%	35.7%	16.7%

续表

是否知道南水北调和西气东输工程		户籍状况				合计
		北京非农业户口	北京市农业户口	非北京市户口	在京就读学生	
不支持，不应优先	计数	46	8	34	2	90
	户籍状况%	3. 1%	4. 2%	6. 7%	7. 1%	4. 0%
没有看法	计数	41	10	33	1	85
	户籍状况%	2. 7%	5. 3%	6. 5%	3. 6%	3. 8%
不知道	计数	58	11	38	1	108
	户籍状况%	3. 9%	5. 8%	7. 5%	3. 6%	4. 8%
合计	计数	1504	190	510	28	2232
	户籍状况%	100. 0%	100. 0%	100. 0%	100. 0%	100. 0%

虽然65. 6%的人权利和责任意识的差距不大，但当我们考虑到户籍这一因素的时候，就能看到明显的差距。在“首都得益，感谢珍惜”这一选项中，各种户籍制度的选择状况并没有特别大的差距，尤其拥有北京市户口的人的比例相对较高。各个户籍状况的比例相应是52. 1%、47. 4%、42. 2%和46. 4%，并没有明显差距，但是在“互通有无，互相支持”这一选项中，拥有北京市户口的比例明显低于没有户口的比例，14. 8%、14. 2%均低于22. 0%和35. 7%，而在强调“首都特权”的比例中，拥有北京市户口的人也明显高于没有北京市户口的人23. 4%、23. 2%高于15. 3%和3. 6%。

从这样的对比中可以看出，人们在强调自己的权利意识时都是从现实的角度出发，得到现实的利益才会有认同，而在责任意识方面则是停留在想法和应该的角度，一旦需要付出实际的行动时，人们往往是不自觉的。从实质上讲，如果将首都公民定义为“拥有北京市户口的人”，那么首都公民的权责意识的差距是较大的，首都公民过分珍视自己的权利，特权意识严重而不愿履行与此相应的义务和责任（比如将每年GDP的一部分拿出来扶持贫困地区的生产等等）。这一点在与比较样本的对比中，也得到了验证。

在比较样本中，在京流动人口在“互通有无、互相支持”一项的比例远高于抽样样本，而在前两个选项中的比例都明显低于抽样样本。首都公民的认识可能和全国其他地区居民在首都利用资源方面的权利和责任的认识存在较大差异。

首都公民的这种权责意识差距是否合理呢？站在全国战略的角度来考虑，北京作为全国省市的一部分，它的可持续发展也关系到全国的整体发展，资源在全国的合理调配在情理之中。但是站在北京是首都的角度来考虑，北京代表着国家形象，它的持续发展受到威胁时，国家优先考虑其发展也无可厚非，但是在北京能否为其他地方提供帮助的问题上，实际的实施就需要各种制度和政策的保障。权利和责任是统一的，首都也是全国人民的首都，并不是某一部分人的首都和特权，如果一味地强调权利而不履行责任，将首都公民与全国其他地方的人民对立，即使是再考虑大局和合理的理由也不会深得人心。所以有必要在制度和政策上作出调整，可以充分利用北京的首都地位为其他地方创造收益，同时也应该在思想上扭转首都公民这种不合理的权责意识差距，让人们共享资源合理分配后的成果。

教师：你的观点就是，如果首都公民只是指有北京户口的人，那么这一部分人的权责意识里权利感强，责任感弱，权责失衡，就是过去说的“北京大爷”意识，对吧？

你用了问卷里身份的关联来说明你的观点，但是有一个前提需要交代。为什么（受访者）认为是理所当然的，它就体现的是权利意识？用什么样的数据来鉴定这里边的权利、责任和公平这几个概念？要交代一下，比方说，这个问题肯定的人多，是否就意味着其权利意识强？仅仅用户籍一项条件来做回归分析，显然是不够的。

你是有自己的看法的，这很好。但怎样运用数据一步步确凿地分析呢？不要让人觉得你虽然是调查研究，但主观意向特强，你对每一个数据和概念都按自己的意向去解释，那样的调查研究就不可行。比如不久前在人民论坛上的一场辩论。当时有人热炒一个概念，叫“战略知识分子”，我说这个蹩脚词不是好东西。他们就公布了一个网上调查，说有70%的人赞成提“战略知识分子”。我说，你要是200年以前向全世界调查，将近百分之百的人会认同是太阳绕着地球转！在什么问题上调查统计数据是有效的，在什么问题上是无效的，这关系到各种文化背景、语义环境、社会氛围等。简单罗列数据，不经过科学的分析和证明，数据也会成为游戏，特别是调查研究，不能没有批判的审视。

再有，这个问题当初设计的时候，侧重点是首都公民的公平意识，就是自己的权利与别人的权利之间的平衡。我们把公平界定为各方的权利和责任的统一和到位；如果这样理解的话，那么所谓公平观实际上就有权利型和责任型的不同区别，有的人强调是不是公平，主要看权利是否保障了，有的人着重看责任，有的人则着重看他的权利和责任是不是对等的。你也要考虑到公平意识里面包含的权利和责任的关系。因为这个题本意是问公平，通过他认为这样是否公平，来看他的公平观是权利型还是责任型的。可能对自己是权利型，对他人是责任型，权责分离型的，这些只有通过调查才能深入分析一下。

现在很多人喜欢在网上调查。弄一个问题，让你点“是”或“否”。但现在出现了一些人有意地组织和操控。网络推手不是说“给我十万，让你走红”么？出现这种情况，网络上的“民意”就有真有假了。怎么判断真假，什么是真正的网络民意，是普通群众真实的看法，还是受一些人有意操控制造的，就成了很麻烦的一件事情。

所以，调查研究的科学性、可靠性，要通过对数据的有分析、有批判的把握理解中显现出来。随意地动用调查手段来支持什么东西，作为一种把戏现在一些人也很会玩了。所以我们自己要谨慎，要一步一步来。你前面的介绍是对的，但后面你把A的选择理解为什么，把B的选择理解为什么，这个要自我限定。因为能不能那样判断，有时候是很复杂的。比如现在中国一共到底有多少人，就是一个搞不清的问题。人口普查的数字结果，大概能差上千万人，这上千万人拉出去搞一个国家都不是小国，但我们这各种条件限制误差就能差那么多。科学严谨的东西不是那么容易做到的。这就是哲学的批判精神。为什么有些人厌烦了，以为没有任何东西可以定论了，因为似乎发现世界上什么都没准了，其实是他们自己懒惰了。

二、公民民主参政意识分析

同学乙：我观察的是第12题："对于关系到市民利益的政府决策，您认为政府是否应该征询市民意见?" 此项问题是关于首都居民主体意识调查的一部分，公民的主体地位与主体性是民主政治的基础和根据，公民的主体意识也是其民主意识体系中的基础性和根据性意识。公民只有意识到自己的主体地位和主体性，才能意识到作为主体而应有的权利与承担的义务，才会有能动的政治参与意识，并外化为政治参与活动，所以此项问题也可以说是对首都居民民主意识的调查。

一、统计数据归纳

此项问题调查共统计出9张表格，第1张表格是总的每种选项选择的人数及比例，第2至第8张表格是各种选项中分年龄、性别、职业等交互情况统计，第9张是样本比较的交互分布情况，下面依次看一下：

1. 政府征询市民意见总表按照以下四个选项：①应该充分征询，并按市民意见做事；②应该征询意见，但只作参考；③不必征询意见；④无所谓。在2238份有效答卷中，选择“应该充分征询，并按市民意见做事”的人数最多，共计1238人，占总受访人数的55.3%；选择“无所谓”的人数最少，共计70人，所占比例为3.1%。总的来看，选择第一、第二两项“应该充分征询”的达到93.5%，这说明首都居民的民主参与意识较强。

2. 政府征询市民意见与年龄的交互分布情况。分年龄组分析发现，“41岁~50岁”一组选择“应该充分征询，并按市民意见做事”的比例最高，占该年龄组总人数的57.1%；“65岁以上”组所占比例最小，为48.7%。认为“不必征询意见”的，以“20岁以下，含20岁”为最高，比例为5.2%；比例最低的为“31岁~40岁”，比例为2.0%；最高组是最低组的2.5倍。选择“无所谓”的以“20岁以下，含20岁”及“65岁以上”为主。可以看出，相比较而言，年老和年轻两端人员参与决策欲望较弱。

3. 政府征询市民意见与在北京居住时间的交互分布情况。分居住时间组分析发现“21岁~30岁”一组选择“应该充分征询，并按市民意见做事”的比例最高，占该居住时间组总人数的60.8%。从数据得出居住时间越长民主意识越高。

4. 政府征询市民意见与性别的交互分布情况。分性别分析发现男女性别选择区分没有明显差别。

5. 政府征询市民意见与职业的交互分布情况。分职业类别分析发现，“其他”一组选择“应该充分征询，并按市民意见做事”的比例最高，占该职业组总人数的60.8%；其次为“国家所属单位”和“农民”。在选择“应该征询意见，但只作参考”的受访者中，“个体和自由职业者”的比例最高，占44.7%；“国家所属单位”的比例最低，为36.2%。认为“不应该征询意见”的以“临时职业或无固定职业”为最高，比例为8.5%，其次为“退休”；其他各职业类别无明显差别。选择“无所谓”的以“临时职业或无固定职业”最高。总之，要求征询意见这点与从事某种职业关系不大，而对于临时职业或无固定职业者来说，对是否征询意见的关注度显然较低。

6. 政府征询市民意见与户籍状况的交互分布情况。分户籍状况分析发现，“北京非农业户口”一组选择“应该充分征询，并按市民意见做事”的比例最高，占该户籍组总人数的57.5%。

7. 政府征询市民意见与教育情况的交互分布情况。分教育情况分析发现，“硕士及以上”一组选择“应该充分征询，并按市民意见做事”的比例最高，占该组总人数的63.9%；“小学及以下”的比例最低，为45.1%。可见学历越高，越认为要充分征求市民意见，并按市民意见做事。

8. 政府征询市民意见与收入状况的交互分布情况。从分收入状况分析发现，“10 000元以上”一组选择“应该充分征询，并按市民意见做事”的比例最高，占该组总人数的63.0%；认为“不必征询意见”的以“800元以下，含800元”为最高，比例为4.6%；“6000元~10 000元，含10 000元”最低，为1.3%。选择“无所谓”的以“800元以下，含800元”最高，为4.3%。总之关注度与收入高低成正相关状态。

二、对调查数据的分析总结

根据上面数据的分析我们可以看出，随着经济的发展，社会的进步，首都居民的民主意识已达到较高水平，政治参与热情总体较高。深入分析同阶层的人民主意识差别的原因如下：

1. 上层的人具有强烈的民主意识的原因是：①政府决策涉及自身利益，参与决策是从维护自身利益出发；②跟所受教育有关，接受过一些先进民主思想；③政府在实践决策中有一些不合理的情况存在。

2. 社会底层的人民主意识淡漠的原因是：①跟所受教育有关，受封建思想的影响，“官管民”天经地义，缺乏民主意识；②为生活奔波，无暇顾及；③自身素质的原因，无能力参与决策。

3. 青少年民主意识不强的原因是：①素质教育不够，没有很好培养青少年的主人翁意识、民主意识；②青少年缺乏社会责任感，有玩世不恭的态度；③青少年没进入社会，对政府决策缺乏感性认识。

三、大力推进公民民主意识建设的建议

通过以上的文案观察可以看出首都居民民主意识总体较高，但还有一部分群体民主意识较弱。另外，通过结合第13大题：“如果政府就某些政策征询意见，工作人员上门请您填写一份调查问卷，您会怎样?”发现有部分居民选择“反感，因为没有作用”，而且以高学历的中年人居多，因此政府在推进人民的民主意识的工作中存在一定的缺陷，为了推动社会主义民主政治建设，真正实现人民当家做主，各级政府要积极培育公民的民主意识，这对于民主政治的建设和政治文明的发展具有特别重要的意义。

1. 政府应端正态度，真心实意倾听并采纳民众合理意见，不能流于形式，进一步激发民众参与决策的积极性。

2. 在青少年中加强民主意识、责任意识教育，使其树立社会主人翁意识。

3. 关注社会弱势群体和社会底层人员的生活和思想状况，努力提高他们的参与决策意识和水平，适当的时候可主动上门征求意见。以上是我的一些粗略分析，请老师和同学们批评指正，谢谢!

老师：你的表达比较清楚，但缺乏提炼和提升。例如什么人对政府决策的民主化关注度高？在这生活时间越长、收入越多、文化水平越高，这样的人对政府决策的民主化关注度就高？这当然能解释为什么年轻人少，因为年轻人在这 3 条里面，都不可能多。但是关注度这两个选择中，是否有两种不同的主体意识？比如要求政府征询并且按照民意做事，是对服务型政府的一种期待；另一种，政府可以征求意见，但不一定照着办，甚至可以不征求意见，这种认为政府是权力型、管理型、责任型的政府，自己决定，自己承担责任，而群众自己提意见不一定正确也不一定有效。对政府民主化不满意的人要求政府成为服务性的政府，因此对现实状况不满意，认为提了没有用。如果是认为政府可以征求意见，但政府应按自己的权力和责任办事。这样的人可能对不满意度会低一点，觉得政府已经不错了，还听我们的意见？毕竟政府有政府的苦衷和麻烦。北京市民里有哪些人要求政府是服务性或责任型，如果能在这样的基础上进一步提炼、分析、解读，可能会更有力量一些。这个问卷要问的其实是市民对政府的期待和要求，对政府决策民主化的态度，从市民怎么看自己与政府的关系，看市民自己的主体意识，他是权利型还是责任型的，用这点来说明，会更深入准确一点。

至于年轻人关心的少就要加强教育，这是不对的。现在太多的人教育青年，脱离了具体的权利环境和社会结构，越教育越逆反。年轻人凭什么要去管政府那么多的事？你没有给年轻人理解和尊重。现在动不动就“从娃娃抓起”，谁都把自己的价值判断和价值选择加给未成年人，这样教育出来的往往是逆反，不是从他自己的切身经历和利益中产生的东西，而是从成年人、国家社会政府那发出的需要。比方说有些人热衷于复古，就逼着孩子背三字经，让孩子表演。过去的家长喜欢让孩子表演，客人一来，“给唱个歌，给跳个舞”，觉得那是一种荣耀，这其实是一种旧观念旧方式，缺少对未成年人应有的权利和责任的保护。

这个态度用到政府和市民身上，也发生好多的事。比如奥运会、世博会和亚运会，在举全社会之力去做一个事的时候，把老百姓放在什么位置上？这个问题现在已经引起很多注意。现在老百姓跟“文革”以前的老百姓也不一样了。调查的目的是能够把握时代感的公民意识，要从时代感这个角度出发。

三、关于个人依赖心理分析

同学丙：接下来我说。我主要是根据问卷第4、5题的统计结果：公民对近5年生活状况的评价，80%左右基本满意或越来越满意，也就是说对生活状况持积极乐观态度；对生活现状不满意的主要原因的统计中，处于个人能力和学历弱点、个人家庭背景原因的占20%，对资源不足、竞争过于激烈、社会会保障不足、社会风气差和社会管理措施欠妥，也就是将原因归结于社会的占80%。从以上的对比分析可以看出，纵使大多数群体对生活状况基本满意，但一旦追究其不满意原因，却大多将原因归结于社会。究竟是社会还是个人限制了生活状况的提高？抑或是优先改善个人还是社会对于普遍提高公民生活状况更加有利呢？这是一个值得深入思考的问题。

在进行分析之前，我认为应该明确此项调查的出发点和落脚点，既是对首都公民价值观进行客观分析和学术探讨，又是为政府部门提供相应解决对策和行政措施建议。我们看到，在4题、5题的对比中，一方面，既能够看到公民对政府部门的期待，对公权力在资源配置、人口问题、就业问题、管理制度和社会保障措施等方面相对失望，亟待进一步改进和完善；另一方面，也能反映出公民主体定位是否准确、科学，需要进一步考量。将导致生活状况不满的原因归结于社会，有些欠妥。幸福是用自己的双手创造的，同样是生活在同一环境下的公民，幸福感因人而异、层次不齐，可见主要原因在内不在外。以大学生就业工作举例，并不是无业可就，而是大部分大学生有业不就，与国家倡导的就业理念格格不入，直接导致高不成、低不就。将原因归结社会，忽视自身综合素质、能力的培养与提升，不利于国家、民族、社会的进步和可持续发展。

在对生活状况与教育状况、户籍状况、性别、年龄、地区、职业、收入的交互分析中可以看出，不同的交互因素会导致对生活状况不同评价。但是交互因素相同，对生活状况的评价是否会相同呢？主体意识的自我定位是否可以通过改善交互因素进行矫正和完善呢？这有待于问卷研究者进一步深入分析和探讨。

综上，我认为社会管理失范的同时，个人主体意识也有部分扭曲和错位，社会应当在帮助公民树立正确的价值取向，倡导社会主流价值观的过程中发挥关键作用，对公民的思维方式和价值标准的形成和改观施加有效影响。

教师：这个评论紧扣权利和责任，但还应该进一步用数据来说明。这种"我是国家社会的主人"的公共权利意识，怎么样才能避免变成一种单向的依赖？过去大锅饭时代的"等、靠、要"，怎么转变成自己的主体的权利和责任意识？我的公共权利怎么变成一种积极的社会担当？国家公共权利体制怎样积极地引导、培养、支持、保护公民个人的主体意识，使公民不是把社会公共问题变成他人的问题，而是自己有权利有责任去担当？……这是一个纵深解读，你要尽可能多地用数据本身提供建设性意见，比方说我们究竟应该怎么办。现实是，我们一方面希望公民都自觉地担当起这种权利和责任，另一方面在很多的政策上、管理上、教育上却有意无意地去淡化甚至剥夺公民的这种权利和责任意识。比如过去号召有志青年到基层、到边疆去，但一旦到毕业分配的时候，学校都把自己认为最好的学生留着，不愿意送到边疆去。这就涉及怎么体制化，使公民的权利和责任通过体制得以发展的问题了。

四、成果文章一："想要"与"做到"之间

——以"环保"为例看首都公民的主体实践意识

环保问题一直是公众最关心的话题之一，尤其是随着物质生活水平的不断提高，在北京这样的现代都市里，金钱不再是衡量财富的唯一标准，人们开始关心自己每天所生活的自然、社会环境是否有益于健康，自己是否有健康的"资本"来享受未来更加美好的生活。这样，人们会特别关注环保方面的问题，比如小区的绿化率、汽车尾气排放、每天的空气质量等等，这在此次问卷中有很重要的体现。

一、环保是首都公民目前的普遍需要

"需要"本质上是"人的生存发展对外部世界及自身活动依赖性的表现"[1]。而在实践中，人们的需要总是通过"想要"表现出来。因此，通过想要来把握需要，通过人们对自己想要的追求去判断人们需要的特征和意义，就成为理解公民主体意识的一个窗口。本次调研中，我们通过一种假设的具体情境来了解首都公民如今的需要。如第20题："假如目前北京市区有一块大面积的空地，您最期望将其建设为什么"，供回答的选择目标包括住宅、学校、公园或绿地、医院等选项。调查结果如下：

表1

所选项目	人数（人）	百分比（%）
无效	116	5.2
公园或绿地	1101	49.0

〔1〕 李德顺：《价值论》，中国人民大学出版社2007年版，第62页。

续表

所选项目	人数（人）	百分比（%）
住宅	350	15.6
学校	174	7.7
医院	191	8.5
影剧院	33	1.5
科技馆	111	4.9
商场	23	1.0
游乐场	41	1.8
没考虑，与我无关	82	3.6
其他	25	1.1
合计	2247	100.0

从表1中可以看出，有49%的人选择了“公园或绿地”项目，占到了调查总人数的近一半，其他选项的比例则相差悬殊。这说明首都公民在城市绿化及环保方面，相较于其他生活设施、娱乐项目及场所有着更大的需要。

而第19题也是以一种假设的情境来进行调查，虽然问题表面上是涉及科技方面，但实际选项的内容很隐性地考察了人们的需要和关切。题目是“假如，北京市政府计划在科技方面投入更多资金，您认为应该优先用于哪方面?”供选项目包括“高校或科研机构”、“世界领先的重大科研项目，如航天工程”、“与城市发展相关的科研项目，如环保、交通、建筑等”、“和市民生活相关的科研项目，如食品、卫生安全等”，几个供选项目中的“例如”有很强的导向性，其隐性考察的结果也与第20题相一致。（请参看表2）

表2　教育程度与科技投入

抽样样本		教育程度						合计
		无效	小学及以下	初中或高中	中专或大专	本科	硕士及以上	
世界领先的重大科研项目	人数	0	20	96	73	46	7	242
	本教育程度组%	0%	14.0%	11.3%	11.1%	9.3%	7.1%	10.8%
与城市发展相关的科研项目	人数	3	36	316	269	203	41	868
	本教育程度组%	75.0%	25.2%	37.1%	40.9%	41.2%	41.8%	38.6%
与市民相关的科研项目	人数	1	50	280	194	154	34	713
	本教育程度组%	25.0%	35.0%	32.9%	29.5%	31.2%	34.7%	31.7%
说不清	人数	0	19	54	20	14	2	109
	本教育程度组%	0%	13.3%	6.3%	3.0%	2.8%	2.0%	4.9%

从表2中可以看到，在所有的调查问卷中，选择“与城市发展相关的科研项目”者比例最高，为38.6%；这一项目的“例如”中包括了“环保、交通、建筑等”；而且，随着教育程度的提升，被调查者选择与城市发展相关的科研项目的比例也呈现逐渐升高趋势。这与第20题中，人们对环保的需要趋势有着很强的一致性。也就是说，不论是直接的询问还是隐性的考察，首都公民对于绿化及环保的需要都占很大的比例，而且教育程度越高对绿化及环保的需要越强烈。

北京作为首都，经济飞速发展，生活在这里的人们在基本物质生活上的需要得到了相应的满足后，实际的需要不再单纯指向最基本的物质生活条件，而是发展为寻求更有质量的生活条件和环境，即怎样才能让自己生活得更好，因此，表现为对环保和绿化的需要非常迫切。

二、首都公民环保行动的潜力问题

以上几组数据都表明，首都公民对于首都绿化有很大的需要，对环保问题也十分关切。但是环境保护不仅仅只包括绿化、植树造林，同时还要应对气候变化、能源浪费等等，尤其在城市里，更重要的方面还包括防治各种污染（水污染、大气污染、化学污染等）。以空气中排放的汽车尾气（主要成分为二氧化硫和氮氧化物）污染为例，据国家环境保护部2008年的年报称，“2008年，北京市工业废气排放量为4316亿立方米（标态），比上年减少16.1%。二氧化硫排放量为12.3万吨，比上年减少19.1%。其中，……生活二氧化硫排放量为6.5万吨，比上年减少5.8%。”[1]

由报告可以看出，虽然在2008年，北京市的废气排放量有所下降，但生活二氧化硫和氮氧化物的排放比重却非常高，而且这两种气体污染主要是交通源造成的，全国污染源普查领导小组办公室主任王玉庆在国务院新闻办公室举行新闻发布会上说：“机动车氮氧化物排放量占排放总量的30%，对城市空气污染影响很大。”[2]

可见，除了绿化以外，生活中的其他各种污染也是环保防治的重点。那么首都公民面对污染，其作为主体的实际行动体现在何处？面对力所能及的倡议是否会积极响应呢？问卷第18题重点考察了人们的环保意识及实践行动。题目为：“现在北京汽车已近400万辆，您是否担心会因此出现大气污染等环境事件？您会采取哪些行动?”供选项目包括“不担心，目前与我的个人生

〔1〕 中华人民共和国环境保护部：《2008年环境统计年报·废气》，2010年04月21日，http：//zls. mep. gov. cn/hjtj/nb/2008tjnb/201004/t20100421_ 188500. htm.

〔2〕 中华人民共和国环境保护部：《毫不松懈地推进污染减排特别报道污染源普查校准减排方向——专访第十一届全国政协委员王玉庆》，2010年03月05日，http：//cpsc. mep. gov. cn/jryw/201003/t20100305_ 186485. htm.

活没有直接关系”、“不担心，但也希望政府加强防御措施”、“担心，希望政府出台政策、法规进行限制”、“担心，我个人已经在某些方面采取相应行动”、“无所谓担心与否，这是城市发展必要的代价”等。调查的结果请参表3。

表3　教育程度与对北京汽车数量猛增的态度以及采取行动

抽样样本		教育程度						合计
		无效	小学及以下	初中或高中	中专或大专	本科	硕士及以上	
不担心，目前与我个人无关，没有直接关系	人数	0	12	64	28	15	0	119
	本教育程度组%	0%	8.4%	7.5%	4.3%	3.0%	0%	5.3%
不担心，但是希望政府加强防御措施	人数	1	26	140	91	54	6	318
	本教育程度组%	25.0%	18.2%	16.5%	13.9%	10.9%	6.1%	14.2%
担心，希望出台政策法规进行限制	人数	2	78	471	389	287	64	1291
	本教育程度组%	50.0%	54.5%	55.3%	59.2%	58.1%	65.3%	57.5%
担心，个人已有行动	人数	1	13	109	103	89	16	331
	本教育程度组%	25.0%	9.1%	12.8%	15.7%	18.0%	16.3%	14.7%
无所谓担心与否，这是城市发展必要的代价	人数	0	13	49	33	40	9	144
	本教育程度组%	0%	9.1%	5.8%	5.0%	8.1%	9.2%	6.4%

从表3可以看到，表示担心并希望出台政策的比例最高，为57.5%，其次是表示担心且个人已有行动的人数占抽样样本总人数的14.7%。也就是说，一共有高达72.2%的被调查者表示对此

担心，这表明首都公民希望尾气污染得到控制的愿望十分强烈，这与首都公民在绿化方面的普遍需要也相一致。但与此强烈愿望形成很大反差的是，仅仅只有 14.7% 的人选择付出了切实的行动，而更多的人（71.7%）选择了依靠政府的力量来解决。面对这样的反差和矛盾，该如何解释？

可以先看看政府在环保方面都做了哪些努力。以海淀区为例，“据海淀区园林绿化局提供的最新数据，5 年来，海淀区已投入绿化美化专项资金 25 亿元，……家住海淀区的居民，出门平均 500 米以内就有一定规模的休闲绿地、公园或广场。……城市绿化覆盖率达到 45%，绿地覆盖率达到 44%，人均公共绿地 13 平方米。”〔1〕 这样的投入和绿化成果在北京各区县中也算是数一数二，当然在所有区县中，海淀区对绿化方面的需要比例（61.2%）是最高的。即使其他区县没有如此多的投入，相应的绿化环保方面的重视程度也是有目共睹的。例如“房山区市政管委完成绿化投资 3900 万元，……房山新城（房、良、燕）绿化覆盖率 44.15%，比去年的 44.02% 增长 0.13%；人均公共绿地 12.2 平方米，比去年的 12.07 平方米增长 0.13 平方米”〔2〕，而在调查问卷中，房山区的绿化环保需要比例（20.7%）最低，这可能是因为房山区在经济上没有海淀区发达，人们对其他物质方面的需要更为迫切，例如住房需要（21.6%）。

如果这些数据真实可靠，那么接下来，我们就要关注公民个人的态度和表现了。在另一个中国经济网与北京市社情民意调查中心联合进行的“市民节能环保意识调查”〔3〕 中，“20.6% 的人自认为

〔1〕 北京商报，2009－11－5，http：//www.bjbusiness.com.cn/site1/bjsb/html/2009－11/05/content_ 78422.htm.

〔2〕 房山资讯网，2007－12－14，http：//www.haofs.com/news/view_ 7329.html.

〔3〕 中国经济网，2010－06－17，http：//www.cnstock.com/index/gdbb/201006/603683.htm.

节能意识很强，43.5%的人认为自己节能意识较强，35.4%的人自我评价节能意识一般，而认为自己节能意识较差和很差的人屈指可数，分别只占0.2%和0.3%。"[1] 但有意思的是，调查中受访居民对一些生活细节的态度，反映出其节能的主观意识似乎强于实际行动。例如，"'您家是否更换了节水马桶?' 9.8%的受访居民明确表示不会更换；0.8%的人表示暂时没有，等马桶坏了换新的时候会选择节水马桶；5.3%的人表示准备更换；只有37.8%的受访居民表示已更换。……调查还显示，22.7%的受访居民家中没有任何节能家电产品；19.5%的人家中有一种节能家电；17.3%的人家中有两种节能家电；10.7%的人家中节能家电有三种；19.1%的人家中节能家电超过三种。"[2] 这与本调查中所看到的反差情形（环保意识明显，实际行动却甚微）相类似。从这一相似的情形中，并不能武断的推出首都公民在环保方面的实际行动力很差，但是起码可以说，首都公民在环保方面的实际行动力需要进一步加强，要将环保意识充分地转化为环保行动，显然还有很大的心理提升空间。

三、综述与讨论

综合前述的分析结果，从整体上看，首都公民在环保方面的主体意识还是很强的，对绿地和环保的关注和需要比例很高，对汽车尾气的污染也甚为担忧。但相对于这种强烈的环保意识而言，问卷表明个体在实际的行动力上显得相对不足，人们宁愿将更多的行动期待交给政府和他人，而不是选择依靠自己的努力。这里的原因当然是多方面的，不仅有个人的普遍觉悟问题，也有社会的组织、管理和教育问题，等等。如何提升我们环保行动的

---

〔1〕 中国经济网，2010－06－17，http：//www.cnstock.com/index/gdbb/201006/603683.htm.

〔2〕 中国经济网，2010－06－17，http：//www.cnstock.com/index/gdbb/201006/603683.htm.

境界，显然还需要做更进一步的深入调查研究和探讨。

环保事业是一个既宏大又细致的长期问题，需要政府等部门在宏观上规划发展蓝图，提供必要的环保设施和相应的制度建设，更需要每一个公民提高环保意识的同时，从身边的每件小事上切实的做起。总之，需要各方力量的通力合作才有可能得到相对好的结果。“想要”在现代都市中“得到”山清水秀的生存环境，更健康、更舒适的生活和发展，就要相应的“做到”自我约束、自我行动，无论是政府抑或公民个人，这也许是达到目标的重要前提。正如本文题目所言，“想要”和“得到”之间，“做到”更为重要。

（本文发表于《中国政法大学学报》2012年01期，作者王杨）

五、成果文章二：“这是我的本分吗？”

——关于首都青年责任意识的一点调查研究

一、责任和责任意识

“首都青年”是指在北京居住的有北京市户籍和无北京市户籍的所有可能青年中的一部分，被随机选定为抽查对象。

关于“青年”的界定问题，向来众说纷纭[1]，原因是基于

---

〔1〕联合国：17岁~24岁的人为青年。世界卫生组织：16岁~44岁的人为青年。联合国教科文组织：13岁~34岁的人为青年。中国国家统计局：11岁~34岁的人为青年。共青团：12岁~28岁的人为青年。青年联合会：18岁~40岁的人为青年。港、澳、台地区：10岁~24岁的人为青年。（参见百度：http://baike.baidu.com/view/20565.htm）。黄志坚在《谁是青年？——关于青年年龄界定的研究报告》中指出：“共青团现行团章所规定的团员年龄14周岁~28周岁……这是对青年的整体认识，基本符合我国社会的实际”。其中，14周岁这个下限年龄目前仍可维持不变；28周岁这个上限年龄有必要依据改革开放以来我国社会的新变化，适当延伸到30周岁。其观点是：21世纪中国青年的年龄界定应为14周岁~30周岁。14周岁为少年与青年的临界点，达到14周岁即意味着跨进了青年期。30周岁为青年与中年的临界点，达到30周岁即意味着迈入了中年期。

不同的划分标准。李光奇在《“青年”年龄划分标准管见》[1] 中提到了影响青年年龄划分标准的六种观点：①生理决定论；②教育决定论；③心理决定论；④社会决定论；⑤事业决定论；⑥政策决定论。并且指出不同的标准都是基于一定的角度做出的，比如生理决定论在司法界里就具有不可动摇的地位。而他本人倾向于以社会和事业标准来划分青年，于是他对青年的年龄划分在14岁~40岁之间。基于对以上观点的分析，本人认为应该在以生理为基础的前提下，考虑人的社会属性等因素来划分。那么我认为我国的青年年龄应该是在18岁~30岁之间。[2]

康德认为“责任不是个经验概念”[3]，但责任的主体必须是人的要求使得责任必定是经验中的，也就是说责任必须是具体和历史的。在谈论责任的时候不能脱离权利，权利和责任是互相依存的一对概念。只有被赋予一定权利的主体才有其相应的责任。责任是一个自由的、有理性的公民对自己所被赋予的权利的另外一种表现形式。与此相应责任必然有如下原则：

第一，责任是人的责任，物没有责任。因为物无法自由选择，没有理性和不能自由选择共同决定了物无法为自己的行为负责。可见，不是所有的生物学意义上的“人”都有自己的责任。比如婴儿和精神病人就不应也不能负责，在不负责的同时也相应地失去了这部分权利。

第二，责任是实践中产生的，责任一定在行为中确定。世界上没有空头的责任。一个人身上被赋予责任和相应的承担多少责任不是先天的，而是在一定的责任关系中产生的。每一个责任必须有一定的境域，也就是说责任是一个历史概念。

---

〔1〕 李光奇：“‘青年’年龄划分标准管见”，载《青年研究》1994年第05期。

〔2〕 由于从人的社会属性标准来划分，那么不同国家就会有不同的划分结果。

〔3〕 [德] 伊曼努尔·康德：《道德的形而上学原理》，苗力田译，上海人民出版社1986年版，第11页。

基于以上原则，责任可以划分为责任主体、责任对象和责任过程三个部分。责任主体即责任行为的实施者，同时也是需要承担责任代价的承担者，可以是个人也可以是一群人。责任对象就如同实践对象，即责任过程中与责任主体发生关系的客体，可以划分为对自己的责任和公共责任两个部分。责任过程是一个实践过程也是对主客体的认定过程。它既是责任划分的依据，也反映主客体的属性及周围环境对主客体的影响，同时也反映着主体的责任意识。

责任意识简单地说就是对责任的认识。主要指一定主体对自己应该做的事或者应该承担的责任的理性自觉的认识和判断，是对自身应该或者必须做出某种行为的必然性和合理性的主动认可。可以说，责任意识是一种深刻、自觉的价值判断，是构成自觉主体意识的一个主要方面和标志，也是决定主体实践动力的一个内在依据。

每个人对待责任的态度和负责行为表现他的责任意识。同时人们也会对责任和责任意识有一个看法，即责任评价。在涉及看法、评价时，就往往表现出一定的主观性，但这并不是说责任是主观的，相反责任有一定的客观基础，这个基础就是责任的现实历史性。正是不同的社会现实导致了不同的评价主体有不同的责任和责任意识评价标准。责任的现实历史性是对责任主体进行责任和责任量划分的依据，也是责任评价合理与否的依据。不同的历史时期对责任的要求是不同的。我们不能拿现在的责任标准评论古人，也不能拿古人的责任标准来评论现代人。如果说古代人治社会对人的责任要求是“忠君、孝亲、治国、平天下”的话，那么进入民主、法治社会之后，古人的责任标准就不能适用于现代人身上了。同时，这也并不是说要把古人所有的这些责任标准都抛弃，其中有一些普遍适用的责任要求依然存在。这就说明了我们在对待类似这样的问题时，要从一种“事实思维”的角度转换到“价值思维”的角度。

本次调研对象是首都公民，所以受访者都在 18 岁以上，本人着重分析数据表中的“20 岁以下”和“21 岁 ~ 30 岁”两栏，同时参照比较其他年龄栏。又因为责任意识直接与受教育状况有关，所以对“与受教育状况交叉表”也做了一定的分析研究。

二、首都青年在面对不同对象时所反映出的责任意识

对责任意识的研究要通过责任主体在不同境遇中的意愿、行为和评价来判断。数据通过不同的角度来展示出责任主体在那个确定的处境当中的反映。由于责任主体已经确定是“首都青年”，我们就要在划分不同的“责任对象”中通过“实践过程”来逐个分析。那么我们就可以从“对自己的责任”和“公共责任”两个方面来研究首都青年的责任意识。

（一） 对自己的责任

对此项的分析主要通过2、4、5题来完成。在第2题中，当问到“在您心中，北京市在哪些方面对您最具有吸引力?”时，有8个备选项：发展机会、娱乐消费、文化教育、安全保障、人际资源、生活便利、人文环境、自然风景；而结果是全部否定。没有一个被认为是最具有吸引力的地方。而青年人的选择结果与总体结果一致，也就是说青年人也不认为其中有任何一个是吸引自己的地方。只有在发展机会一栏（表1）中，21岁~30岁这一栏中持“是”的人比持“否”的人多了一票，以50.1%的微弱优势胜了49.9%。而与这一栏相邻的两个年龄栏中持“否”的又多胜过持“是”的。

表1

发展机会		年龄						合计
		20岁及以下	21岁~30岁	31岁~40岁	41岁~50岁	51岁~65岁	65岁以上	
是	人数	46	250	178	107	118	49	748
	年龄中的百分比	35.4%	50.1%	46.0%	29.0%	22.6%	18.4%	34.4%

续表

发展机会		年龄						合计
		20 岁及以下	21 岁 ~ 30 岁	31 岁 ~ 40 岁	41 岁 ~ 50 岁	51 岁 ~ 65 岁	65 岁以上	
否	人数	84	249	209	262	403	217	1424
	年龄中的百分比	64.6%	49.9%	54.0%	71.0%	77.4%	81.6%	65.6%
合计	人数	130	499	387	369	521	266	2172
	年龄中的百分比	6.0%	23.0%	17.8%	17.0%	24.0%	12.2%	100.0%

总体来看，一票并不能反映全部信息，从趋势来看还是否定的。也就是说从 18 岁 ~30 岁的青年人总体认为北京的发展机会不是吸引自己的地方。从对自己的前途负责的角度来说，首都青年还是不认为北京有利于自己的发展。

第 4 题，“您对近 5 年生活状况的评价是”，其中“越来越满意”有 711 份，占了 31.6%；“基本可以”有 1103 个，是最多的，占 49.1%；这两项合起来占到 80%。所以从总体来看还是持肯定态度。同时，青年人中，18 岁 ~20 岁的有 78.9%，21 岁 ~30 岁的有 76.1% 的人持肯定态度。也就是说，大多数的青年人基本上对自己的生活是满意的。而年轻一点的那一栏要略微高于后面一栏，可能 18 岁 ~20 岁间的人涉入社会还不深的缘故。但是在不同年龄组的对比中可以看出，在“越来越满意”一项中，随着年龄的增长满意度持正相关的趋势增长；在“基本可以”一项中，年龄从低到高与“基本可以度”成抛物线式分布；在 30 岁 ~40 岁组达到最高。同时还要关注到的是在“不好说”、“基本上不怎么样”以及“越来越不满意”三个选项中，21 岁 ~30 岁的青年人大体上比例相对较高。也就是说，在持负面评价的人群中，青年人的比例要高于其他组。

表 2

生活评价		年龄						合计
		20 岁及以下	21 岁～30 岁	31 岁～40 岁	41 岁～50 岁	51 岁～65 岁	65 岁以上	
越来越满意	人数	37	124	94	122	198	136	711
	年龄中的百分比	27.8%	24.0%	23.6%	31.4%	37.4%	50.6%	31.8%
基本可以	人数	68	269	227	188	244	107	1103
	年龄中的百分比	51.1%	52.1%	57.0%	48.5%	46.0%	39.8%	49.4%
不好说	人数	18	52	32	33	39	8	182
	年龄中的百分比	13.5%	10.1%	8.0%	8.5%	7.4%	3.0%	8.1%
基本上不怎么样	人数	7	36	21	25	26	10	125
	年龄中的百分比	5.3%	7.0%	5.3%	6.4%	4.9%	3.7%	5.6%
越来越不满意	人数	3	35	24	20	23	8	113
	年龄中的百分比	2.3%	6.8%	6.0%	5.2%	4.3%	3.0%	5.1%
合计	人数	133	516	398	388	530	269	2234
	年龄中的百分比	100.0%	100.0%	100.0%	100.0%	100.0%	100.0%	100.0%

接下来第 5 题就问到："您对生活现状不满意的主要原因是什么"。在此题当中排前三位的主要原因是：①资源不足、人口太多、竞争过于激烈；②社会保障不足，改善生活成本太高；③个人能力和学历的弱点。分别占到 25.6%、27.5%、16.6%。而青年人的排序是①③②，与总体结果的排序不同。可见青年人也看到自己的能力和学历的弱点。但是，虽然青年人还有点反求

诸己，反省自身的意识，但在“资源不足、人口太多、竞争过于激烈”这一选项中，青年人的比例是最高的。也就是说，青年人更容易把责任归结为社会。

从2、4、5三题所反映的信息来看，青年人比较关注自己的发展前途，但当遇到不满时会把更多的原因归结到社会上。

（二） 公共责任

对此项的分析，主要研究第7、8题和第10、13、11、15、题。其中，把第10、13两题分为一组来研究首都青年的责任意识和权利意识的对比，把第11、15两题分为一组，来分析首都青年的首都观念。

在第7题中问到：“假如您接到了诈骗电话，您会（可多选）”，其中4个选项中①“是否挂断就算了”选择“是”43.8%，“否”55.8%；②“是否告诉亲友”选择“是”41.4%，“否”58.1%；可见①②两组比例对比不是很明显。③“是否在电话里指责诈骗人”选择“是”11.4%，“否”88.1%；④“是否把线索告诉警察”选择“是”28.5%，“否”71.0%；可见③④两组比例对比很明显。

在第①小题中，青年人选择“不挂断”的比例60.4%和56.6%略微高于总体比例的55.8%。在公共责任意识中，有近乎一半的青年人选择“事不关己，高高挂起”的态度[1]。而在不同年龄段的对比中，青年人选择“不挂断”的比例要略高于老年人而低于中年人。青年人公共责任意识中略微低于中年人的原因跟青年人还未完全进入像中年人那样必须为社会家庭承担责任的角色有关。第②小题中反映了与第①小题近乎一样的信息和原因。在第③小题（表3）“是否在电话里指责诈骗人”

---

〔1〕 因为诈骗这样的事只有对自己构成事实才是与自己有关的，否则只是可能；这时回避就是消除了对自己伤害的可能，之后诈骗人再诈骗谁与自己无关，这是一种以是否伤及自己利益为标准的处理态度。

中，“20岁及以下”一栏中有84.2%的人选择“不指责”；“20岁~30岁”一栏中有88.2%的人选择“不指责”。在第④小题中，选择“告诉警察”百分比最低的是“21岁~30岁”组，仅有23.6%。这无疑反映了青年人一种薄弱的公共责任意识，这除了青年人自己的原因以外是否还有其他社会性因素？

表3

指责诈骗人		年龄						合计
		20岁及以下	21岁~30岁	31岁~40岁	41岁~50岁	51岁~65岁	65岁以上	
是	人数	21	61	38	45	70	21	256
	占本组中%	15.8%	11.8%	9.5%	11.6%	13.1%	7.9%	11.4%
否	人数	112	455	360	342	465	246	1980
	占本组中%	84.2%	88.2%	90.5%	88.4%	86.9%	92.1%	88.6%
合计	人数	133	516	398	387	535	267	2236
	占本组中%	100.0%	100.0%	100.0%	100.0%	100.0%	100.0%	100.0%

在第8题中，当问到“为何不报警”时，其中有941人选择“感觉举报了也不会起作用”，占总体的46.7%；有384人选择“根本没产生举报想法”，占总体的19.0%；选择“曾经有过失望的举报经历”，占总体的7.9%。总的来说，人们觉得报警解决不了问题。这实际上反映了对政府和社会机制的失望。

所以，7、8两题一方面反映了青年人“公共责任意识”薄弱，另一方面反映了社会机制、社会环境让很多青年人无法对其产生信心。

第10题：“现在北京很多单位招人时要求北京户口。您的看法是”选择“不应该，全国人民有权利在首都平等竞争”的人数最多，占总受访人数的33.5%；其次是“应该，各地都要优先解决本地人员的就业"，占到了23.7%。人们更倾向于重视公民的平等权利，而强调北京市户口重要性的受访者则倾向于就业方面的考虑。而我们从年龄与要求北京户口交叉表中就会看出来，选择"不应该，全国人民有权利在首都平等竞争"的，比例最高的年龄组为"20岁以下，含20岁"，为43.6%，说明了20岁以下的年轻人比较重视平等竞争的权利。但是在选择"不应该，不利于人才流动，会降低北京的城市竞争力"的受访者中，年龄组"31岁~40岁"的比例最高，为21.0%，在这一选项中，青年人虽然高于老年人，但却低于中年人。从中我们可以看出，青年人更强调的是"全国平等竞争"，而不是"是否有利于人才流动"。由于找工作的主要群体是青年人，所以这个方面的要求与青年人的切身利益有关。由此可见，青年人更强调有利于自己的权利。

与此相应，在第13题中问到："如果政府就某些政策征询意见，工作人员上门请您写一份调查问卷，您会"在回答该题的2163份有效问卷中，选择"努力认真填写，这是行使权力"的人数最多，有1078人，占总受访人数的49.8%；其次是"努力认真填写，这是责任"，占41.6%。说明人们会认真填写，但把它看作是权利还是责任时有所偏差，更多的人把它看作是权利而不是责任。而在"政府问卷填写与年龄的交互分布情况"表中，选择"努力认真填写，这是行使权力"组中18岁~30岁一栏的比例要高于其他组。我们尤为明显地看到青年人更强调自己的权利而不是责任。

表4

政府问卷填写		年龄						合计
		20岁及以下	21岁~30岁	31岁~40岁	41岁~50岁	51岁~65岁	65岁以上	
努力认真填写，这是行使权力	人数	63	280	200	179	245	111	1078
	本组百分比	49.6%	56.0%	51.7%	48.1%	47.9%	41.7%	49.8%

续表

政府问卷填写		年龄						合计
		20岁及以下	21岁~30岁	31岁~40岁	41岁~50岁	51岁~65岁	65岁以上	
努力认真填写，这是责任	人数	54	189	153	161	215	128	900
	本组百分比	42.5%	37.8%	39.5%	43.3%	42.1%	48.1%	41.6%
反感，因为没有作用	人数	6	14	15	17	22	6	80
	本组百分比	4.7%	2.8%	3.9%	4.6%	4.3%	2.3%	3.7%
厌烦，是对生活的干扰	人数	1	5	1	2	5	2	16
	本组百分比	.8%	1.0%	.3%	.5%	1.0%	.8%	.7%
担心，怀疑其中有诈或担心不良后果	人数	3	11	15	11	18	9	67
	本组百分比	2.4%	2.2%	3.9%	3.0%	3.5%	3.4%	3.1%
其他	人数	0	1	3	2	6	10	22
	本组百分比	.0%	.2%	.8%	.5%	1.2%	3.8%	1.0%
合计	人数	127	500	387	372	511	266	2163
	本组百分比	100.0%	100.0%	100.0%	100.0%	100.0%	100.0%	100.0%

第11题：“北京每年有许多重大政治和外事活动，会进行交通管制，您的看法是”选择“给生活带来不便，但生活在首都，应该承担这些不便”的人数最多，有1079人，占总受访人数的48.0%；而在“重大国事活动与年龄”交叉表中，可以看出选择“给生活带来不便，但生活在首都，应该承担这些不便”，各年龄组差异不

大。其中20岁以下的为45.1%，21岁~30岁的为49.2%，青年人的比例低于中年人而略微高于老年人。在对此表示反感的受访者中，21岁~30岁年龄组的比例偏高，为16.5%。同样在“没遇到，不支持”的选栏中，21岁~30岁年龄组的比例稍微偏高，为2.3%。由此可见，青年人近半数的人对重大国事比较重视，也反映了大部分青年人和其他年龄组的人一样有一种较强的首都意识。但其他组的数据表明还有一部分青年人首都意识不是很足，这个跟重大国事影响上下班工作有关。由此可见，青年人在重视国事的同时，还是比较关注自我利益。

第15题：“北京是全国大专院校和科研所最多的城市，您对这种现象的看法是”在此题的选择中，大家的选择主要集中在“有利于北京的发展”27.5%和“有利于国家发展”34.2%两个选项上。总体强调国家层面的要高于北京层面的。我们在“年龄交叉表”中可以看出青年人相对于中老年人更强调国家利益。

表5

抽样样本		年龄						合计
		20岁及以下	21岁~30岁	31岁~40岁	41岁~50岁	51岁~65岁	65岁以上	
有利于北京的发展	人数	33	94	64	138	195	81	605
	本年龄组百分比	24.6%	18.6%	16.3%	36.3%	37.1%	30.3%	27.5%
教育资源集中，有利于产生科研成果，有利于国家发展	人数	57	196	153	116	143	89	754
	本年龄组百分比	42.5%	38.8%	39.0%	30.5%	27.2%	33.3%	34.2%

续表

抽样样本		年龄						合计
		20岁及以下	21岁~30岁	31岁~40岁	41岁~50岁	51岁~65岁	65岁以上	
造成教育资源分配的不公平、不合理	人数	13	93	72	33	34	21	266
	本年龄组百分比	9.7%	18.4%	18.4%	8.7%	6.5%	7.9%	12.1%
给北京市带来很大的就业压力，竞争更加激烈	人数	17	91	62	52	79	28	329
	本年龄组百分比	12.7%	18.0%	15.8%	13.7%	15.0%	10.5%	14.9%
没什么看法，因为是首都这种现象正常	人数	14	31	41	41	75	48	250
	本年龄组百分比	10.4%	6.1%	10.5%	10.8%	14.3%	18.0%	11.2%
合计	人数	134	505	392	380	526	267	2204
	本年龄组百分比	100.0%	100.0%	100.0%	100.0%	100.0%	100.0%	100.0%

数据中可以看出，在选择“有利于北京的发展”一项中，41岁~65岁以上的比例要远高于中青年，而在“有利于国家”的选项上，中青年的选项又高于中老年。在这个问题上，大概呈相反的趋势。此外，21岁~30岁的青年人在“这是一种不公平、造成就业压力大竞争激烈和这不是一种正常现象”方面要高于其他组。说明青年人更多的是从国家的角度来反对“北京地方主义”，而且更强调要营造一种有利于青年人发展的社会环境。

综上，青年人的“公共责任意识”不强，这一方面跟当代青年人自身有关[1]，另一方面也反映了中国当前的一些社会现实。这可能要求我们的政府和社会要塑造一个更有利于青年人发展的环境。

三、责任评价以及教育对责任意识的影响

（一） 责任评价

意愿、行为和评价都是从不同角度反映着一个人的责任意识，而对他人行为的评价更是自我责任意识的直接表达。

本项主要分析第6题："在十字路口，一个要过马路的行人遇到红灯，这时并没有来往车辆，也没有交警，但他还是一直等到绿灯亮后才过马路，您对此的看法是"选择"严格遵守交通规则是很好的习惯"的人数最多，有1904人，占到受访总人数的85.5%；其中青年人的比例：20岁以下的是76.9%、21岁～30岁的是79.5%，要低于其他年龄组。

同时，在"这些人有些死板，人应该懂得变通"、"没什么看法，每个人自己可以按照各自的想法做"两项中，青年人的比例都是最高的。而老年人则比较低。从大体趋势上看，绝大部分人是赞同"遵守交通公德"的，但青年人相对来说更"自由些"，大体上，随着年龄的增大或减小，强调遵守的强度随之增大或减小。

人们对一些行为的价值评价反映着自己的价值判断。可见，对别人的责任行为的评价也反映着自己的责任意识。此题中青年人的责任评价反映了他们的责任意识并不像老年人那么严肃。

（二） 教育对责任意识的影响

与第6题相关，我们来看受教育程度和责任意识的关系。在

---

〔1〕 我们的调查是在2010年进行的，此时的青年人大概是在1980年～1992年出生的，这个时候正是我国计划生育的高峰期，这个时候的家庭大多是独生子女。对于这一情况我们是否也应考虑在内。

"表6～表7受教育情况与交通公德"中，我们可以看到受教育程度和人们的选项比例大体成递增或递减趋势。

表6

交通公德		教育情况					合计
		小学及以下	初中或高中	中专或大专	本科	硕士及以上	
严格遵守交通规则是很好的习惯	计数	125	730	557	413	77	1902
	教育情况中的百分比	88.7%	86.5%	85.6%	84.5%	78.6%	85.6%
这个人有些死板，人应该懂得变通	计数	8	49	36	28	4	125
	教育情况中的百分比	5.7%	5.8%	5.5%	5.7%	4.1%	5.6%
没什么看法，每个人自己可以按照各自的想法做	计数	5	47	52	42	14	160
	教育情况中的百分比	3.5%	5.6%	8.0%	8.6%	14.3%	7.2%
觉得现实生活中根本不会有这样的人	计数	3	18	6	6	3	36
	教育情况中的百分比	2.1%	2.1%	9%	1.2%	3.1%	1.6%
合计	计数	141	844	651	489	98	2223
	教育情况中的百分比	6.4%	37.9%	29.2%	22.0%	4.4%	100.0%

在第一选项中，可以看到教育程度越高选择"严格遵守"的人的比例越低。除了第二选项之外，第三、四选项也是一样的趋势。

我们再分析其他一些相关题目中的类似现象。在“教育状况与遇到诈骗电话告诉警察线索的交互分类表”中，我们完全看到了相同的情况。在收集上来的回答这个问题上两个变量均有效的2232份抽样问卷中，“小学及以下”学历组在这个问题上有38.6%的人选择“是”，会把诈骗电话的线索告诉警察。这个百分比在所有教育情况组中是最高的。“硕士及以上”学历组在这个问题上，仅有22.4%的人选择“是”，会把电话线索告诉警察，在所有教育组中是最低的。从上面的数据显示，随着教育情况上的提高，在“把线索告诉警察”这个因变量上，选择“是”上的百分比会逐渐降低，成反相关。也就是说，学历越高的人，在这个问题上越不会选择把诈骗电话的线索告诉警察。

而在（表7）“教育情况与不报警原因的交互分类表”中，我们看到的是“学历越高越觉得告诉警察没用”。

表7

不报警原因		教育情况					合计
		小学及以下	初中或高中	中专或大专	本科	硕士及以上	
感觉举报了也不会起作用	人数	35	328	296	231	49	939
	占本组中百分比	31.0%	42.7%	49.4%	52.1%	55.7%	46.7%
感觉举报了也不会起作用	人数	35	328	296	231	49	939
	占本组中百分比	31.0%	42.7%	49.4%	52.1%	55.7%	46.7%

目前高校中绝大多数学生是青年人，若按照这一比来看，我们是不是应该关注下这一问题呢？我们的教育是要培养有责任意识的公民，但是数据显示的却是责任意识随着受教育程度的提高而降低。

结 语

基于我们以上对数据的分析，我们不难得出如下结论：首都青年在面对自己的发展前途时表现出较强的意识，他们想争取更多的机会。但当面对“他人或公共”时，表现出了一种“相对淡薄的意识”。青年人更强调自己的权利胜过强调自己的责任。无论是在面对现实的责任还是未来的责任，“要”的意识要强过“奉献”的意识。

同样在责任评价中，我们也可以清楚地看到，青年人的责任意识相对薄弱。若说责任意识和教育有关的话，那这在一定程度上也反映了我们的教育问题。[1] 在面对“是否更有利于‘北京’还是‘首都’”的问题上，青年人的“首都意识”比较明显。青年人反对“北京特殊”的意识背后，实际上是想以此来为自己的发展争取平等的竞争条件。

在分析之余，我们的政府和社会需要提供的是一个更为良好的、有利于青年人发展的社会环境。而我们的教育也需要进一步的反思，引导青年人的责任意识朝着一个正确、合理方向发展。

（本文发表于《当代青年研究》2012 年 06 期，作者陈阳）

文本观察小结

先说说我们交流讨论的情境问题。有一个词叫“情境适应”，指的是在课堂内或者会议上怎么根据现场的话题、思路、场景来

---

〔1〕 因为若按数据上的显示推断，那么本科生中有 76.4%，研究生中有 77.6% 的人不会把线索告诉警察；同时 52.1% 的本科生和 55.7% 的研究生认为报警无用的。也就是说我们有将近一半的青年精英对我们的制度和社会是持如此失去信心的态度。

发言，让自己的发言适应当时的情境。这也是一种学术能力，或者叫文化素养。

我参加过一些学术会议，感觉是一场“集体独唱”。就是大家虽然在一起讨论，但是每个人都只管“唱”自己的，每个发言人都只是把自己的所知、所想说出来，并没有跟别人对话交流、把问题逐渐推进的意识。比如，人家已经说到“蒸包子”了，那么你可以从“和面”和“作馅”说起，就不必从“种麦子”说起了。这是一种有利于信息沟通，形成共识的推进情境。在什么时候跟谁讨论问题，你就要考虑自己的表达是理解对方、尊重对方的。我是老师，但我不能走到哪儿都把别人当小孩，不管谈什么问题、谈到什么程度，我永远是那套讲法。这就是不仅没有尊重和理解别人，而且对自己要讲的东西也没有嚼透，没有融会贯通的表现。善于根据讨论的进展表达自己的意见，这是一个比较高的要求，做到与否是一回事，但是我们首先要注重这种学养。如果你去找一些大学者谈话的时候，他们并不一定会跟你嚼字眼，掉书袋，他也就说那么一两句话，却是你要研究很久才能达到的那样一个点。这是水平。

我们前面实际谈了几点收获：

第一，文本观察批判意识，鉴别意识，对文本的真实性、可靠性、权威性要有一种确证、批判的意识。

第二，对于烂文本，对于一套自己不能接受的观点或谬论，如何加以批评反驳？我讲了鲁迅说的男性笔法、女性笔法两种。“女性笔法”就是追随对方，列举其论点论据一一反驳，这样走下去；“男性笔法”是从宏观整体上抓住要害，针对要害点到说透，他的整个框架就倒塌了，这就叫“一击致命”。这就是阴柔制胜和阳刚制胜两种方式。做到后面那一种不是太容易。比如说，我们争论一个问题，这个问题是不是全篇的要害，现在还把握不了；但是我对他的哪一个观点最有意见，就把这一点讲透，

"伤其十指不如断其一指"，这样的分析辩驳方式应该是可以做到的。

第三，我很高兴刚才几乎每个同学都指出了这点：他的文本虽然荒谬，但是触及的问题很多是有来历、有根据或者是有影响的。我们可以把看似荒诞不经的判断变成值得研究的话题，然后抓住这个话题正面提出和回答问题。比如，有人说中国教育是失败的，我们反驳他的时候可以举出很多不失败的例子，这样辩驳就不如回头反思：衡量教育成败的标准到底是什么？什么叫教育的成和败呢？达到一个什么样的效果，从哪个层次上来衡量？用什么尺度来衡量？对这一点的思考，就是等于把别人的一些带有偏见的指责，变成一种我们负责任的建设性思考。例如关于我们怎么使教育办得更好的定性和定位问题，可以从三个方面思考：首先，反思我们的教育目的、教育方针定的是什么？它的合理性与优缺点是什么？其次，是对我们教育的途径、过程、方式、方法进行反思。看它是不是能够达到我们的目的，是不是达到教育目标的最好、最合理、最佳的途径和方式？最后，看教育效果，用教育效果来证明，用它与我们效果的距离来证明它的成败、得失在哪里。

把别人不合理的说法变成一个合理的问题，然后给予积极的回答，这是学术思考应该做到的。当然，有时你觉得人家说的好、说的对，那么就接受、就承认；但是接受和承认了人家的东西，也只有变成自己思想的一部分，把人家的方法变成自己的方法，而且有根有据，才能成为一种超越式的转换。

刚才几点是同学们发言中可以形成共识的。至于里面有些具体问题怎么看，比如信仰，我们怎么回答别人说"中国人没有信仰"？关键还在于我们怎么把握信仰，要用我们对信仰的科学把握来实事求是地回答这个问题。所以我主张一种积极的建设性的回答，而不是乱骂一通，骂倒了人家就拉倒。中国人的信仰生活现状如何？前景如何？我们追求的方向和途径如何？关于这些问题，将来都可以做出很大的研究文章，都是很大的话题，也是我们社会必然的、无法回避的一些问题。我们读一本书、读一篇文章、读一个别人的成果，对每个问题、每个观点，都要有不断的积累。每一次阅读思考积累的时候，如果你能够真正抓住要点的话，那么你就能积累起一些有意义的、营养丰富的东西。

这是我对刚才大家讨论成果的一点感受，建议你们记住，将来会有用的。

附：体会絮语

★ 文本学的观察，先要确证它的真实可靠性、来历的合法性，还有文本具体的出处。

★ 一个文本“出笼”的过程及其表现形式充分说明了文本制造者自己的内心，我们从这里可以看到一个人的内心。

★ 学哲学会观察就是希望大家能够成为能够鉴别流言真伪的智者，不然你的思维就会被别人牵着走。

★ 我们要有批判意识，但批判不是对人的，不是互相挑剔话语。批判要引向问题，是对问题、观点、方法的一种超越性把握。

★ 大家不喜欢它，都觉得很反感，但是要讲出道理来。这个道理怎么讲，怎么能够不落入他的套子？我们就得超越它，就得看的比他完整全面，包括动态的、历史变化的完整。所以，通过实际观察、文本观察来看清一种思路、一套思想，是一种基础性的功夫。

【第四课】

案例观察训练

教师：下面进入案例观察。案例是由我们共同选定的，希望大家做分析的时候，要选定自己的角度，有一个侧重点，从你的角度把事情的来龙去脉说清楚。事件本身的经过，事件前前后后的报道方式，公众和官方对事件的反应，从思想内容上看，涉及道德、社会管理等问题，也涉及民族传统文化以及中国人的秉性特征、当代中国人的精神面貌的问题，还涉及民主法治建设等许多方面。一个人不要什么都想讲，每次从一个角度讲清楚就行，每人讲一个点，会比较清晰、精确，大家互补起来，会更完整全面。这里的全面性不是对个人的要求，而是对整体的要求，个人应该是各有所长，如足球区分为前后卫、中前锋等，不可能一个人踢一场比赛。我们制定一种对全面性的理解，大家不要想大而全，不要想一口吃掉天，把一点讲明白就可以。所以，对案例分析的要求是：

第一，角度要清晰。这个角度不是你主观评价的角度，而是你观察事件真实性的角度。例如观察某事件的时候，你要讲其中的道德问题，那么主要看谁的道德？在这个事件过程中，哪些材料是表达这些人的道德问题的？你要说准。比方说我上次讲过，记者见到 27 个人围着一个摔倒的老人，没有动手相助，就说这 27 个人道德冷漠。我说，你为什么没有问问那 27 个人，他们为何只在那围观？难道应该不顾一切地抬起老人往医院跑吗？怎样区别围观是出于守护还是出于冷漠？是谁打电话叫的救护车呢？……这些观察都没有说清楚，然后还急于推导出中国人现在怎么怎么样，这就是对自己观察分析的角度缺少自觉的表现。所以首先一点，你是从哪个角度讲的，一定要清楚，然后再用事件过程本身的材料来说明。

第二，重点要突出。角度清晰和重点突出大概是一个意思，就是你自始至终要从那个方面看这个问题，这叫角度清晰。重点就是说在你看到的这个问题、这个事情来龙去脉当中，哪一点是最重要的，哪一个问题或者哪一个环节是最重要的。重点分析，你抓住了这一点，就不是人云亦云、鹦鹉学舌，不是感情冲动随意而说，而是有选择有根据的来说话。

第三，问题要明确。就是从你这个角度，从你所抓住的重点来看，我们真正要思考的是个什么问题。要会提出具有公共性的问题，不要把自己的观点、结论当前提，而要把“这一点”的公共性，即为什么值得大家来共同关注和思考突出出来。

第四，思考要透彻。对于每个事件的当事人，如作为普通的有良知的公民，作为国家政府、法治建设者，我们都应该设身处地地思考一下，自己应该或能够怎么做？遇到某些情况怎么办？要考虑的完整一点，把问题想透彻。当你论证一个观点的时候，也要考虑到可能用来驳倒这个观点的理由是什么？你怎样在你的论证中弥补这个弱点，保护你柔软的腹部，死穴？这就叫思考透彻，不要只是一味地说我认为应该怎样，那还不是做学问，不是讲道理。

四点要求：角度鲜明，重点突出，问题明确，思考透彻。要有自我批判意识，先把自己辩服了，然后在小组讨论的时候，互相辩驳。每一个环节都会引起争论，过程有争论，结论当然更有争论，争论有助于大家把问题看清楚，想透彻。

案例一：事实与价值——新闻照片获奖之争

概述： 2010 年 8 月 18 日，在中国新闻摄影最高荣誉“金镜头”奖颁奖盛典上，记者张某的《挟尸要价》以全票赢得了本年度最佳新闻照片奖，然而长江大学党委宣传部李某称《挟尸要价》照片造假，不应获奖。下为获奖照片：

教师： 对这个照片获新闻摄影大奖持支持态度的同学，可以

坐左边，持反对态度的坐右边，暂时没有具体肯定或否定态度的坐中间。咱们今天就这件事，按照哲学思维的方式讨论一下。大家根据观察提出自己的看法，进行辩论，辩论过程中要注意观点的表达、论证和反思。

下面先请一位持中立立场的同学把这件事本身的原委简单叙述一下。

同学甲：去年10月份，长江大学15名学生，在长江宝塔湾河段营救2名落水的少年。因为江水太过汹涌，其中3名营救者不幸牺牲。大学生的事迹感动了全国，温暖了社会。大部分媒体宣扬见义勇为的事迹，也有少部分媒体发出了不同的声音。有人拍到的照片中显示，一条船上的船夫用绳子将尸体挂在船边，船夫打着手势，给这张照片配的画外音说的是："船夫在打捞大学生以后跟大学生的家长和学校的领导在挟尸要价"。这张照片和新闻引起的反响很大，可能因为这种广泛的社会影响力，这张照片在去年的新闻摄影获得"金镜头奖"。

但之后不久就有相关人士对这张照片提出了质疑。其中有长江大学党委宣传部部长，他在自己的博客上发表了一篇文章，说明这个不是在挟尸要价。这张照片其实是船夫把尸体打捞了以后，因为水流很急，船夫急着把尸体搬运到岸上去。不管是否有挟尸要价这件事，但是至少对这张照片场景的解读是错误的，而且还提到说那个船夫因为这张照片的广泛影响，他的名誉权受到伤害。在那很久之后，他都觉得生活受到影响，别人经常嘲笑他是道德败坏的人。

这里主要涉及新闻媒体照片报道时的职业道德问题，就是说拍摄者是真实的解读，还是有意误导。所以我们今天要讨论的是：你觉得这张图片应不应该获得“金镜头”奖？

一、辩论过程

教师：你是什么观点？

同学甲：我现在还没有明确的观点，还在求索中。

同学乙：我觉得甲现在说的前提有错误，因为照片的真假毋庸置疑。

教师：这已经进入辩论了。

同学甲：对。当然我在叙述过程中可能有加入自己主观的看法，没法完全客观。

教师：你梳理的争论的焦点就是对于这个照片该不该获奖是有两种不同意见。然而对于这两种意见各自的主要理由，你刚才没有详细介绍。能不能概括一下，认为应该获奖的主要理由和认为不应该获奖的主要理由。

同学甲：其实我没有查到说它应该获奖的理由，大部分查到的言论都是觉得它不应该获奖的理由，所以我很好奇为什么会获奖。

教师：后来那个评奖委员会有发言人做过解释，你没有看到是吧？

同学甲：没有，我看到的很多都是某些新闻评论和著名人士的博客针对这件事强烈的谴责，说这是新闻道德不好的行为。

教师：但评奖委员会最后表态说这张照片没有造假，这个奖是应该的，不撤回，是吧？

同学乙：我觉得不应该从这两方面去辩论。真假问题无需追究，因为它是真的。你看，天涯里面很多资料。贵州卫视11月11日的《人生》栏目请两个现场救人的同学来叙述这个事情。这两个同学说挟尸要价完全是肯定的，绝非携尸靠岸。长江大学宣传部部长说携尸靠岸，当时他不在现场，是不能成立的。所以这张照片的真实性是毋庸置疑的。争论的焦点应该是照片的视觉道德性。照片中出现了尸体，可以争论的是这个图片有没有人文关怀，有没有对英雄的尊重，这是一个争论的要点。

教师：就是说这个图片拿出来评奖是对人的屈辱和伤害？

同学乙：对，不是一个真假性的争论。图片本身有一个视觉道德性，比如说我们拍一个人物，可能说我们拍的很好，但是我们报道别人的缺点，而且你没有事前跟当事人说过，这是对别人的不尊重。在第十八届"金镜头"奖里还有一个是白内障患者，其实他很丑陋，但是因为拍的时候光线、角度之类都很好，也获奖了。所以你要去拍摄一个照片的时候，就要有道德心，因为你可能展示了别人的缺陷。我认为这是一个辩论的焦点。新闻照片和艺术照片评奖的标准也是不一样的，除了在视觉表现、主题挖掘、价值深度等方面以外，视觉道德方面也是一个新闻图片进行评奖的重要标准。

教师：那你认为这个照片到底应不应该获奖呢？

同学甲：我认为是应该获奖的。

教师：为什么呢？你刚才讲的那意思我听来好像是不应该获奖的。

同学乙：我认为这个照片应该获奖。其实一开始我也是处于中立状态的，因为这个事件很沉重，它确实触动了我们道德上的一些敏感地带。每次看完这件事的时候，我就觉得心里翻江倒海，想象一下图片中展示的那种场景，心就揪在一起。我赞成照片评奖也是对一个新闻工作者的认可，因为他把这个图片发出来是很困难的，很多报社都不给发。张某是一个年轻的刚刚毕业的新闻记者，在这个事件发生以后遭到了打捞公司的威胁，但是他仍然坚守职业道德，对照片的真实性丝毫没有动摇。公布了这个事件之后，对他个人的伤害也是很大的。后来他离开了报社，他的人生因为这件事而改变了，而且有可能要隐姓埋名一段时间。那么他获得了这个奖项，从他个人作为新闻工作者来说，我觉得是一种回报吧。

教师：也就是说，作为新闻工作者他的举动应该得到保护和支持，所以应该给以奖励，是吧？

同学乙：是的。而且这个事件公开之后，也促使了社会的反思，就是说打捞遗体的责任应该由谁来承担。打捞公司打捞是一个民间行为，而那个地方常年都在发生这种事故。我看采访周围的居民说每年有3个~5个甚至是7个~8个落水的人。也就是说在这个地方打捞行动是相当密集的，但一直是由民间承办。由民间承办，出船的话肯定是要花成本的，人力的成本还有燃料的成本，而出于义务无偿的承担这个成本是不可能的。打捞是一种公司化的商业行为，它出船每一次可能是2000元~3000元钱。这个悲剧发生之后，以后打捞责任的主体应该由谁来承担？责任的主体是要明确的。总之，我想可能会促使政府采取一些措施，从而使这种事件不再发生，这就是新闻报道之后取得的一个效果。如果没有这个事件发生，我们就不知道以后这种责任由民间承担到什么时候，通过这个报道起到了一个补救的作用。新闻报道的责任与效应，张某通过他的这个图片做到了。

教师：后来当地打捞的事务改由政府组织了？

同学乙：这个没有明确，现在没有看到这方面的报道。

同学丙：那里有一部分人是冬泳运动员，常年在这里练习，他们是以义务的性质对落水者进行帮助。

教师：冬泳爱好者只在一个点上啊！他不会对整个江面负责，也没办法管整个江面。

同学丙：在这个事情报道出来之前，每次水急的时候都频繁地出现尸体，当地管辖这片水域的海事部门一般就是看一下情况就走，说没有工具，他们不负责打捞。

同学丁：其实打捞最后的承担者还是渔民，实际上有主尸体由家属来承担，无名尸体由当地民政部门来承担，实际过程中都是这样的，只是说钱谁掏的问题。渔民打捞方便，但肯定是要钱的，就像我们办理刑事案件，说有尸体在水面上，都是雇人来打捞，打捞肯定是收钱的，不需要政府来打捞，只是钱谁出的问题。

教师：在这件事上是长江大学出钱，是吧？

同学丙：捞1个12 000元，3个36 000元。

教师：这个钱为什么最后退了？

同学丁：迫于舆论压力。

教师：迫于舆论压力？

同学丁：舆论说不应该收钱。实际上应该收钱，一个人收1000元很正常。

同学丙：开始打捞尸体，是1个人2000元~3000元。因为那片水域没有一个专门负责打捞尸体的机构，有兄弟两人注册成立了一个打捞公司，自己定价12 000元。当时就是说打捞沉积物，并没有涉及捞尸。当时定下标准就是说1具尸体12 000元。

同学丁：政府要加强管理，可以打捞尸体，但是不能随便加价。

同学戊：不能没有一个统一的物价标准。

同学丁：我觉得可以由政府管理，规定具体情况大致要花费多少成本给一个范围。

教师：刚才同学乙讲了三点理由：第一，是打捞要价这个事是事实存在的，所以照片没有作假；第二，是记者为这件事做了贡献，付出了代价，他应该受到肯定和保护；第三，是这种报道客观效果是促进政府改进这方面管理，效果是好的，所以应该肯定。还有别的需要补充的么？

同学己：我觉得从视觉画面来讲，这个新闻图片会给人一个很强的震撼，如果是平淡无奇的话我想也不可能获奖。这个震撼就是反差，前面是英雄无偿救人，后面是捞尸要钱，而且尸首还吊在船上，大家就想到高尚和卑微这两个极大的反差。一方面，这个照片给人的视觉冲击效果就很大，也反映出了某些道德取向。另一方面，是对生命的尊重。我想大家还记得汶川大地震的时候有很多这样的例子。我看到一个人骑着摩托车把他早就已经停止呼吸的老婆托在摩托车后头拉回去，走过了很长的山路，这体现了对生命的尊重；另外一个就是电视画面展现出来的日本救援队挖掘出来尸体以后把这个尸体全部包装好了，集体给他敬礼。船上挂的这个手给我的感觉很揪心，这就是对生命完全漠视，何况这还是英雄。我觉得这个图片获奖给了大家一个对生命所持态度进行反思的机会，特别是对于死者的这种处理方式，也唤起了大众的一些道德意识，对生命的理解。

同学戊：人死了之后我们怎样对待他？是作为一个人还是作为一具尸体？如果作为一具尸体，和作为物体来对待是一样的，打捞尸体和打捞物体也是一样的。如果把这具尸体作为人的话，那可能就是复杂得多的事情，而且这个人本身是一位英雄，他是为了救两个孩子牺牲的，所以这个事情就更不太好解决。于是，挟尸要价这个事情给人触动很大。

教师：那你怎么看打捞要价是正常的这个观点？

同学戊：打捞要价是正常的事情，他付出了一定的劳动，就应该得到一定的报酬。

教师：那你是不是认为以后在江上捞人就应该要价啦？

同学戊：应该要价。

教师：为什么？

同学戊：因为要价的话就要把尸体当作一个物来对待。

教师：到底应不应该当作一个物来对待呢？你认为既然要价是当作了一个物来对待尸体，又认为这样对待是不尊重的，是不是就是说同样是打捞尸体还要区分死者？那么要价这个事要不要给予认可呢？也就是人跟物不一样，捞别的东西可以要价，捞人不应该要价，特别是救人的人，或者是不管是捞什么他付出了成本就应该要价？

同学己：如果他是属于商业行为的话，要有口头协议或书面协议。同时商业行为还要符合公众道德和一般公众所接受的习俗。我认为他们是事先说好了可以要价的，只是不能以照片中这样的方式来处理尸体，不应该把尸体挂在船边。

教师：刚才同学戊说的那个细节，是照片的拍摄人说他亲耳听到了在要价。到底是谁在要价？用什么语言在要价？跟谁在要价？当时现场都有什么人？谁在说这个话？是船上打手势的渔民，还是岸上他的老板等，有没有具体的描述。

同学戊：当时张某说，他的确听到这个穿白衣服的渔民说了那些话。

教师：说的哪些话？

同学戊：说钱不到位，尸体不上岸，而且说这些话是针对岸上的学生和群众。

同学乙：贵州卫视采访了一个目击者，他也是说一个戴安全帽的老头说的，清清楚楚地索要 10 000 多块钱，这个更有说服力。

教师：这里的关键是照片拍摄的时候是不是在要价，这是决定新闻生命的东西。

同学丙：后来政府的几个部门专门做了一个调查，结论还是承认照片中反映的那个事情，老板说不给钱不能拿尸体。

同学甲：吊着的是第二具尸体。其实我一直在想，通过照片上的时间等推断，那个捞尸体的老人家听到学生的哭喊，内心是很想把尸体捞上岸的。他本身不是为了赚钱，但公司是为了赚钱。他捞第一具尸体很快，而且是直接送到了岸边，后来是老板说不给钱不捞，所以第二具尸体就延后了很久。其实他自己最后并没有分到多少钱，是要等老板发话，在那等了半个多小时，等到钱凑齐。

同学丙：张某拍照时并没有多少人证明，别人都在救人。可能别人在说，遇到英雄了，你应该无偿把尸体送上来，这样想的时候，就忽视了他们（指渔民）的生存处境。我的想法是，在一个完整的道德体系或职业体系中，有的属个人的、小团体的，有的属于国家政府的。社会中很多事情是个人、小群体无法抵抗的，这时候就应该政府出面。打捞尸体，首先按照中国人的传统，尸体是不吉利的，打捞尸体算是个禁忌；另外尸体对家属又很重要，不同于一般动物的尸体，所以价格相对高一些，当然也不应太高。如果人人觉得打捞尸体不应该要钱的话，那这个打捞公司肯定开不下去，渔民也生活不下去。这样也不好（无偿打捞），那样也不好（打捞要钱），却又必须做的话，就应该政府来解决。当地政府也办了一个义务救助站，那个打捞公司也是登记注册过的，这种情况下政府应该是对打捞公司进行规范化，规定价格，或由政府预算来补贴。我反对获奖的原因就是他对个人造成了伤害，具体虚假应该承认，这个奖不应该颁给他。

教师：你反对获奖的理由，可以归纳为四条：第一，照片本身的新闻真实性有疑点，那位王姓老人当时不是在讲价，而照片说他在讲价，这是细节方面有问题，不符合新闻的职业道德；第二，在这件事整体上，其他人反映出了一种道德霸权主义，对当事人的人格尊严和权利尊重不够；第三，捞尸作为行业有它的历史规则以及传统，有些细节的东西我们应给予理解和尊重；第四，从政府的角色来说，不应该鼓励这样的新闻报道。

同学庚：首先我也是对这个新闻的真实性有看法。对新闻工作者来说，保持新闻的真实性是其最基本的素质，我觉得新闻的真实性一定要重于新闻的震撼性。现在哗众取宠的新闻很多，新闻工作者不能为了震撼性而去遮蔽真实性，这里的真实性不仅仅包括照片的真实性，还包括报道的真实性和对照片解读的真实性。张某的意思明显是说那个渔夫，但是真正亲历的人就那么几个，知道事情真实情况的人很少，这个照片和报道就成了公众认识这个事件的基础和前提。基于新闻真实性的标准，他是不应该获这个奖的。获奖原因主要是两个：一是照片很直观，表达清晰准确，又十分具有冲击力；二是照片所拍摄的事件很有震撼力。也就是说，他获奖的原因是因为照片的内容，这个照片所反映的事件本身具有震撼力，而这个照片本身却是不尽真实的，所以获奖原因本身就是不可靠的。其次就是对两位老人尊严的侵犯问题。我从网上的报道看到，这个报道给两位老人的生活带来了很大的影响，之后变得不敢出家门、不敢见人、不敢与人打招呼，说老人在宝塔湾被人打过三个耳光，腰上踹过一脚，无数的砖头瓦砾向他们扔过去，被几百人涌过来大声指责谩骂，有人喊说，“打死他，打死没良心的老东西，见死不救的畜生”，然后渔船被砸、渔网被收。

同学丙：其实被打这个描述发生在照片公布之前。当地人出于自身的愤慨，而非出自照片的误导，这个因果关系需要注意。

同学乙：我可能受这个网上新闻的误导了，我不否认这个照片本身的真实性。

教师：咱们想象一下，仅仅“挟尸要价”四个字能不能把这个事件导出来。这个照片发布的时候，和这个事件的背景是不是一块发布的，有没有别的解释？那个照片就是那四个字的文字解释、说明吗？比方说，我不知道这个事的话，我不会知道那是个救人的英雄，我也不会知道那个具体的单位啊、人名啊、要价啊什么的。照片的发布是把整个事件是用什么方式联系在一起的？是口头解说还是附有其他文字介绍、背景介绍？

同学丙：他有不到200字的图片说明。主要是某年某月某日某地发生了什么样的事。

教师：他的说明具体是怎么说的？要用这个说明证明这个信息的完整和真实。因为照片本身没有经过电脑制作、没有造假，这个已经验证了。你们有没有注意到这个背景说明？这个观察要细致些。你继续说。

同学丙：正方一再说这个照片的效果是好的、目的是好的，手段就可以是不好的，这就好像非法取证一样。我们想得到这个案件的真实性，就可以使用非法手段去获取证明吗？我是想说，虽然目的是好的，但是手段也要是正当的，是符合事实的。

同学甲：再比方说我们常看到一些公益性宣传片，会拍到有人随地扔垃圾、随地吐痰，那我们是不是就不应该拍呢？或者拍出来就不应该在电视里播呢？或者有人违反交通规则，见了红灯依然走过去，那我们就不应该拍吗？在电视里就不应该播吗？

同学丙：我没有说你拍两位老人的行为是不对的，我只是说要把事情说清楚，就像刚才这位同学说的，你有责任把这个事情说清楚。

同学甲：这两位老人虽然也是受雇于人，但他们自己也该有起码的良心啊。

同学丙：下面我就解释这一点。再强调一点，这个真正要价的人是陈某。后来政府也专门组织调查，从一开始到最后主持要价的人都是陈某。10 月 24 日 15 时左右，陈某接到宝塔河蓝色家园一个小卖部老板的电话，说宝塔河这里出事了，让陈出去看看。也就是说，一开始就是陈过来和长江大学的李某某商量，商定每打捞 1 具尸体是 12 000 元，打捞 3 具是 36 000 元的费用。下午 3 时 40 分，两艘打捞船，一个就是王某，另外是照片上的那两位老人，也就是 3 个人，还有另外一个船。当他们到现场之后，是陈某指令他们打捞，约 30 分钟后，第一具尸体浮出水面，船上的王某、盛某、王某三个人将他拖到岸边，学生抬着遗体上来。也就是说第一具尸体打捞得很顺利很快，这三位老人也是很希望能把这些尸体顺利地打捞上来的，他们可能也了解这个事情的过程。陈某见到之后很生气地指着船上的三个人说："你们是第一次做这个事情吗？"通过这句话，我怀疑他们不是简简单单的受雇关系。

教师：你提这个是什么意思？"简单的雇佣关系"？

同学丙：我们要在多大程度上去谴责这两位老人？我们知道，现在好多医院见死不救，公共机构尚且如此，为什么一定要为难这样一位为了养家糊口的老人呢？

教师：就这样讨论，互相补充，尽量把事实真相了解充分，然后观点事实也就越来越清楚了。咱们讲的第一个就是要把事情看清楚，听任何意见，发表任何意见，都应该这么理解。咱们这儿没有人代表上帝说话，都是说自己的话。"把事情看清楚"，说什么事儿先把事实本身看清楚。什么叫清楚什么叫不清楚？实际上就是能够成为你得出判断的充分根据，这里的必要环节不能有空白，否则就不成立了。

讨论起来发现还有个别细节没看清楚，是吧？比方说事情的时间先后，比方那个图片的不到 100 字的说明……究竟是什么东西会使人误读，或者是产生了想要的效果，或者是产生了相反的效果？是什么东西造成了人的正读，什么东西造成了人的误读？正读还是误读，是由读者自己的因素决定的。但是在这个原始材料当中，什么因素或者是哪些信息，在有选择地造成这种后果，这个要清楚，是吧？

请中立立场的人评论一下，你们听了双方的陈述以后有什么感受？

同学丁：我简单说一下。首先，我给这个事件一个评价：长江大学学生的救人行为是值得肯定的，事件也是肯定存在的，要价这个事情也是存在的，通过很多媒体的曝光信息可以证明。我要说的是尸体打捞收费是正常的，但是这个不能要天价，特别是在一些关键的时刻。这种索要的方式，政府要加强管理，而且这个是完全可以管理起来的。

其次，我认为这个照片不能获奖。因为事件本身是真实的，照片也没有凭空作假，但是照片的解读是假的，它的解读是一个穿白色衬衫者与几个学生在谈价，这个概括性的语言是不准确的。

教师：这是照片本身的说明吗？

同学丁：具体在场的说明没有，但这是一个浓缩的观点。

教师：你这个说明是哪来的？是那个照片本身带的？还是评奖时对这张照片的说明？

同学丁：照片有 200 多字说明，浓缩成一句话就是这个意思。为什么会造成这么大的争论？真正的焦点就在这。拍摄者后来说，他是为了证明这些照片具体的瞬间是在要价。但事实是这一镜头的瞬间，是老汉在指挥船靠岸。对这个照片定格瞬间的解读是有问题的，不真实的，所以我觉得拿这张照片来评奖是不合适的。

媒体应该通过这个事情进行反思，反思媒体为什么失去公信力，为什么我们对媒体报道的东西会产生很大的质疑？

教师：嗯，还有新看法么？

同学甲：第一点，如果从价值取向来说，我只在乎这张照片上是不是那个老人在要价？如果不是的话，你为了营造一个哗众取宠的效果，为了政府能够管制，而把自己的公信力、真实性给削弱的话，那我真觉得是很痛心的。比如说，将来我是记者，我个人抱着一个好的目的出发，比如说我记录一个大的黑幕，那么我可不可以为了记录这个大的黑幕，在描述的时候动一点手脚，夸大一些细节的信息？这个会不会引导媒体的风气？长此下去……我相信现在大部分媒体还是公正、客观的，他们既然身为媒体人，肯定是抱着一种为公正，为社会正义而奋斗的目标。

第二点，我是想说，今天我听到很多信息，我没办法确定哪个是真的哪个是假的。但我觉得，这些人中这位老人是最大的受害者，因为他只是为了养家糊口。他在打捞第二具尸体的时候，心中有没有想过会产生这么严重的后果呢？他没有想过那张照片会造成那么大的影响，他会遭遇到那么大、那么多人的非议，那个记者可能也没有预料到后果。比如刚开始的时候，他可能预料到自己会遭到报复打击，他自己是为了追求他心目中更高价值的正义公平。所以从某种意义上来说，那位老人是个更大的牺牲者。

第三点，我想说一说报纸媒体。报纸媒体的很多人去采访这个事情，但是他们都是采访英勇救人的英雄行为。我不相信那么多人都没有见到这个要价行为，为什么只有这个记者另辟蹊径呢？我觉得他刚毕业一年（没经验，考虑不周），这个照片出来以后，报纸开始还不肯给他发，还要让他用化名，是不是这就是记者圈或者媒体圈的一个畏惧，畏惧他们报出来的新闻太劲爆了，会给社会现实造成某种影响？为什么是张某提出来的呢？

教师：你的回答呢？

同学甲：就是报纸媒体在其中的责任，如果报社负责的话，是因为怕这个照片不太符合主旋律。那么多记者去报道，肯定他们很多人目睹了这个事件，还有很多人拍照片，但是为什么他们选择了沉默，而只有这个刚毕业一年的记者发表出来？这点值得反思。

教师：网上有没有其他到场的记者的说法？他们怎么想的？怎么看的？有没有？

同学甲：这个没有找到。

教师：没有，是吧。其他在场的人是何意见？咱们看看还有什么。船头穿白色衬衫者其实根本就不是船主，对吧？

同学甲：对，后来考证了，不是。

教师：照片把陈某和这一老人混在一起了？

同学壬：我在想刚刚同学甲说过的问题。请问老师，当时有很多其他媒体的记者到场，都是报道了见义勇为，而只有张某从另外一个方面来做报道。媒体里是不是存在某种潜规则，或者说默契的共识？就是说越深入这个行业，反而可能会对一些像这种触动很深的题材选择回避？这是一个问题。

教师：就是不报道社会的阴暗面吧？

同学壬：对，因为见义勇为符合主旋律，而他这个很明显不符合。

教师：不符合主旋律就不让报道，所以这可以理解成为记者受到了压力？

同学乙：不是，他也是出于媒体的功能，比如说关于地震的一些消息，他就可能不会去报道，他怕引起一些社会动乱。

同学壬：但我觉得这个考虑实际上有点幼稚，我觉得中国民众在社会承受力上，面对这种残酷的现实，实际是应该需要更多的锻炼的。

同学乙：可是你这样起不到积极引导的作用，如果让我处理这个新闻标题的话，我可能更愿意定位成“牵尸靠岸”，而非“挟尸要价”。因为牵尸靠岸更人性一些，更能给大家一种温暖，所起到的社会引导作用也会更好一些。

教师：那你的立场就有点变了，你是认为这照片不妥？

同学乙：不是，我的意思就是说从名字的角度。

老师：题目起得不妥啊？

同学乙：嗯，但如果要根据事实的话，那个新闻事实就是“挟尸要价”，不能改变的事实。

同学丙：我想补充一点，就是那个党委宣传部的负责人提出质疑，是在这张照片颁奖之后。颁奖是在这个事件发生的一年之后。他说出的四点质疑都是细节性的。我看到的时候，首先想到的是，他作为长江大学党委宣传部部长，提出这样的质疑是出于什么原因？他为什么要对这个进行质疑？是不是说身为受害者一方还做出这样的评论，所以我是客观公正的？但很多人会质疑他，你为什么在一年之后才说，为什么当时没有说？而且他本身并没有在现场，他不是目击者，所以好多人抨击他。

教师：照片配有的这个说明，最先是什么时候发表的？是什么名字的？

同学丙：这个“拍摄注”就是当时在商报以“真真”假名发表的批注，后来张某本人曾出来说明，说那个船主是陈某而不是王某。

同学乙：刚才我已经阐述了，作为一个媒体工作者，他要弘扬的是主旋律，让大家感受到这个社会的一种爱。作为宣传部长，他倾向于“牵尸靠岸”，是站在一个教育工作者的立场，他要培育他的学生以后要有爱心，要有责任感。

教师：这可以是你的解读。关键是他的原话，就是他在说什么，先弄明白这个。

同学壬：我这有一个李某在网上发表的声明：牵尸靠岸，这个记者造假。

教师：李当时提出了三点呼吁：第一，建议有关部门核实照片的真实性和新闻性；第二，建议组委会和评委会撤销该照片的获奖资格；第三，通报作者弄虚作假，以杜绝今后评奖过程中有类似情况出现。他是明确地提出了这三点，而前面他对事情的过程做了自己的叙述，说这件事给这两位老渔民造成了损害，使四位老人的生活步履艰难，让善良的人们于心何忍，等等，他是从这个角度提出的问题。

那么这个事情整体的、宏观的脉络是什么？就是说，长江大学的学生救人牺牲了3位，这件事情是一年前发生的，因此他们得到了社会和各方面舆论的高度肯定、表彰，而这个要价的事当时发生过，也报道过，并没有引起更多的争论，是在一年以后，当这个照片得了大奖的时候，由当事人的一方长江大学的宣传部提出了疑义，认为这个照片不应该获奖，因此，重新引起了争论……宏观脉络就是这样吧？结合这个宏观脉络回头看一下，实际上事情闹大了才引起争论。英雄事迹已经发生了，并且受到了表彰，那个打捞公司已经按照学校的要求去打捞了，也讲好了价钱，最后也兑现了，记者也拍了照片，有的不发有的发，发出来了的有的获了奖，而由于要价受到了大家的谴责，4个人挨了骂，甚至还挨了打……这都是一年以前的事情了。那么一年以后这个事情再次成为热门话题，发生了争论，导致对这个李某人肉搜索，官方组成了调查组，评委会重新审定，并且发表了声明……

请注意，有时候，这个“时间差”正是看清问题的一个关键所在。如果注意到这个时间差，我们现在来讨论这个问题，焦点和重点放在什么地方？其实大家刚才也都涉及了一些。

同学丙： 其实好多人就是质疑李某申明的真实性，说他这样做的意图，有一点原因，是事实上在过去的一年中，在全国把责任放大了，说滨州人怎么都没有人性，整个城市的名声受到了损害。

教师： 这是谁说的呢？

同学丙： 网上的一些资料。

教师： 这是猜测还是有根据的呢？滨州人的形象受到了损

害，有这个证据吗？

同学丙：网上有很多人在说，我也不知道是不是真实的，就是觉得一年以后做出这样的质疑，你的意图何在？而且是做这种细节上的推断，你又没有在现场。

教师：人们怀疑他的动机是出于一种地方自我保护，因为他是大学的而不是地方政府的宣传部，那么人们怀疑他会不会是受到了地方政府的压力，才出来这么说的？你的意思是这样吗？

同学丙：对，就是这个意思。

教师：以为是市委宣传部要求他为了全市的形象做工作，是吧？

同学丙：这些当然就是猜想了，但是他的依据就是说好多人对滨州的形象做出了一些攻击，然后他对这个细节这么剖析，但是他本人却没有在场。

老师：你这种分析，有充分证据的可能性有多大？

同学丙：这……就是推测。

教师：是啊，有人做这推断。任何一件事情发生了，都有人来做任何一个推断，但是哪种推断是可信的、可靠的？这值得注意。

同学丁：其实我们今天讨论的好多关于事实方面的东西，都是听来的，因为我们都没有调查，只能通过网络传播以及别人的评论来获取信息。

二、辩论小结

讨论和辩论，是追求真理的形式之一。辩论中的输赢并不重要，重要的是大家通过互相质疑、互相补充、互相启发，共同来回答问题，追求真理。

在我们讨论的这个案例中，实际上有两个问题上的分歧：一个是“挟尸要价”这个行为本身是否发生过？该不该谴责？应该谴责谁？是否应该把谴责的矛头对向船头的渔民？等等；另一个是以“挟尸要价”为题的这份照片该不该支持？该不该奖励？奖励它的合理标准是什么？它的获奖意味着什么？等等。

这两个问题之间，当然是彼此联系着的，但是不可以把它们当作同一回事，以为二者是完全等价的。例如有人以“挟尸要价”本身的真实性不容怀疑为出发点，把它作为支持照片获奖的理由；有人却以新闻报道的客观准确性为原则，认为照片本身不成立，因此否定获奖；有人则陷入了新闻客观性与道德导向性之间的矛盾和困惑，等等。总之是如何把握其中差别的分寸和界限，成为讨论中分歧的真正原因。

我认为，辩论中大家观点分歧的症结，仍出于对事情本身的观察不够完整，因此共识性的前提和重点未达成一致：应该讨论的是事件本身还是照片获奖？因为，这里有一个重要的因素似乎被忽视了或淡化了，就是“时间差”的问题：照片是在事件发生过了一年以后才参加评选的。一年之间发生的事情，没有注意考虑进去，所以在讨论这个照片该不该得奖时，对于相关的社会环境、氛围和效果，就理解关照得不够充分。

如果把这个“时间差”加进去，我们再回顾一下事情的完整过程，就会发现这样几点：

（一）“挟尸要价”的事情的确曾发生过，并且已经曝光，受到了公众谴责

这里存在着事实与评价的关系问题。发生过这样的一个事实是没有争议的：第一，当时有长江大学的 15 位学生下水，手牵手拉成人链去救 3 名溺水儿童。救上来之后，因为水流急，这个人链末端的三名同学被水流冲走，牺牲了。长江大学同学救人的英勇行为得到了社会的肯定，大家把他们叫做英雄。第二，是打捞遗体。打捞目前在滨州是一种市场化的民营行业，经营者和具体操作实施者与要求他们打捞的个人之间有一种商业交换。这个打捞公司不是第一次进行这种合作，打捞公司老板陈某认为报酬不到手这活不能干，别人干的时候，他还批评说别人不懂规矩。在这种指导思想下，不管是谁在说这个话，当时确实发生了“挟尸要价”行为。在商业行为中用冷冰冰的商业交易方式对待这事，未能体现出一种正常的尊重、爱戴、道义上的责任感，所以这种行为当时就遭到广大群众的不满和唾弃，受到了谴责。在道义上他们已经受到了惩罚，几个人挨打挨骂，甚至有些是冤枉的，比如那老头，他不是船主，他那动作实际是指挥靠岸的意思，老人挨打在获奖以前，和获奖无关。现在大家知道的是这样一个过程。

（二） 人们对于事件的性质、根源和责任的认识，并未形成充分有效的共识

分歧首先表现为对打捞公司行为的评价，包括是否应该要价、特别是要高价？是否可以坚持“先收钱后上岸”？对具体过程中老板和船工的表现是否应该区别？等等。

其次是对该新闻照片的评价，包括拍摄的动机和目的如何？悬挂逝者手臂的画面是否符合人道精神？这样的照片是否适合公开发表？其获奖的理由和效果如何？等等。

最后是对这件事及其报道的社会影响的评价，包括打捞江难遗体的工作性质和责任，政府对此管理的责任，事件本身及其报道对于各方面当事人的影响，特别是对于地方形象和政府形象、媒体形象的影响，等等。

总之，这些问题在当时是没有也不可能全面考虑的，后来理解和对待也不够透彻。长江大学的学生救人牺牲以后，在后事处理问题上怎么样更合理、更全面、更规范？这些问题没有经过认真思考形成共识，而任凭不同立场的人保持了不同的描述和看法。这导致在争议中，某些细节几乎成了“罗生门”，就是说，当时没有把事情完全说清楚，讲透彻，留下了一些歧点和疑点，这些歧点和疑点在照片评奖时，引发了新一轮的争议，其标志就是长江大学宣传部的李某发出了不同的声音。鉴于普通船民受到不应有的压力和对待，实际上是不公平的，应该有人说几句话。所以李某发出了自己的声音。无论是他自己这么看，还是他受到压力去这么说，至少这是一种不同的声音，应该允许发表。不管怎么说，长江大学是当事一方，而宣传部代表学校官方，官方在这里有责任保持真相的完整性和全面性。他的观点对不对可以讨论，但不能用“动机论”剥夺他发言的权利。我宁愿相信他是出于追求真实和公正，但事实是，李某发声后，他自己即在网上成为众矢之的，遭到了“人肉搜索”，迫使他不得不“隐身”。这是一个不好的现象。

如果我们社会是个多元化的、和谐的、民主的、法治的社会，各种意见都应该表达出来，这种意见也是应该有的。而且正是有了这种意见，这个事情才能被重新开始讨论。不管是赞成还是反对，大家对问题的思考，毕竟开始走向更多样、更全面了。

（三） 对于照片本身的真实性和是否符合新闻规范，存在着很大的争议

关于照片细节的争论，涉及新闻伦理的许多问题，行家们可以进一步讨论，这里不再重复。我们应该注意的是，重新引发争议的焦点在于，事后看来，这个照片所起的作用之一，是把“白衣老汉牵着尸体要钱”这个判断坐实了，传开了。人们通过视觉可以认定这一点，那么对这件事的理解就简单了，定论了。如果长江大学宣传部的李某不出来说话，对这件事就只有一种看法，认为英雄救人是高尚的，而白衣老汉挟尸要价是卑劣可耻的。于是一种简单的、习惯性的道义情绪就占了上风，别的声音就被压倒，被封闭在视野之外了。这种效果超出了各方面当事人的愿望，应该说并不是积极健康的。

（四）在该照片应不应该获奖的问题上，反映出当下价值观念和社会氛围中的冲突

在社会已经表达了对这件事应有的道义立场和态度，当事人已经受到了某种惩罚，甚至是过分的谴责之后，怎样看待这个照片，它该不该获大奖？李某表达了反对的意见，评奖委员会为此也进行了复查。复查后的意见似乎是：即使照片细节上有某些不准确的地方，但总体上真实，并确有新闻冲击效应，所以就应该奖励。在这里，评奖委员会显然是把自己的道义责任当作了评奖的第一尺度。但我觉得，评委会过于看重道德轰动效果，而没有对自己的道德标准加以反思。作为道义裁判者，一年时间差的社会意义，他们并未予以了解和重视，从而用对事件的道义评价代替了对新闻作品的专业评价。今天看来，这正是我们应该突出的问题，因为它在现实的社会生活中有一定的普遍性。

（五）现在我们怎样总结事情的经验教训

1. 为什么一定要从“把事情看清楚”练起？因为把一个事情看清楚并不是一件容易的事。除了信息的接收以外，还有我们的主观思想层次和境界、批判思维能力的问题，有一个自我批判和校正意识的问题，就是要对自己所掌握信息的真实度和全面性、可靠性加以检验。你看到的东西，对于你来说已经是一个“文本”，而这样一种意识则提醒你：要注意自己的“解读”，即自觉端正解读的视角和路径，使之始终符合真相。

譬如作为新闻规范，重要的是保持事实真相，公正地对待当事人。对于事实本身要从多方面去观察，对于多方面的当事人，要平等地对待。谁都没有权利只选对自己有利的、合乎自己想象的因素去单向认定，而忽视别的方面。这和最后得出什么判断是两回事，发生争议的时候，尤其应该这样。就新闻照片来讲，图片上的情景是完全真实的，不是伪造的，而用这个图片来说明什

么，则通过它的说明、处理手段等方方面面的东西表达出来，而这个说明才是产生歧义和误导的原因，至少它有这个问题。挟尸要价的责任人不是那个白衣老汉，而是他背后的老板，而照片的效果是把注意力放在老汉的身上。这样，这个照片从题目和内容相符合的标准上判断，就有了毛病。老板和执行者是有差别的，不顾这个差别，对于照片上的人来讲是不准确的，也是不公正的。

评奖是评奖委员会的权利。评奖的理由体现了评奖者本身的道德取向、道德原则。其中包括不能因为事件总体真实，新闻报道就可以不讲具体细节的真实。其实，揭露总体真实的方法是很多的。如果当时他不是用一张照片，而是用一组四连画的图像，船上的人怎么样，岸上的人怎么样，老板怎么样，如果用一组画面来报道，场景一致，时间连续，要说保证报道的完整真实性，我想还是可以做到的。

“在细节真实无法确定的情况下，只要保证整体真实，就是正确的”，则是导致一些假新闻的理由，例如那个“纸馅包子”，还有“茶水化验”事件。市场上确实有过拿报纸做包子馅，但是他没抓着，就自己找人做了这么一个，然后自己做出了采访报道，这个报道有关的责任人后来全部受了处分。还有一个记者，听说医院的化验室不负责任，他就自己弄了一点茶水当作尿样送去化验，据说还查出了“炎症”。然后他拿这个来揭露医院的不负责任，医院化验室不负责任这类事确实发生过，大家是知道的。但是你自己去弄，在新闻规范中是绝对禁止的。

不能因为目的是高尚的，就可以不择手段；不能因为整体是真实的，就可以拼凑或曲解具体的细节。这里面有很多具体问题。比如这是在一年之后再评奖，一年来有很多具体的真相、后果和它的意义，应该说能够充分地显露出来了。评奖委员会坚持宏观整体的真实是能理解的，因为很多人都是这么看。要不为什么那老人会挨打挨骂？我们的公众是有道德正义感的，这种舆论也是有的。人们对事情有看法，这个很容易。但是讲道理的、有理有据的看法并不那么轻易地产生。对任何事情，大家都会有看法感受，都能做判断，这是每个人的权利和责任。而专家、责任者、管理者不能停留在这个水平，必须是从国家社会的大局和长远建设这个角度来考虑。媒体特别是政府在教育或引导的时候，不应该是迎合、煽动、利用这种情绪，而是应该选择朝什么方向提升它。不应该朝道德暴力去引导，而应该是鼓励民主、多元、理性、法治这样一种倾向。新闻记者就应有科学严谨的态度，这在新闻界不是小事，对于整个社会也不是小事。

2. 怎样做才更真实、合理、有效？从社会公众这个角度来看，更要倡导全面地理解和尊重人的尊严。每个人有自己的权利和责任，要普遍尊重所有人的生命尊严。在这件事上，不仅仅是牺牲的英雄，还包括所有参与者，如打捞公司、学校管理者、新闻报道者以及其他相关群众等人的尊严。不能认为以英雄的名义，就可以去苛求任何人，任何苛求于人的行为都是合理合法的。只注意了一部分人的道德和尊严，却不尊重所有人，弄不好这会导致精神暴力、道德霸权。为什么美国法庭在审判的时候不许照相，报道犯罪嫌疑人只能是画，不能把照片发出去？就是在法庭判决之前，任何人都无权把这个人的照片公布出来。在一个事件中怎么样去尊重所有人的权利和尊严，这个媒体的责任是不可以忽视的。对罪犯尚且如此，对其他人就更有必要了。

我们现在以道德上的正义为名随意地侵犯别人的权利，这种情况不少，这是应该反省的问题。比如，我们应该怎么保护见义勇为和拾金不昧？作为个人的一种道德境界，见义勇为和拾金不昧是一种无私忘我的高尚境界。但是，国家社会要保护见义勇为和拾金不昧，则不能要求每个人都无私忘我，而是应该通过立法、执法给予见义勇为、拾金不昧者以必要的保护和回报。这样才能鼓励其他人去自主地见义勇为和拾金不昧。我记得当年，《中国青年报》记者问我怎么看待这件事：一个女工在洗澡时捡到了一条金项链，她不想据为己有，但也不想马上交出去，她希望失主悬赏，就是有回报的时候再拿出去。但后来她被揭露了，别人谴责她，她就很不服气。对这件事，我觉得，她的个人选择表明她处在一个道德境界与违法境界的边缘状态。女工的矛盾，其实表现了我们过去的思想教育留下的一个问题。我们过去的宣传教育中，对于人为什么应该拾金不昧，多半强调这是国家、领导、父母、学校老师喜欢的、要求的，所以应该照着去做。捡到一分钱，交给警察叔叔，叔叔"对我把头点"。总之，做好事是为了得到别人的认可。比如老师要求小学生做好事，做了一件好事给一朵小红花。有的孩子为了做好事，甚至把家里的钱拿出来给老师，说路上捡的。这种教育导向把善行、见义勇为、拾金不昧这些品德，都看作是他者的标准，没看成是个人自己的原则。如果问我为什么拾金不昧？我就这么想：不是我的东西我不要；别人的东西是他需要的，丢失了他会受损受害，所以我还给他是理所当然的；至于人家知道不知道、表扬不表扬、回报不回报、跟我无关。就是说，我不是为了要那些回报才拾金不昧的，我是为了自己人格的纯正和完善。如果拾金不昧、见义勇为是建立在这个基础上，就不会出现这个问题：别人知道的时候，你才拾金不昧；别人不知道的时候，你就不一定了。

个人的境界有道德与法律两个边界，前者重在自我约束，他人无法代替；后者则须诉诸国家社会。国家社会和任何他人，都不应该取代或强制个人的自我约束。从法律上看，就是要分清楚价值评价的主体：这事是谁需要的，谁就应该出场来负责任。比如打捞的钱应该谁出？一般的打捞是家属或者单位出，另外某些场合是国家政府出。权利和责任的主体清楚明确，理解主体之间的关系，对每一个主体的权利和责任有准确的定位，不能停留在道德判断上，以为道德上是善的，一切方式就都是合理的。这种观念是不妥的。它背后的真正意义，往往是忽视、抹杀、转移了国家政府及社会共同体的责任，后果是不好的。所以说，国家怎么对市场、经营者进行道德监督引导的问题，到现在为止还是比较缺位的。而这次照片的事情，闹大了才去做调查，政府有关的管理部门只忙着宣传英雄事迹，没对这事进行充分的研究，包括采取哪些措施和规定，一方面保护人，少发生溺水的事；另一方面发生了这种事怎么办，应该有明确统一的责、权、利规定，明确规则，清楚到位，使以后有章可循。如果国家社会只作道德号召，舆论只作道德评判，而没有相应的法律和措施，就会无意中助长了道德剥削、道德专制，这是很不负责任的。我们的社会过去往往不对英模负责，只欣赏他们的付出，不注意他们的需求，对于拾金不昧、见义勇为之类善行，也缺少必要的保护和回报机制。这实际上往往伤害了高尚行为者的权益。

多年来，我们的道德情感、道德思维缺少反思和变革，传统中比较片面的理想主义道德思维影响太大了。一个人的道义情绪太重，有时候就会不注意分辨里面的是非。人们遇到一件事情的时候，只注意里面的道德，却很少思考道德的全面性、历史性问题，更很少把这个问题与法制、体制建设联系起来。因此，这些事情激发起来的道德情绪往往容易偏激，存在着道德话语霸权。我说的道德霸权或者网络上的道义霸权、精神暴力问题，是存在的。一旦有什么现象，一旦我们觉得不道德、不道义，大家就会群起而攻之，不容辩驳，也不去深入考察。这种毛病就像关于《拯救大兵瑞恩》争论中表现出来的，有些人个人道德、道义精神特别强，看了《瑞恩》这个电影之后就又说：“你看人家十二个人去救一个人，人家就不说值得不值得；中国人张华去救老农，就有人讨论值得不值得。中国人太无耻，太可悲了，太冷漠了”。他没有注意这里的道理：救人是应该的，那么是不是在任何情况下，让任何人都应该无条件地为了去救别人牺牲自己？这是不是一个普遍化的规则？我们公共社会怎么对待？不讨论这些问题，只说救人是应该的，不救人是冷漠的，把一个事情变得简单化了。

3. 历史上有些事实很像是“罗生门”：事实本身是存在的，但是在后来的人们出于各种动机的描述中，这个事实死无对证，无法认定了。有学者说“历史就是当代史”，每一个时期的人去写历史的时候，写出来的都是他自己现在的观感，而未必是原来发生的那个过程。由于原来发生的过程已经不可重复了，所以就加了很多选择、推断，甚至是想象的联系。这在历史叙述中是一种必然的现象。通过这种现象得出什么结论呢？不能说历史事实不存在，不能说历史事实不可认识，而是说，后人对以往历史的叙述都有后人自己主体性的因素和特征。意识到这种主体性的时候，就要对自己的叙述有批判性的反思。这个批判反思的一个表现，就是我刚才强调的，你的每一个选择，每一个判断都要找到证据，都要力求有证据，不能直接找到证据的时候，推理本身应该是尽可能严密的、全面的，综合了多向度、能够包容多种可能性的，而不能是单向的、想当然的。这就是我说的你在综合多种可能性的时候，要抓住并提升公共问题的本质。这个本质的把握要建立在事实存在的充分可靠基础上。所谓可靠，就是指带有必然性而不是偶然性，不是立足于某种偶然性的、杂乱无章的、多维的细节，而是把握它的这个必然性的层次。

我们历来不缺大家的看法，每件事都会有各种各样的看法，而且有时候公众舆论是有传统性的，有时候会偏离我们应该走的方向。如果不进行引导提升管理，就会一直顺着旧的方向走下去。社会上有些事情，媒体从方方面面把矛盾揭露出来了，那么谁来解决，怎样解决？在这个时候就需要政府，因为公众当事人有各自的利益立场，肯定是众说纷纭的，有各种不同的看法和意见，而把其中的问题分析清楚，给予回答，并且制定出相应的规则和制度，这是管理者的责任。政府要集中公众的意见和智慧，形成有效的规则体系，这就是法制。形成法制效果在于，不能一件事今年发生了，应付过去了，明年还会发生，后年还会发生，每次发生还这样应付。像拆迁的问题，三年前的那个孤岛事件——最牛钉子户，现在钉子户的现象越来越恶化了，还真的死人了。那么在拆迁的问题上，到底什么是必须执行的有效合理的规则？由于这套东西跟不上拆迁活动，政府没有在政府的位置上解决各方纠纷，有些地方政府跟着房地产商去拆迁，这是导致悲剧不断发生的根本原因。

所以说，在研讨这个问题的时候，尤其是从哲学、社会法治建设这个高度上来看，应该充分重视这里面的理性缺失、公共立场和政府角色的缺失所造成的危害。

案例二：权利与责任——小悦悦事件

概述：2011 年 10 月 13 日下午 5 时 30 分，一幕惨剧发生在佛山市南海区黄岐镇广佛五金城，年仅两岁的女童小悦悦走在巷子里，被一辆面包车碾压，几分钟后又被一小货柜车碾过。让人难以理解的是，7 分钟内在女童身边经过的 18 位路人，都没有施以救助，最后是一位捡垃圾的阿姨陈贤妹把小悦悦抱到路边并找到她的妈妈。21 日，小悦悦经医院全力抢救无效，在 0 时 32 分离世。

教师：对于“小悦悦事件”，现在有很多说法：2011 年 10 月 19 日凤凰卫视的《锵锵三人行》节目里面有位嘉宾提到：18 个人见死不救，中国人到了最缺德的时候；梁文道则说，这件事一点都不奇怪，因为中国人现在就是这样；网易女人网的“女性调查”强调此事件是父母监护人的责任，在调查中多人表示遇到此类事件也不会去管，这仅仅是对部分女性的调查；还有中央精神文明办王副主任说：由此说我们现在道德滑坡是不对的，我们现在道德是进步的，如果没有道德进步，我们的经济、汶川地震、奥运会能办这么好吗？这反映了我们人民的道德是好的……

希望大家做案例观察的时候，一定要选定自己的角度，把事情的来龙去脉说清楚，并有一个侧重点，可以从表达主体的角度区分为：事件本身的经过，公众对事件的反应，官方对事件的反应，媒体对事件的看法；也可以从思想内容上区分为道德、社会管理、中华民族传统文化、中国人的秉性特征、当代中国人精神面貌、法制民主建设等问题。下面提出四点要求：

第一，角度要清晰。这个角度就是你观察事件真实性的角度。假如要讲道德问题，主要讲谁的道德问题？在这个事件过程中，哪些材料是表达这些人的道德问题的？比如路人，这 18 位路人，谁看见了而不想管，谁压根儿就没看见？要用事件过程本身的材料来证明它、说明它，自始至终从一个方面看这个问题，这叫角度清晰。

第二，重点要突出。就是说在你看到的整个事情来龙去脉中，哪一点、哪一个问题或者哪一个环节是最重要的，然后进行重点分析。抓住了重点，就不会是人云亦云，不是鹦鹉学舌，不是感情冲动随意而说，而是有选择有根据地说话。

第三，问题要明确。就是从抓住的重点来看，真正要思考的是什么问题？要提出值得大家来关注的、具有公共性的问题，而不要只把自己感兴趣，自己认为怎么样的问题、观点和结论前提。

第四，思考要透彻。对于“小悦悦事件”，我们中国人或者说中国社会，包括作为普通的有良知的公民，作为国家政府、法制建设者，或是孩子和家长，或是司机和路人，从不同的立场看，我们应该怎么做？你论证一个观点的时候，要考虑的完整一点，考虑到别人可能用来驳倒这个观点的理由是什么？怎样使自己的立场鲜明，逻辑彻底。

四点要求：角度鲜明，重点突出，问题明确，思考透彻。首先要有自我批判意识，每一个环节都会引起争论，每一个过程都要有批判，先把自己辩服了，然后在小组讨论的时候，互相辩驳，有助于大家共同把问题看清楚、想透彻。

一、对十八路人视频的分析

教师：请一位同学先讲讲整体性的内容，把事情的来龙去脉本身讲清楚。前面讲过了的，后面就不用再说了，要养成“对话”的习惯，不要“集体独唱”。

同学甲：首先我向大家说明小悦悦这个事件的过程。时间是在2011年的10月13日的17点25分，地点是在广东省佛山市的南海区黄岐镇广佛五金城。当天佛山的日落时间，按照推定大概在17点45分左右。所以很多人难以理解为什么光天化日之下，一个小女孩倒在血泊中，10多个路人却没有伸出援手。这是大家的一个主要疑点。

下面我将对其进行分析，主要材料是网上9分钟的完整录像。因时间有限，在这里不完整播放，仅截取片段直观说明。

首先可以看到，根据一些网上的截图，当天佛山的那个气象

报告时间：	2011年10月13日08时(星期四)
城市名：	佛山(foshan)
2011年10月13日天气预报：	温度:27℃~23℃_天气:中雨_风力:微风小于3级
2011年10月13日天气概况：	炎热
2011年10月13日天气建议：	天气炎热，建议着短衫、短裙、短裤、薄型T恤衫、敞领短袖棉衫等清凉夏季服装。
2011年10月13日舒适度：	较舒适

图1

状况是较差的。以下是网上当天发布的一些天气预报的图片截图。禅城区还发布了暴雨黄色预警信号，而禅城区和事发地距离

非常近（禅城区和事发地点地图，略），我们有理由相信，而且视频中也可以看到当时的降雨情况。下面这张图（略）就是事发后我们看到的五金城的全景，上面有一个露天的天窗，而且是没有玻璃的，就是说雨会直接掉下来。在小悦悦视频中，灯光有一种很充足的感觉，这使我们大家产生一种见死不救的感觉。其

2011年10月13日广东省佛山市发布暴雨黄色预警

时间: 2011-10-13 18:01 来源: 中央气象台 作者: admin 点击: 58次

图2

佛山市气象局10月13日17时15分发布禅城区暴雨黄色预警信号(Early-Warning)：目前禅城区正受强降雨影响，预测强降雨将持续。请相关单位和人员注意做好防御暴雨的工作，并密切留意我台发布的暴雨信号的最新情况。

图3

实，事实上当时的光亮情况是不足的，视频只是后期加大了一个光源，所以显得很亮。

下面这张图（略）是当时一些经过的路人还有两辆车的情景。左上方的那张图片是一辆摩托车经过，可以看到当时是有开灯的必要，而左下方就是第一辆车，我们看到第一辆车是没有开灯的，右上方是第二辆车，我们看到右边的灯是它的转向灯，它没有开前大灯。然后我们看到，它轧人的那一刹那开了一下前大灯，闪了一下。等于说这辆车的车主很有可能发现了什么，试图用灯光照亮前方，但当他照亮的时候，小悦悦已经被碾压在下面了。

我希望接下来大家听我的分析时，要抱有一种怀疑，如果我们大家都认可，比如说两位司机，他们并不是故意要去撞小悦悦[第一辆车可能是碾压以后，司机因为某些情况（想要逃逸）而造成二次碾压；第二辆车纯粹是出于无意的]。那么在同样的光

照情况下，我们为什么不能认可路人也是出于一些相似的理由没有看见小悦悦，而要去指责他们道德沦丧？

很多时候，我们把很多社会的矛盾集中在一件事情上去宣泄，还有很多无关的人在其中推波助澜、煽风点火。比如事后有很多自称是在画面中出现的人，有个穿白衣黑裤的年轻人，他宣称自己是第一个路人。他的描述和我们从视频中（略）能看到的是一样的，不同的是他的描述中加入了他看见了小悦悦被撞的情节。但是同样也有一个人，编造自己是肇事者，后来又承认是因为无聊而编造事件，为了出名搞的恶作剧。后来采访视频中小悦悦的父亲也说有个肇事者给他打电话承认是肇事者……。所以我的分析中，对于自称自己是第几位的路人以及事后给出自己当时是什么心理状态的，我一概不予采信，我们也不需要去人肉他们，他们的话也并不一定就是真的。声称自己看到的未必真的看到，声称自己没看到的也未必真的没看到。我们只是通过隐藏的摄像头看到这些路人最真实的、本能的反应。

不同的路人经过小悦悦有着相同而又不相同的反应。比如第一个路人，就是声称自己是第一个的路人，他在汽车碾压小悦悦后出现，他淡定而从容，抬头挺胸地走过小悦悦身边，而且还绕过了小悦悦，但是他一直顾视左右，自始至终都没有低下头看一眼流血的小悦悦。如果他真的知道脚下有个流血的人的话，我们很难想象一个成年人，能够做到这么稳定的步伐和心理状态。(视频略)

第二个路人穿白色上衣，骑摩托车。他是瞄了一眼小悦悦，然后就是从容地开摩托车经过。(视频略)

第三个路人，穿浅色长袖上衣，一直盯着小悦悦，但是速度未减地经过。(视频略)

第四个路人，开着三轮机动车，也是扫了一眼，然后经过。(视频略)

第五个路人骑着三轮车，可以看到他经过小悦悦的时候，速度有明显地降低，是滑过去的。

第六个路人（视频略），骑着摩托车，虽然开着前大灯，但他完全不抬头，没有往侧边看。很有可能，他确实没有看见小悦悦。

第七个路人（视频略），开三轮车经过，中途回望了一下，但还是没有停下。

第八个路人请大家注意（视频略），这个人在整个事件中还是比较重要的。他开始骑得很快，经过小悦悦的他已经迅速减速，刹车了。可能借助尾灯他看清了倒在地上的小悦悦。然后他到了画面的正上方，可以看到他清晰地向旁边的一家五金店指了指倒在血泊中的小悦悦，但是我们看到那家店主直接没有理睬他，然后他就走了。很遗憾！

第九个和第十个（路人），是一对母女（视频略）。我觉得她们是很从容地走了过去，小女孩还转过头去看了一眼。网上有关于她们的采访，采访中小女孩已经哭了。

同时在画面中出现了第十一个路人，一个穿雨衣的骑摩托车的男子（视频略）。可以看到他应该是距离小悦悦非常近了，大概在半米吧。不管光线多么昏暗，他应该是能够看清楚的。但他确实也没有去施救，就这么慢慢地走了。

第十二个路人，就是事后被“人肉搜索”较多的这个人。他应该是旁边的店主之类的人。刚才第八位那个骑摩托车男子向那家店里喊话，很可能就是给这个店主，他听到了。可以看到，他的第一个动作是从店里面走出去，向画面下方走过去，但他马上又用更快的速度走了回去。也就是说，极有可能他知道地上有个小孩，自己认识或者不认识，更有可能发现不是自己家的小孩，就转身走了回去。

第十三位路人，仍然像之前的路人一样，骑着摩托车，穿着

雨衣，走过。(视频略)

第十四位路人，也就是最后救了小悦悦的那位拾荒的婆婆。网上关于什么“婆婆之前有18个人”(的说法)是不准确的。说的18个路人，很可能是拾荒婆婆喊了之后仍然有人路过，但是没有回应。大家可以注意一下这个时候婆婆的动作，她是凑到了很近的地方去看了一眼。就是说，小女孩的情况无法从一米以外看得非常清楚，需要走近去确认。大家注意小悦悦的手，说明这时她还是有知觉的。在婆婆把她拖到旁边去之前，这个小女孩一直都是有知觉的，很有可能看上去并不像已经死了的，更像摔倒在路边那样。

(视频略)大家注意画面中右上方的那个男人，他走到这里看了一眼，可能想到有什么不对劲，他又走回来看。就是说，之前的多个路人并没有走回来。他是第一个选择走回来看的人。当时周围也经过几个路人。这时候小悦悦的妈妈出现了，她走到画面中将小孩抱起，但动作也略显较大，把小孩颠了一下。

我们在批评这些过路人的时候，大家的疑问是什么呢？十多位路人中，因为天气原因有可能看见了，也有可能没看见小悦悦。但是这些人，看见的人为何却纷纷选择不施援手，或者那些没有看见的人、没有看清楚的人，他们至少也看见了地上有摊人形的东西，为什么这么漠不关心？是什么阻止了他们？是否存在一种可能：包括小女孩的妈妈在内，认为小悦悦只是不小心地跌倒，并不是有生命危险？那么“见死不救”的“见死”，是否真的存在？这些问题，将在下一部分讨论中给予回答。

教师：尽量采用第一手的实际材料，这是必要的。下面谁讲？

二、媒体的反映与热议

同学乙：首先，我想从一个整体的角度系统地看一下媒体起到了一个什么样的作用。主流媒体对小悦悦事件的报道或评论，能从里面看出媒体是怎样来引导人们思考的。

第一个报道小悦悦这个事件的，是南方台15日的一个视频。整个报道以小悦悦两次被碾压的监控录像为主体，具体的情况就不再念了。报道出来以后，各个媒体又开始对这个问题进行批判，进行分析。

《羊城晚报》16号就在头版头条写了一篇《两岁女童先后遭两车碾压，10多位冷血路人见死不救》的文章。在文章里，记者写下的第一句话就是“人情冷暖，何至于此?”这份报纸不仅刊出小悦悦依靠呼吸机维持生命但仍“全身冰冷”的画面，还逐格截屏那7分钟里的18位路人，请街坊邻居们来“看看这些冷漠的人”。之后《羊城晚报》和金羊网用他们的博客和论坛方式邀请大家来探讨这个问题：人性为何会变冷？是人们为生活疲于奔命，无暇他顾？还是社会风气恶化，使人们丧失了做好事的勇气？从新浪微博开始，只用了不到一个下午，小悦悦这个事件就已经成了搜索热词，咒骂、叹息成为那个星期天的舆情热潮。

这时不仅新闻媒体，而且各大论坛大多针对的是冷血的司机和冷血的路人，还有对冷血的假扮肇事者批判抨击，甚至还有对小悦悦父母的怀疑，对拾荒老人的质疑，可以说各种评论充斥网络。

在凤凰网，在对道德底线进行致敬以后，刊出《你爱，中国便不冷漠》的纪录片，在全国各地街头询问路人“你会怎么做”，“一起寻找良心的位置”，得到的回答大致有四境界：“我当然得救了”、“我要凑够十个八个人一块儿去救”、“真说不好”、“我不能救”。在自辩理由中，“彭宇案”成为提及率颇高的前车之鉴，他们抨击是因为法官们当时“误判好人”导致公众寒心，“做好人没好报，现在怎么能反过来怪我们老百姓?”

《新京报》针对这些自辩发表文章说：“人们往往把社会的冷

漠、人与人间的互不关心，把悲剧面前人们的无动于衷，归咎于社会风气的败坏，以及法律条文和相关案例的负面作用，这些并非没有道理，但任何社会、任何风气，都是从一个个‘我’开始构建的。”可以说，这些新闻已经开始从针对18位路人的批判，升级到了每个人的反思。

《南方都市报》社论版以每日一评的规格来探讨小悦悦事件，10月17日刊《拾荒阿姨陈贤妹挽救文明颜面》、10月18日刊《小悦悦事件，你我都不是无辜者》、10月19日刊《拒绝冷漠应归位最简单风险评估》。因此说，媒体在尝试使社会认识到一个问题，不止这18位路人是冷漠的、司机是冷漠的、甚至我们个人都可能是那路人或司机。

在道德反省之后，《佛山日报》，也就是小悦悦事件发生地的市委机关报，提出了“发表完道德演说以后怎么办?”《人民日报》在文章里引用了英国见死不救罪的问题来提问：“在社会道德被严重污染的时刻，或者可以让法律来拯救道德?”

《广州日报》也提出“当现有的道德体系已不足以引导社会向‘善’时，法律就不能继续旁观，制度也不应冷漠依然，特别是作为公信力代表的政府规章制度。”凤凰网也用专题追忆了中国社会道德的崩塌过程。

《环球时报》写了《佛山事件度量出社会道德最低值》一文，文章最后认为，很难说到底从哪一方面来探讨小悦悦事件，但提出了中国的利己主义问题，认为“近年来，利己主义在中国被一些人摆到比自由、民主还要高的‘祖宗’的位置上，它还被当成意识形态的工具，用来突破中国传统价值中集体主义的特殊困境……让我们一起抵制利己主义的无限扩张，抵制一些人对利己主义的美化和宣扬。”

然而我想着重讨论一下，在这个事件中，媒体报道存在的一些不负责任的现象：

（一）媒体的报道出现部分失实

有些新闻稿详细罗列了从17时25分14秒小悦悦被撞以后18位路人经过的具体时间和穿着打扮以及动作，精确到秒。但是视频画面也可能会说谎。我看了苏州大学教授张成敏的一些分析，曾经当过警察的他运用证据学和逻辑学，推理出小悦悦事件的另外一种可能：这个视频竟然是被剪辑过的！而且网上的视频亮度不一，昏暗、较暗、明亮、清晰，哪一个更接近真实呢？我查了一下当时的气象台资料，傍晚17:00~20:00，日落点18:04，南海局部雨量1小时达30mm~50mm。中国青年报实测描述是，暮色四合。此时，五金城没有开灯，车灯和反射光乱晃，铁皮顶撒豆般炸响。在这样的视觉条件下，加之下着大雨，试想作为一个正常人，我们会不会有可能看不到东西？

有的媒体标题也不符合客观要求，以金羊网——羊城晚报《佛山女童被碾事件追踪：18名路人否认亲历事件》为例，记者当时只找到了为数不多的几位路人，事实上不可能找到所有的路人来证实，但是却以偏概全，断言18位路人否认亲历事件。

从以上分析可以看出，小悦悦事件被炒得沸沸扬扬，也有可能是经过媒体的报道材料选择、加工出来的。

（二）报道内容不够客观理性

我觉得，媒体要做的不仅仅是呈现事件的面貌，而是应该借此机会，从社会、政府、法律、大众心理等多方面入手，全面客观地对我们的社会进行深层次的反思。但是，在我所能搜集到的资料中，大部分媒体都集中在“十八路人冷漠”这个有震撼效果的话题，以一个道德法官的姿态对路人进行道德审判。例如一记者采访老板娘林某的时候，问其为什么没有施救？林回答：“流了那么多血，我才不敢过去拉她。现在都指责我没人性，我是害怕。”对这个回答，我选择相信。在一个下着雨的晚上，有一个人血肉模糊地躺在地上，对于一个女人来说，产生害怕和不知所措的情绪是可能的。先不说其道德优劣，现在的一个事实，就是民众普遍缺乏一种最基本的在危急时刻实施救助的知识和能力。她未必是真正的冷漠，可能只是在面对危机情况的时候缺乏这样一种知识和能力。

另外，也和一种大众心理现象，就是最近网上热议的“责任分散效应”有关。责任分散效应也称为旁观者效应，当一个人遇到紧急情境时只有他自己在旁边，他会清醒地意识到自己的责任，如果他见死不救会产生很严重的罪恶感、内疚感，这需要付出很高的心理代价，而如果有许多人在场的话，帮助救助者的责任就会被责任分散，旁观者甚至可能连他自己的那一份责任也意识不到，从而产生一种“我不去救，由别人去救”或者“别人都不救，我为什么要救”的心理，造成“集体冷漠”的局面。这种现象不能仅仅说是众人冷酷无情或道德沦丧。在不同的场合，同一个人的援助行为也可能是不同的。有个别路人冷漠也是正常，但如果18位路人集体冷漠，就值得全社会重视和反思了。所以这样的新闻很容易吸引广大受众的眼球。我觉得国人的道德并没有媒体报道的那么夸张，但为了满足猎奇心理，制造轰动效应，媒体就选择将路人作为重点对象，而忽略了主要的责任者和肇事司机。

教师：你归纳一下你观察的结论。

同学乙：我想说，我们的信息大都是从媒体获得的，而从小悦悦事件可以看出，媒体有时由于利益驱动等原因，并没有给我们展现事实的真相。我不想从道德方面来审判媒体或个人，而是想让大家知道，其实我们生活的世界和观察世界的视角是受到一定局限的。

教师：说到局限就完了？

同学乙：其实是媒体在影响我们的生活，在引导我们的思考。

教师：然后呢？然后你就心甘情愿永远做一个被引导者？

同学乙：当然不是。看到一件事，不要一开始就进行道德批判，要多方面去看问题，多了解。

教师：就是说，在媒体面前也要有独立的思考意识。媒体不一定代表道德。

同学乙：对，而且我想强调的是，媒体的责任也是很重要的，更应该实事求是，保障公民获取真相的权利，这对于发现问题、解决问题才能起到积极的促进作用。

三、法律责任角度的分析

同学丙：我从法律责任的角度重点分析几个主体的责任。

（一）监护人责任

在这个案件中也就是父母的责任。很多人觉得他们是受害的一方，应该被同情，怎么会有责任呢？监护权不仅是一种权利，更是一种义务。因为没有履行好他们的义务，才导致了悲剧。

我们先来看下我国现行法律对监护人责任的规定：《民法通则》第18条规定，“监护人应当保护被监护人的人身、财产权益，如果监护人不履行监护职责或者给未成年人权益造成损害的，应当承担责任。”《未成年人保护法》第10条规定：“父母或者其他监护人应当创造良好、和睦的家庭环境，依法履行对未成年人的监护职责和抚养义务……”。

被监护人的权利至少还有“人身、财产”兜底，这是没有问题的，问题在于以下两点。

1. 我国对于监护人不当履行监护义务的行为，应该承担什么样的责任没有做细致的规定。在这个案件中，父母对孩子明显没有恰当的履行监护义务。我相信按现在的立法，如果孩子没有出事，父母是不用承担任何责任的。因此我们对这对父母表示同情的时候，也要为其他类似的父母发出警告：拼命为孩子工作重要，认真履行监护责任、让孩子健康成长更重要，不然会受到法律的制裁，乃至剥夺监护权。通过立法干预，把这种悲剧扼杀在摇篮里是必要的。

2. 我国现行法律中没有规定监护监督人，也没有规定监护监督机关，就是说，我国现行立法缺乏对未成年人监护人的监督制约。一个法律是否能实施，监督环节很重要。世界上多数国家将未成年人监护问题列为公权监督的范围，不仅有专门的机构，而且还有严密的法律程序。如美国的儿童福利局、德国的少年局、瑞士的监护主管厅等，担负着监控、管理、制约监护人的监护行为。德国、日本、瑞士以及法国的民法中都规定了亲权制度，认为国家是孩子亲权的最高亲权人，可以剥夺父母的监护权，而我国现行立法缺乏对未成年人监护人的监督制约，这是值得探讨的。

(二) 市场管理部门的责任

我们先来看一下安全保障义务的定义：安全保障义务是一种法律在综合考虑了在调整商业活动的秩序中设立这种义务的社会经济价值及道德需要后，依据诚信及公平原则确立的法定义务。具体是指经营者在经营场所（包括服务场所的所有者、管理者、承包经营者等对该场所负有法定安全保障义务或者具有事实上控制力的公民、法人或其他社会组织）对消费者、潜在的消费者或者其他进入服务场所的人之人身财产安全依法承担的安全保障义务。不管市场管理部门为了防止市场内交通事故的发生是不是做了合理的设置，但就小悦悦被撞后长时间内竟然没有相关部门采取措施这一不作为来看，就没有很好的履行他们的义务。

(三) 路人的责任与见危不救是否入法

路人的责任是我们要讨论的重点。我们无法一一考证当时18人的心态，我只能以我善良的心去揣测他们中不少人是这样想的。有这么一种人，有正确的道德观却没有行动。这就要考虑到小悦悦案的社会背景——彭宇案以及众多类似案件的发生，缺乏对救助人的保护，见义勇为不仅需要勇于救人的勇气，更需要直面衍生的麻烦的勇气，这就是社会的责任了。而我们在讨论见危不救是否入法的时候，要解决一个基本问题，也就是法律的人性基础。因为法律是调整人与人之间权利义务关系的规范，法律怎么看待一个人就显得尤为重要。

这个答案可以从国家法律产生的原因来说。人们聚居并以群的联合力量和集体行动来弥补个体自卫能力的不足。但是，由于资源的有限性，这种小团体之间存在竞争，人们为了各自的利益而相互为战，也就在所难免。一些小的团体为了各自的利益开始主动合并或者被兼并。但是，如果没有一个统一的意志支配群体中所有人的行动，那么这种群体就无法抵御外敌。国家与法律是相伴而生的，并且只要国家与法律继续存在、运作，人的利己性就依然存在，否则国家与法律就没有存在的意义了。这也是法律的人性基础。法律的直接目的是限制人们的私欲，限制人的利己，使人们在社会中有序的生活，最终保护每个人的利益。这就是我认为见危不救立法的必要性所在——限制人的自利性，强制人们履行社会责任。

有人说道德也能达到这个效果，那我们就需要讨论道德与法律的关系了。一谈到这个问题，很多人就跳出来说中国的道德没有滑坡，法律不应该干涉道德的事情诸如此类的话。这搞得我压力很大。因为很多反对立法的人都是法律界的理论和实践者，他们比我知道的要多得多。但是我还是想说说我单纯的想法。这里有两个观点：一是立法代表道德倒退；二是道德也能限制人的行为，法律不用干预道德。以下我将分别对这两个观点发表自己的看法。

1. 立法不见得就是道德的滑坡，也不必等到道德滑坡。本案中，立法是出于对个体社会责任的要求，对他人人权的尊重。只要一些行为可能带来严重的社会影响和后果，就可以考虑立法。

例如,《民法通则》第79条规定,“拾得遗失物、漂流物或者失散的饲养动物,应当归还失主,因此而支出的费用由失主偿还。”《刑法》条文第270条规定,“将代为保管的他人财物非法占为己有,数额较大,拒不退还的,处2年以下有期徒刑、拘役或者罚金;数额巨大或者有其他严重情节的,处2年以上5年以下有期徒刑,并处罚金”。直接将拾金不昧的道德准则在强制力上升为法律。这样的立法还很多,这些立法是不是说父母对子女抚养的道德义务、拾金不昧的品德等等都滑坡了呢?至少在家庭方面,中国的道德观是根深蒂固的。所以立法是道德滑坡的观点是站不住脚的。

2. 徒法不足以自行,法律实施需要道德等社会规范的辅助。在一些问题上一味地依靠道德也不行,道德只是一种自律,在危机时刻,在别人的生命面临危险的时刻,在我们有能力救助时,我们不能只依靠道德来促使外在行为。可见法律与道德并不是对立,而是相辅相成的。首先,法律规范把道德的一些原则、要求加以确认,使之具有法的属性,从而使他具有强有力的保障。其次,法律可以促进道德建设。一般来说,法律所禁止的事情也是道德所谴责的。道德是一种自律,法律是一种他律。法律可以通过对他人外在行为的限制,从外部影响人的内心。因此,道德与法律是对维护社会秩序的双保险。道德的局限性之一,就是道德底线容易被突破——只需要一个说服自己的理由,比如救人会带来麻烦。而法律就不存在这个问题,法律重点关注外在行为,且由国家强制力保证,突破法律底线的成本是很高的。

见危不救立法在中国古代以及许多外国立法中也是可以看到的。比如唐朝规定,“诸邻伍被强盗及杀人,告而不救者,杖一百;闻而不救者,减一等。力势不能赴救者,速告附近官司,若不告者,亦以不救助论”;“见火起,烧公私廨宇、舍宅、财物者,并须告见在及邻近之人共救。若不告不救,减失火罪二等”。

法国1994年修订的《法国刑法典》就有“怠于给予救助罪”，具体条文是：“任何人对处于危险中的他人，能够个人采取行动，或者能唤起救助行动，且对其本人或第三人均无危险，而故意放弃给予救助的，处5年监禁并扣50万法郎罚金。”美国州法律，发现陌生人受伤时，如果不打“911”电话，可能构成轻微疏忽罪。

但是，我们在把道德义务转化为法律义务时必须审慎，必须严格地控制适用范围，不能把普通人达不到的道德义务转化为法律义务，否则就是强人所难，结果是既损害了道德，也不利于法治。强制救助应该是：第一，救助主体明确；第二，在自己支配的范围内；第三，存在某种危险状态，并且我认为这种危险状态应该达到在一般善意之人看来会威胁到需救助人的生命或者严重损害身体健康的程度；第四，这种情况是紧急的，需要及时的救助；第五，在自己的能力范围之内，比如简单的叫救护车等等。法不强人所难，如果要他人超出自己的能力救助他人，不仅法律很难被履行，而且可能会带来不利的社会影响。

3. 刘琪在人大会上提议见危不救写入刑法，这也是很多人的想法。但我觉得就目前的社会现实来看，这样的处罚未免过于严厉，难以被接受。重刑主义已经被历史证明不是很好的方法。处罚可以在私法的层面解决，可以处以惩罚性的赔偿、警告等，逐渐培养人们在此问题上的法律意识。无论怎样，国家应该在这个问题上明确自己的态度，见危不救不仅要受到道德谴责，也要受到法律的制裁。对于道德高尚也敢行动的人给予肯定和奖励，对于有正确道德观而不履行的人和没有正确道德观的人给予法律的强制，事后给予肯定奖励，促使大家履行自己的社会责任。

（四）社会管理部门责任

对于立法部门来讲，立法规定见义勇为的报酬请求权，肯定并鼓励这种行为。对于被救者的不当行为立法。如被救者反咬施救者，则须亲自上门向救助者赔礼道歉，并施以其本人医药费数倍的处罚，免除公民在实施见义勇为时的顾虑和担忧。

对于司法部门来讲，在法律的框架内解决问题，杜绝“彭宇案”的出现。

对于行政部门来讲，为见义勇为者提供一定的物质资助与奖励等等。

教师：在这个案件中，如何解决有没有看见等一系列的取证难问题？

同学丙：首先我们讨论的是是否应该立法的问题，也就是说这个问题是否应该受到法律的约束。那位同学探讨的是证据学上的一个比较实务的问题，实务中我们确实会遇到很多困难，有时会比较难解决。但是如果一个问题确实需要法律的干预，那么我们要考虑就是如何去解决实务中遇到的困难，而不是为了回避实务中的困难而不立法。

同学丁：意外的情况是不承担法律责任的。小悦悦案件就是一个意外，父母是不用承担责任的。

同学丙：父母对这个结果的发生可能解释为意外。但是，让一个2岁的儿童在如此复杂的环境下随意活动，父母没有看好，明显就没有认真履行自己的监护义务，要处罚的并不是让父母对死亡结果负责，而是对他们不认真履行监护义务的行为负责。

教师：我认为同学丙刚才的意见是值得考虑的，从责任角度入手，责任的范围是应该涉及的，这个问题在理论上值得思考。第一，强制救助只能赋予特定的社会主体，比如政府，不可能让公民也无条件承担；第二，要注意区分“强制救助”和“见义勇为”这两个词。但你有没有考虑前面同学的发言？他认为要反对利己主义，而你的法律人性基础就是建立在利己主义之上的。

同学丙：利己主义不能反对，利己就是人的一个本性，就跟爱恨一样，没有善恶之分，不能消灭，只能说控制在合理的范围之内。法律的存在与运行就说明了人的利己。

教师：这就涉及了一个理论问题，法律是不是应该以利己主义为核心？你无条件引用了“法律的人性基础是利己主义”，是不是非得要这个理论才能解释我们的问题？是不是要把利己主义合理化、合法化？这个要继续思考。

同学戊：老师，在这个问题上，所有法学家都承认“经济人假说”在法学领域的适用。

教师：据我了解未必如此。以为法律的人性基础是自私，这只是一种传统的观念。即使所有法律人都承认，那么是不是正确把握了法律的本质呢？这也是需要思考的。特别是我们剖析小悦悦这个事件时，与抽象的人性理论之间有多大关系？说服力有那么强吗？我觉得应该抛开成见，从事实开始，是小悦悦这个事件引发了你思考为什么要立法，如何立法的。是不是？从这个角度深入论述，就会更好一点。

四、责任意识和教育的关系

同学丁：今天我就从责任意识的反思上来说小悦悦这个事件。刚才已经有同学讲到责任、责任意识以及法律责任等内容，我现在进行一个补充。

现在我们看到的是一个混搭的社会生活背景。我们生活在现代社会，却使用着后现代的技术，同时渴望着前现代的情感。我现在讲的责任概念，不是从法律上，而是从哲学上来讲的。

虽然康德反对在经验之中讨论责任，但责任毫无疑问是一个经验中的概念。责任必须是具体的和历史的。责任是一个自由的、有理性的公民对自己的行为所必须付出的相应等量的代价。与此相应责任必然有如下原则：第一，责任是人的责任，物没有责任，也就是说，并不是所有的生物学意义上的“人”都有责任。比如婴儿和精神病人就没有也不应该有责任，社会也并未对他们有这方面的要求。第二，责任是实践中产生的，责任一定在行为中确定。世界上没有空头的责任。一个人身上被赋予责任和相应的承担多少责任不是先天的，而是在一定的责任关系中产生的。每一个责任必须有一定的境域，也就是说责任是一个历史概念。

基于以上原则，责任可以划分为责任主体、责任对象和责任过程。责任主体，即责任行为的实施者，也是同时需要承担责任代价的承担者；责任对象就如同实践对象，即责任过程中与责任主体发生关系的客体；同时，基于对主体的定义，就否定了一些把责任的承担者只看作是个人的观点。责任主体可以是个人也可以是一群人，而责任对象可以划分为对自己的责任、对他人的责任和公共责任三个部分；责任过程是一个实践过程，也是对主客体的认定过程。其中最为重要的是主体责任意识的表现，即责任行为反映着责任意识。人首先要对自己负责，其中最重要的是要对自己的生命负责。但是这个责任承担的主体必须是有理性的、有自由有选择的，而且在可能性上能够承担自己的行为后果。小悦悦还没有成为这个意义上的人，所以她不应该为自己走到路中央的行为负责，那么这个责任相应的就转移到她的监护人即她的父母身上，在这个时候父母就要为她的行为负责。我们在美国的一些法律事件中也可以看到，由于有些监护不到位而导致小孩死亡的父母是要被起诉的。这也是责任转移的理论表现。父母是有责任的，这已经可以确定。

两辆汽车的驾驶者要负责，这个不需赘述证明，因为他们的行为是这一事件的直接肇因。开车实际上是对他人的责任的体现。而我们争论最多的是这些路人。对路人只能从责任角度来划分，不能从权利角度来划分。如果从权利角度来看，他会说我有选择施救和选择不施救的自由权利，那么对该问题的分析就无法进行了；如果从责任角度来看，就是一个公民在看到他人受到人身伤害时，有责任来拯救他人的生命。这个时候，一个清楚自己作为一个公民的责任和权力的人，自然会明白我对他人的责任，进而明白这一行为也是公共责任的体现。事件中的每一个人和关注事件的人都相应的分担了不同的责任。每一个关注者，都要澄清事实，宣扬正气等。可以说，责任意识是一种深刻、自觉的价值判断，是构成自觉主体意识的一个主要方面和标志，也是决定主体实践动力的一个内在依据。

每个人对待责任的态度和负责行为表现他的责任意识。当人们有责任意识时就会对责任和责任意识有一个看法，这个看法就是责任评价。由于不同的社会现实，导致了不同的评价主体有不同的责任评价标准，但这并不能表示责任是主观的，相反责任有一定的客观基础，这个基础就是责任的现实历史性。责任的现实历史性是对责任主体进行责任和责任量划分的依据，也是责任评价合理与否的依据。不同的历史时期对责任的要求是不同的。我们不能拿现在的责任标准评论古人，也不能拿古人的责任标准来评论现代人。如果说对人的责任要求是“忠君、孝亲、治国、平天下”是古代人治社会的责任要求的话，那么现在进入民主法治社会之后，古人的责任标准就不能全部适用于于现代人身上了。同时，这也并不是说要把古人所有的这些责任标准都抛弃，其中有一些普遍适用的责任依然存在。这也是我们对于价值、道德、责任等观念存在分歧的地方，就是人们对于什么适用什么不适用的看法不一的地方，但这恰恰说明了价值研究的关键是对主体性的研究，也证明了一些价值是普世的和一些价值不是普世的。

我们在事件中看到，人们对自己所应有的责任并不清晰健全，而责任意识的教育要从两个方面入手，一是目的，要“教人成为人”，要让每一个公民建立起自己的主体意识，对自己相应的责任和权利一目了然，树立自己的公民观，否则每一个不健全的人跟所有的不健全的人斗争，像堂吉诃德跟风车大战一样毫无结果。每天都会发生很多有争议的事情，不是一句“公说公有理婆说婆有理”就能把事情了结了。一直抱着不负责的态度，我们会在昏昏噩噩中让历史不断地重复。二是内容，知道如何去负责，这个就很具体，比如看到一个人倒地，这时候不但要知道“要去做”，而且还要知道“如何去做”。

教师：在你把一个很有强烈刺激的现实问题变成了一个很抽象的理论问题之后，那个现实感在哪里找到？你讲这些理论对现实的事件有什么指导意义？那个点在哪里，没有突出出来。你说让人要有一种责任意识，用这种方式能解决路人的冷漠吗？那些冷漠的路人你让他们有责任，他们服气吗？你是有意地撇开权利来说责任吗？这就是误区。

同学丙：你对责任的定义是不是有问题，责任应该是定义在权利上，权利应该是责任的基础。

同学丁：就是说，你必须首先要是一个自由的人，才可能有自己的让渡权，否则别的权利都谈不上。

教师：你刚才说的责任的来源是什么？是自由吗？你把那句话找出来。如果一个人的权利是被赋予的话，那么这个人怎么可能有自由的权利呢？这个要考虑了。

同学丙：责任和义务是什么关系？

同学丁：这个你问过我了，我也没有想清楚。

教师：责任包含义务。义务是法律或其他规则体系之中明文规定的责任，比如法律所规定的、人们必须履行的责任就叫义务。而有一些责任并不在法律规定之内，比如道德责任、人情责任等。责任更多是指对于客观后果的担当，不在于是否认识到了。

同学戊：那道德到底是一种责任还是义务？

教师：道德中当然有责任和义务等不同层次。有一些在道德体系中公认（约定俗成）的或明确规定了的责任，就是义务。有一些虽未规定为义务，但作为人际关系的后果，也可以是责任，比如赡养老人是子女的义务，而能否让老人快乐，则与责任有关，它能影响家计生活的质量，但实践中的条件和差别幅度很大，难以统一规定和量度。这个问题可以进一步观察思考。

五、看问题的社会历史角度

同学己：刚才大家讲了道德和立法的问题，我从社会学和历史的角度谈一下小悦悦悲剧的社会根源。我不想把它作为一个道德谴责的目标，而是作为一个客观研究的目标去看一下这个事件为什么会发生。黑格尔说，凡是存在的都是合理的。当然，这个事件从感情上来说完全是不合情理的，但它毕竟符合一定的发展逻辑。我主要引用的理论，来自于齐美尔的城市社会学。

先讲两个事例。一个是最近的，在小悦悦事件发生之前，9月20号左右，星期五的一天，北京《法制晚报》记者做了一个调查。他雇用一个50多岁的女性群众演员去扮演一个六七十岁的老太太在北京的街头摔倒。他选择了这样几个比较典型的地点：一个是王府井（商业街），一个是天通苑（居民社区），一个是清华大学的食堂，还有一个是北京朝阳区的CBD（中央商务区），看一下老人在倒下之后人们的反应。不同的地方得到了不同的结果，在中央商务区（CBD）的写字楼下，显示出人们最冷漠的地方，很少有人上去关心，更不用说去搀扶了，直到10分钟后，才有一个送外卖的小伙子骑车经过时，下车把老人扶起来；在王府井的情况好一点，不一会儿就有很多人聚集，并打电话；在天通苑情况也还可以，有一些人围观、打电话，但没有人将她扶起；在清华食堂门口，正好是吃午饭的时间，有很多人看到了，但同学们都不知道该怎么办，过了五六分钟才有人打电话。这个实验说明，冷漠现象在一定程度上是存在的，而且在一些地方比在另外一些地方更严重。这是我们国家最近的情况。

另一个是需要把时间再往前推十几年，在1997年的我国曾经拍过一部电影《在雷锋离开的日子里》。这个电影预言了小悦悦悲剧、预言了彭宇案，雷锋的战友乔安山由于间接导致了雷锋的去世，很内疚，所以决心继承雷锋的遗志。他是一个司机，有一次在东北出车的公路上看到一个老人被撞倒了，撞倒老人的司机已经逃逸，有几个司机路过，停车下来看，觉得老人不太好惹，就走了。乔安山把老人送到了医院，但之后老人的子女反而诬陷乔是撞人的凶手。这个电影很感人，说明十几年前就有这种情况了。那么，再早一些呢？再早十年，二十年前是什么情况？三十年前、四十年前呢？我不能揣测。《离开雷锋的日子》是一部相当具有标志性、符号性的电影。在改革开放的浪潮下道德受到很大的冲击，人开始变得越来越精于算计，在救人之前会算一下是不是可能被诬陷，或者说是由于他在社会上看到了很多这样的算计的现象，他才会去考虑这种后果。所以，社会的基础已经变了。

再把时间往前推，不在中国而是在外国讨论这个问题。20世纪30年代，美国兴起了城市社会学，其中的领军人物芝加哥学派曾在美国大都会——纽约的街头做过同样的实验，让一个人扮演跌倒的路人，看旁边有没有人把他扶起来。结果也是这样，冷漠的占到相当的比例，很多路人视而不见。当时社会学者认为，这反映了人们在大都市生活中的心理状况以及大都市里路人的心理状态：对于周围的环境不太关心。因为他和环境没有心理上的联系，只是把它当作经过的路，他不觉得这是他的事情。再加上路人的心态，也就是说“反正有那么多路人，肯定有人去管”，所以就没人去管了。理论上的分析就是这样。

再把时间往前推，推到垄断资本主义兴起、大都市兴起，也就是19世纪~20世纪之交，这也是社会学这个学科兴起的时期。社会学研究的一个目标，就在于研究这个新的社会和传统的社会有什么不同。这个不同造成了很多的问题，很多人的心理不适应和道德素质下降等等。有一个德国社会学家齐美尔，对大都市作了开拓性的研究，思辨色彩更强。在他的一篇著名的文章《大都会与精神生活》里是这样说的，“都会性格的心理基础包含在强烈刺激的紧张之中，这种紧张产生于内部和外部的刺激的快速而持续的变化。”大都会的特点是“街道纵横，经济、职业和社会生活发展的速度和多样性表明了城市在精神生活的感性基础上与小镇、乡村生活有着深刻的对比。……在乡村，生活的节奏与感性的精神形象更缓慢地、更惯常性地、更平坦地流溢而出。……都市人——当然他以成千上万的变体出现——发展出一种器官来保护自己不受危险的潮流与那些会令它失去根源的外部环境的威胁。他用头脑代替心灵来作出反应。”大都市的生活状态、货币经济的经济形式、思想中的理性主义（“每个人都是一个理性人”），这三者在缘由上是相同的，三者互相联系。在大都会中，人们无限地追求快乐，这使人反而变得消极厌世。都市人在心理上的一个突出表现是“自我退隐”，也就是人与人之间缺乏积极的关系，最典型的例子是人们甚至可以不认识多年相伴的邻居——这是大都市的特点。大都市和古代中世纪的小城镇是不同的。“古代与中世纪的小城镇设置了障碍，阻止个人的行动与关系向外发展，它也在个体自身内部设置障碍阻止个体的独立和与众不同的色彩。如果现代人在这样的障碍下生活，会觉得完全无法呼吸。”（齐美尔语）所以，作为社会学家，齐美尔的态度是我们要去研究在新的大都会中人们生活的特点，而并不是做一个简单的道德谴责，它既有优点，也有很多缺点。

中国改革开放之后，城市化的速度才突飞猛进。直到取消票证之后，才有了完全意义上的货币经济。理性主义，也是在市场经济之后才越来越成为主流、主导的思想。我们现在的发展阶段有点像西方在19世纪~20世纪之交的发展阶段，出现的问题也类似。我的想法是，可能我们可以借鉴西方在当时的措施来做出我们的应对。至于具体的立法，德国有一个具体的立法在《时代周报》上有介绍。这个立法不仅有事后惩戒的功能，也有积极地引导教育的功能。在当下这个道德灾难频发的时代，立法应该是首要考虑的。教育是长期、缓慢，但又有基础性的工程，立法可以走在它的前面。

教师：引用了城市社会学，把这个问题放到现代城市人生活、生态的背景下来理解。那么具体到小悦悦这件事情上，你认为一个健全的、现代文明的城市人会怎么想？怎么做？

同学己：其实，如果是一个健全的人，那就不分城市人和乡村人了。救死扶伤，这是人应尽的责任——这也是人的本质性的东西。齐美尔强调，大都会造成的心理状态，并不是人的自然的心理状态，而是人在大都会生活中的扭曲的现象。

教师：那么，解决这个问题的出路是什么？

同学己：一方面要适应大都会里人的心态，并不是所有人对所有事情都会权衡利弊得失、精明算计，有很多人还是有道德本能的冲动，压过了精明的算计。我们要考虑的，是算计的习惯压倒了道德本能冲动的这些人，怎么样去帮助他改变这种行为方式？我的考虑是通过立法。如果有法治，他必须把这个法治考虑在内。如果见死不救，他会负一定的责任。这样，即使是出于理性的算计，他也会去救人。所以，不管是出于道德本能，还是出于理性算计，他都会去援助。

六、案例小结

教师：同学们一次比一次做的认真，准备也很充分。刚才的比喻特别好——“这个波的传递过程”，石子投进去和波的传递过程。我们是站在哲学的高度，也就是站在社会公共领域思维的高度来看待这样一个有重大影响的社会事件，分析它的性质和它的意义。所以在观察中要注意把握以下几个重点。

第一，是把握观察的角度和层次。人是受主观因素、个性特征影响的，公共事实在每个人的主观里能够形成切实可靠的观察，宏观定位是怎么样看问题的关键点。如果你看这个问题的层次不够，就看不到它的背景和来龙去脉，就很容易被很多琐碎的细节牵着跑，就事论事，迷失方向。哲学的功能要求抽象，就是要达到一定普遍本质的高度看问题，而这是需要训练的。

面对事件本身的全过程和我们每个人的思考，第一个需要明确和总结这个事件中的聚焦点在哪里？就像我强调的，哲学和别的学科不一样的地方就是不在于它看什么而在于怎样看。我们看的就是这个世界，就是我们的世界和我们自己的生活历史实践，大家看的都是同一个对象。但是，同一个对象看到了不同的内容和结果。这就要找到各自的焦点。我们应该思考的是站在哲学高度上，应该看到整个事件的完整过程和它在当前所具有的时代意义的新特点。

大家对于事件本身和有关议论的方方面面基本上都谈到了，如小组会上甚至有人讲到，市场监管也看到了自己的责任，后来在路上增加了减速带；再如摄像头在事件过程中起到的作用，画面的清晰明暗，像这样的问题大家都注意到了。光线的明暗不是毫无意义的，你们知道，当年林肯当律师曾破了一个案子，就是由于光线问题。一个证人说他在月光下当场看见了某人杀人的过程，林肯去查证，发现那一天是没有月亮的，是这个证人在说谎，就找到了解决案子的突破口。在我们这个案子里，本来昏暗的画面后来被处理成光亮的场景，这个处理本身的意义和导向是应该注意到的，这里面很多相关人对它的态度和处理方法本身就表述出一种导向，如新闻报道的方法。

一个并不少见的意外事故怎么被炒成了轰动国内外的重大道德事件？这是在什么样的社会背景下发生的？同学们很少提到这件事情的社会背景，大家最多追溯到彭宇案，没有背景分析就不能更加看清楚这件事情的意义。实际上从我这个角度看，中国正在面临转型期的苦恼和困惑，表现之一就是，近十几年来关于道德形势判断的“滑坡论”与“爬坡论”之争延续不断。到底怎么看待我们现在的社会和现在的国人？要朝哪个方向去推进和引导我们这个社会和人民？通过眼前这件事，最后集中到这个具体问题上了，我们中国到底是最缺道德还是缺法治？迄今为止，无论是官方还是民间都把主要视点聚焦在道德上。官方下了很多力气在全国树道德楷模，并让他们到处做报告，官方媒体也尽量报道新涌现的道德正面的事件，好的行为。宣传这些是为了什么呢？是为了强调中国人的道德是高尚的，比方说我们奥运会、亚运会、汶川地震表现出来的主流，证明我们中国人的道德是向上的，不能说道德滑坡。而有一些人跟这个相对立，他们更愿意随时拿出实例来证明中国人现在的道德不好，比如在小悦悦事件中，原因是多方面的，其中四个环节的疏忽，父母的监管、司机肇事、路人淡漠、市场安全漏洞等等，至少是这四个方面的失职造成了一个两岁儿童生命的悲剧。但舆论是怎样一下子就集中到18位路人身上，并且力图用以证明“中国人到了最缺道德的时候”？这是出于争论的背景，事件被有选择地重点发挥了，争论各方似乎都对事件做出了自己的解读和取舍，但有一个共同点就是聚焦于普通群众的道德。官方和民间把这个事情聚集在中国人的道德上，虽然只是说法不同，但是聚焦点都在这个问题上。实际上各种不同的表态都是有潜台词的，有人夸大说中国人道德不好，用这个来和北京的主旋律唱反调，而北京这边可以以此来证明主旋律的道德宣传是必要的。总之，不管是好事还是坏事，类似的情况每天都会发生，关键在于如何解释。于是双方不约而同地把矛头对向18位路人，否则议论这件事就没有新鲜感。比如，从民间一种意见来讲，强调18位路人可以代表大多数中国人，道德冷漠是普遍的；从领导角度来讲，可以说这18位路人的冷漠证明了我们以往工作中的很多缺点和失误，由此应该怎么样进一步加强社会管理和公民道德教育……不管怎么说，都先默认了18位路人代表冷漠，从而使这个问题成为焦点。

第二，是关于观察的思路与细节的追问。跟前一点相联系，确定了一个角度和层次之后，就要从这方面形成自己的观点，并为自己的观点寻找证据，有些细节在本质上可以忽略，但对某个观点、某个结论来讲，可能是关键的证据。例如，刚才说的光线问题是判断这些路人有没有看见，还是根本没看，这是用来了解它的证据，能看到这点说明观察得很仔细。这和前面的理念有关，怎么样证明18位路人是见死不救？因为人是很复杂的，“人一上百，形形色色”，抛开对每个人具体的调查了解分析，笼统的一般概括在场的所有人，看到几个中国人怎么样，就说“如今的中国人怎么样”，看到几个年轻人怎么样，就说“如今的年轻人怎么样”。其实，如今时尚已经多样化了。比如你看到大街上三个人穿一样的衣服，就可以知道现在“时尚”是什么了，但这“时尚”也仅仅是一小部分中的时尚。不像从前，全国10亿人都穿一样的衣服，那时根据一两个人就可以判断流行什么，比如军装或中山装。现在我们判断什么是主流和流行，这个判断的根据已经和过去不一样了。你没有多样化的理解和观察，要想知道什么是主流，都无从去找。我们要求有自我批判、自我超越的意识，你的观点要和证据相联系，在提问、设想和评论的时候，你对自己的东西要有自我批判意识，这样才能帮助你寻找那些切实可靠的证据，而不是想当然的用自己习惯的心理“完型”事情过程，用想象代替事情本身，那样就妨碍了我们对事实的深入观察。比如关于总体道德势态的判断，实际上关系到怎样看待向现代化迈进的中国、中华民族和中国人民的现状。如果保持一种客观冷静的心态，正如同学们所说，事件包含的因素很多，每一个同学自己抓住自己的角度和层次，从头到尾看清楚、说清楚关键性的细节，这样才可能看见那些未被注意的问题，才能抓住事情最重要的、本质的方面。比方说，没有人进一步提到有个骑车人看到了地上的小孩，并告诉了旁边的店老板，但店老板并没有去管，这是出于什么心理？再有带小孩的妇女她有她的解释，说怕伤害她自己的女儿，而且她也提醒了别人，但别人并不在意。这种情况恐怕不是少数。人们的心态，是和前前后后的许多事件、和社会的整个氛围联系的，有人甚至已经很自然、很习惯了。对于这种看客心理，鲁迅就曾经很痛心疾首地斥之为国民的劣根性，对这种劣根性的历史反思已经不是一天两天的事了。

刚才同学讲了“离开权利讲责任”，权利和责任是相互赋予的，责任应该和他的权利相统一的，有什么权利就意味着他要承担什么责任。冷漠麻木表明一些人在心里没有对把这个国家、社会、公共事情的参与当成自己的权利，他们没有权利意识，也必然没有责任意识，认为这是与我无关的事，是我管不了，也管不起的事，很多人是出于这样的心理。所以他看别人，虽然内心是愿意帮助别人的，特别是当他看清楚是一个孩子躺在血泊中，我想90%的人是于心不忍，是愿意帮助的。但是在一定的社会文化氛围内，他首先想的却是，我没有权利要求自己按照自己的良知办事，我要看别人怎样对待，要和别人一样……这种潜移默化的意识，在我们的文化传统里影响很深。长期以来我们的权利意识和责任意识是分离的，从我的角度看，这是个根源。有很多东西告诉人们，你没有权利，所以你也没有责任，人们可以理所当然地看待这个事情。从宏观总体上把握这件事情，整个过程当中我们抓什么样的问题，从哪个角度哪个侧面来把握问题的关键和实质，这是考验我们会观察的一个指标。

第三，是叙述的繁简与思想升华。当你的思想明确了，材料充分了，观点清楚了，怎样表达清晰、要言不烦，要把最关键、最核心、最实质的东西表达清楚，而不是把自己说乱了、弄糊涂了。今天几位同学的发言都准备得很成熟，甚至有的形成文字了，但你说的时候念稿，别人就不好讨论，因为太严谨、太完备了，别人听一遍可能还听不清重点，就不好和你讨论，你不刺激别人，别人就不跟你争论。你想要大家讨论，就要把刺激人和挑战人的观点的材料突出出来，怎么突出？这就是表达艺术。其中很重要的一点，就是繁简得当，像古人画画一样，有的地方"惜墨如金"，有的地方"用墨如泼"。学会繁简，组织材料，不要把自己的思想火花和观点的精华淹没在乏味的套话里头，这是应该注意的。

我通过观察发现人才有各种类型，其中，有人善于把一件事掰碎了、嚼烂了，从头到尾一点不差地说出来，而且无论说多长都不会乱，这样的人是做学问的好材料；而有的人善于三言两语把一件事情的实质和要害说清楚，这样的人适合于干实事、当领导。我们这里将来做学问的应该是少数，当然，做学问也要看对谁说，不可能什么时候都像给学生上课这样掰碎了、嚼烂了说。同行同道的高手在"盘道"的时候，因为背后都有共同的知识和理论、逻辑思路做基础，也可以一两句话就能进行交流。总之，善于删繁就简的表达，实际上是自己思考的一种升华。用哪些核心概念来表达观点，用什么样的实例和实证来支持我的观点，这也是需要组织的，这种能力需要反复地训练。

第四，是关于这个案例的启示。我对于整个事件的思考已经公开发表过了，简单地说，我认为中国现在不是到了最缺道德的时候，而是到了最需要法治的时候。现在补充一些：

看问题要有全局眼光。如果专挑中国人干的好事和表现好的那一面来说，全国已有几百万人被选道德楷模，据此仿佛可以说，咱们中国人大部分像雪村歌里唱的一样，“东北人都是活雷锋”；你要专挑中国人干的不光彩的事来说，你看 18 个人看见一个孩子倒在地上就是没人扶，我们中国人确实糟到家了，真的没脸活着。朝两个极端去说，都不是完整准确的判断，毛病首先出在前提上，谁是“中国人”？谁在说中国人？谁有权利说中国人？根据什么来说中国人？缺德不缺德的判断标准和原则何在？首先联系判断的权利和责任是谁的？我们不应该把自己放在中国人之外、之上，否则不可能看清事情的全貌和来龙去脉，更不可能得出切实有效、积极上进的结论。

我认为，我们面临的道德危机所传递出来的信息，实际是我们到了最缺法的时候。我们中国人最关注道德，这是个传统。两千年来一向关注道德，但这种关注方式并没有给我们带来比别的国家和民族更高尚的道德、更优越的道德面貌和更先进的道德形象。因为我们所讲的道德理念、道德理想和道德标准本身有陈旧的、僵化的因素。很多问题看起来是道德问题，但它的根基和基础不是道德本身，而是人们的社会生活方式和环境问题，是人们具体利益关系问题，是社会法律和体制保障问题，等等，有很多根源在这里。

目前我们面临两大危机，一是公信力危机；二是公民的安全感危机。二者互为因果。政府的公信力危机包括法律的危机，彭宇案结案以后，很多人认为法律不能解决问题，法律不起好的作用，但是很少有人去关注该案的法官判案的时候是体现法治精神还是违背法治精神。很多懂法的人说法律上有两条可以保证他不错判的，第一条是谁主张谁举证，不是彭宇的主张不应让他举证；第二条是疑罪从无，拿不准的时候，我们不要先往坏处说，这是一种以善诱导的思路。如果违背了这两条，就是违背了法的精神。可见，我们缺乏的不是法律法条，法律法条有很多，但得不到理解和尊重，得不到执行。有的人把问题归于“法律不是万能的”，这样的结论不是进一步依靠和信任法律，而是怀疑和否定法律，而怀疑和否定法律之后，总是回到道德，向人们呼吁要讲良心、讲责任、讲公德、讲贡献，这样就能够解决问题吗？

法的精神、法的原则，就是尊重和保护每个人的权利，并且规定每个人相应的责任，公平地对待每个人的权利和责任。小悦悦事件中，18 位路人的权利被无端地蔑视和忽视了。我们讲道德的传统一向如此，而传统道德最大的弱点就是没有主体性，不区分是谁的权利和责任，一概要求所有人像君子那样行事，而且这种要求只对别人不对自己。比方说当我要求别人高尚的时候，我是站在什么位置上，我有什么权利、承担什么责任，而我们缺少这种意识。这种传统道德理念造就了一批道德权贵、精神贵族的心态。很多人都喜欢在道德上唱高调，但这高调都是要求别人，他对自己要求别人道德高尚的权利和责任没有反思、没有限制、没有交代。比方说过去老是号召读书人“修身齐家治国平天下”，那是大人物的事，和老百姓何关，讲道德不是为了自身人格的完善，而是为了“齐家治国平天下”，就是为了取得管理别人、指导别人的资格，就变成给别人看的道德观。

我们的传统文化很重视赋予老百姓各种道德责任，在赋予责任的时候却很少告诉人们道德权利是什么。我有一篇文章专门讲公民的道德权利不是软权利，在要求公民的时候，是根据什么权利来要求的，你得告诉公民，他的责任和什么权利联系在一起。雷锋精神之所以有生命力，核心在于雷锋认为这个国家就是我自己的国家和社会，我有权利去把我们这个国家和社会建设得更好，因此遇到事情我行使权力也承担责任。但在文化大革命的极“左”时期，雷锋精神也是受过批判的，说是“阶级斗争熄灭论”，见了谁都帮，也不论是哪个阶级的……这实际上也是彻底否定了雷锋的道德权利。这样的社会道德理念不把维护良好的社会公德当成公民的权利，而只是要求他们承担责任，那么这个责任在不被监督的时候就不被履行，或者因代价过大而无人承担。

如果这样来看待我们的道德现象和道德问题，那么就能够理解我们的道德也需要用法治精神来维护、来支撑、来引导。道德是什么？法是什么？争论非常多，人们习惯把道德和法律分开来说，只看到他们形式上的区别，看不到实质上的一致性。无论德还是法，很多人只知道照搬西方的说法，从所谓“人性善恶”说起，其实是把问题抽象化了，把主体虚无化了。在我看来，法律和道德都是人与人之间社会关系结构和秩序的反映。现实生活中，为了维护和推动社会秩序良性互动和发展，才有了道德和法。从形式上看，道德是柔性的，法是刚性的，但它们的内容并不是对立的，而是实质一致的。把它们对立起来，常常是由于割裂、混淆了主体。讲道德时，总是不指名不指姓要求所有个人，他们没名没姓、没有层次、没有行业、没有领域，只是一个空洞的、应然的“人”，而法的建设，正是站在国家社会的公共主体这个立场上考虑，不是责求于公民个人，而以公民的权利与责任为根据，重点讲就是国家社会应该怎么办。比如道德是个人选择和精神境界的追求，但是国家和社会考虑问题就不能无条件地要求每个人道德高尚，而是对每个人的利益，国家都要考虑到。现在的很多道德楷模付出之后陷入困境，就是因为只有别人要求他做贡献，没有对他奉献所付出的东西给予保障、理解和支持。谁都要求别人当圣人，但当圣人的付出在社会上得不到补偿、补充和维护，因此做好人风险越来越大。从方方面面理解人、尊重人的权利和责任，应该考虑每个人在道德上有权利和与权利相关的责任，什么是他必须在法律范围规定内必须执行的道德权利和责任，什么是在法律之外完全应该由个人加以选择和决定的东西，这样才能使行善成为人人自愿而且安全效果良好的行为。

现在没有这样的体制，干什么事风险都很大，政府和法律得不到信任，老百姓也缺乏安全感，不仅表现在食品卫生、交通安全、人身安全、财产安全，也包括道义上的安全感。现在人们道义安全感极差，一件事怎么做都有人随意挑剔你、指责你。小悦悦的父母为什么不看好你的孩子？为什么事后忙于调录像，找记者？为什么马上开账号接受捐赠？孩子死了这些钱该怎么办？……陈贤妹也被折腾，很多记者天天围绕她要采访，就影响了她正常的生活。干好事代价那么大，后果不胜其烦，这也削弱了人们心中的道义安全感，弄得人不知道一件事到底该怎么做才对，对不对也不能由自己来判断和选择，铺天盖地的舆论能压倒人，唾沫星子能淹死人，“人言可畏”。这种社会风气不给人们自由自主地进行道德选择提供空间和保障，所以人们道义安全感也很差。

把安全感危机与政府公信力危机结合到一起，认为解决的希望在于道德，这种导向本身仍是在滥用道德、无视法律，不以尊重、理解和依靠每个人的权利和责任为基础，这样推行肯定是不能解决问题的。在这种思路中，无论是官方、媒体，还是网友，讲道德者自己的道德如何呢？自己处于道德特权者的位置上苛责别人，而不是在理解和尊重的基础上和别人共同探讨，这样一种道德氛围是很有害的。要扭转这种氛围，就要倡导法治精神和法治意识。具体立法是个细致的操作过程，但是我们应该扭转这种道德氛围，让每个人都能凭着自己的良知进行选择和判断，谁也不要忽悠别人，也别被别人忽悠。学者受过高等教育，代表社会精英要保持这种理性。法大的学生谈这个问题从法的角度谈论比较多，但不要从法和道德对立的角度考虑，要从法和道德相互一致、相互联系本质贯通的角度来谈这个问题。

总的来说，两个危机告诉我们，呼吁道德不是有效地出路。在道德问题上，我们不能再继续营造这样一种氛围，一部分人是高于他人和社会之上的道德评判者，这是人治主义的传统道德观念。我们现在的社会是多元化的社会，具体利益关系错综复杂，不能因为某些细节、次要的东西而忽略了根本的、主要的问题。最需要的是建立法治。当然，我们不是具体地研究见危不救人不入罪，保护见义勇为怎么立法，等等，这些是立法和司法界的事，他们会有更充分的理由和办法，而是要倡导法治文化，从总体上呼吁一种法治精神。所谓法治的精神实质就是平等地对待和保护一切人的权利和责任。种种事件证明，我们中国现在到了最需要法治的时候！

案例三：法律与道德——中西两个经典案例的剖析

本次课以“瞽叟杀人、舜负父而逃”和“苏格拉底之死”这两个中西经典案例为对象，进行示范性的案例分析和比较。由本校李德顺教授主持，并邀请北京航空航天大学高全喜教授、清华大学苏亦工教授进行专题会话，学生参加讨论。

左图《苏格拉底之死》，是法国画家雅克·达维特在1787年创作的油画作品。

李德顺（以下简称李）：作为今天这堂课的主持人，我的主要任务是让两位老师发挥自己的思想，请同学们参与。这里选择了对比的案例，用中国和西方历史上两位圣人的故事来思考“法治”在中西方文化背景和传统中的地位、性质和意义问题。

第一个实例是西方的圣人苏格拉底。苏格拉底被雅典的法庭

右图为清代王素绘画的二十四孝图之——《虞舜孝行感天》。

以蛊惑青年的罪名判处死刑的时候，面对这个不公正的判决，苏格拉底有机会在别人帮助下逃走，但他拒绝了这种好意，坚持要留下来受死。苏格拉底留下来的理由，按照他的学生柏拉图《斐多篇》的记载是这样的：苏格拉底认为“人民和政府所定下的契约是自愿的，那么既然我有权利享有雅典政府给予我的生存，我就有义务遵守它的法律，即使是恶法也是法，也就是说如果我一开始就不认同雅典政府的法律，我应该尽早和它断绝关系、另觅他乡，我既然接受了它的法律，我就要服从它的判决”。在这种情况下，苏格拉底与亲朋好友高谈阔论一通哲学之后，从容饮鸩而死，因此也有了一幅历史名画《苏格拉底之死》。在西方哲学文化传统当中，苏格拉底之死是一个经久不衰的话题。

第二个实例是我国的亚圣孟子。在《孟子·尽心上》中记载了他与学生桃应的一场对话，桃应说：“舜为天子，皋陶为士，瞽叟杀人，则如之何?”皋陶相当于大法官或者司法部长，舜为皇帝，瞽叟即指舜的父亲。“瞽”是瞎眼、盲目的意思，瞽叟就是说他不辨黑白、不知好歹，这是民间给他起的一个外号。这说明舜本人很英明，但他父亲却不咋样，有点儿浑浑噩噩、蛮不讲理、是非不辨，所以他才会去杀人。这里说，如果瞽叟杀了人，皋陶要法办他，这事儿会怎么样？孟子回答说抓起来就是了。桃应又问：舜不可以干预吗？孟子说，舜怎么可以干预！这是他应该做的。我们知道儒家是讲百善孝为先的，涉及自己父亲的时候要守孝道，那么舜该怎么办呢？舜能眼睁睁看着他父亲被抓起来处以刑罚吗？这就是给儒家学说提出来的一个很尖锐的挑战性问题。孟子回答说，舜应该“视弃天下犹弃敝屣也。窃负而逃，遵海滨而处，终身䜣然，乐而忘天下”，这是孟子按照儒家思想给出的解决方案，反映出儒家在“忠”与“孝”、“法”与“情”两难时的主张。

对于以上中西两个经典，在今天追求现代文明法治的情况下，我们应该如何看待？如果我们自己是当事人，又该如何抉择？首先请两位专家谈谈。

一、“苏格拉底之死”的解读

高全喜（以下简称高）：很荣幸来到中国政法大学跟大家一起讨论这个题目，这个题目出的很好，确实对当今大学生的思想能力有很大的影响。我认为大学教育不仅仅是专业知识的教育，而是对人格塑造和对思维的培养和扩展的教育，而这种扩展需要对古今中外历史有深入的了解。这个题目在我看来有三层涵义：首先，它是古典的中西两国文明的典型故事，涉及了“法”与“情”的问题，已经被不同的思想家从不同角度研究过了，并没有统一的结论，我们要理解这两个故事所包含的思想层面的丰富性；其次，这两个古典文明的故事在我们当今社会怎么去理解与思考，这里就涉及传统文化的现代性阐释问题，即一个古今之辨的问题；最后，这两个故事之间既有相同也有不同的方面，属于两种不同文明的思想系统，对于我们来理解就涉及一个中西之辨的问题。

苏格拉底之死其实蕴含着一个深层的哲学命题，它体现了在古典时候人对于自身的一种理性的思考，这个问题至少有三种解读方式。第一种是从纯法学上来看的，苏格拉底对人的自由的思考与传统的城邦社会的公共意识是相对立的，当时是以一种民主的法庭审判的方式判处他死刑的，因而是合法的，符合古典城邦国家的法治观。我们知道，古典社会是一个公民社会，在那里没有我们当今社会所谓的公域与私域的二元区别，整个古典社会是一个政治化的城邦国家，个人是没有自己的独立地位的，城邦国家通过公共精神予以维系，这样才能在战争中取胜并维持自主地位，苏格拉底之死就是因为与这种古典社会的公共精神相对立，显示出一种独特的个人主体性的认识和思维，因此对公共社会形成了挑战和冲击。他所带来的一个影响是每个人都追求自我，那么维系古典城邦社会的公共精神就解体了，国家也就趋于崩溃，难以与周边国家进行有效的战争，从这个角度看当时的民主制法庭判处他死刑是有一定的合理性的，这是以涂尔干为代表的法社会学或者法政治学的一种解释，苏格拉底的这种自主德性与公共德性之间产生了不可和解的冲突与对立。但施特劳斯对此提出了批判，由此形成了第二种解释，施特劳斯认为那时候的人们大多像是在洞穴中思考问题，苏格拉底代表的是人们走出洞穴的启蒙，是自由的殉道者。他认为古典时代的哲人最好用两种方式言说，一种是隐晦的写作方式，另一种是显白的写作方式。所谓显白的写作也就是追随社会大众的认识，服从大众的认知和思维。所谓隐晦的写作，就是将自己哲人的思想用隐晦的方式表达出来，如果用公开地表达出来就破坏了世俗社会的公共精神，可能会带来灾难而为此做出牺牲，苏格拉底就是不懂得隐晦写作，而以显白的方式触犯了大众的意识和国家的戒律，故而受死。第三种就是黑格尔在《精神现象学》中的解释，我是比较赞同黑格尔的观点的，他是一种辩证观，他认为在古希腊社会，苏格拉底的出现代表了从政治社会到伦理道德社会的转变，即从自在的社会向自为社会的转变，在这个社会转型中有两种精神都存在的合理性，即公共精神和追求自主自我的精神都具有片面的合理性。这两种精神在苏格拉底之前被掩盖起来的，而在苏格拉底之死之后得到释放，苏格拉底之死是为古希腊历史的展开所付出的代价，但是判决他的证词只具有有限的合理性，历史发展到基督教时代，自我意识才逐渐形成，我们应该把苏格拉底看成是古典时代的耶稣。基督教主要是以自我精神为主导的，两者之间有相似之处。近代以后，自主意识的觉醒是在宗教改革和启蒙思想以后发生的，黑格尔认为西方的历史是从古典时期的自我意识到启蒙运动，之后才发展到德国古典哲学的现代自我意识的觉醒。人类的思想史就是这样一步步走来的，为此要付出一定的代价，苏格拉底是哲学的代言者，是人类思想进步的先驱。

李：感谢高全喜教授对苏格拉底之死详细的解读，那么这个解读是不是能让我们在场的人所认同呢？虽然苏格拉底认为当时的判决是合法的，所以不得不执行，但是那个法毕竟是恶法，由于思想和言论不符合当时的道德规范和法律要求，即“因言获罪”，这样的恶法如果也永远畅行无阻，从历史的角度看是不是合理的呢？再请苏亦工教授谈谈。

苏亦工（以下简称苏）：大家好，很高兴有机会来这里与大家探讨问题。我曾经翻译过一本美籍犹太裔学者戴维·鲁本写的《法律现代主义》的书，他在书中讲到了20世纪60年代美国民权运动领袖小马丁·路德·金所领导的伯明翰进军的故事。1963年在美国阿拉巴马州伯明翰市发生了一系列的示威活动，这些活动是由当时的南部基督教领袖联合会组织的，小马丁·路德·金因组织这场活动后来被逮捕了。按照当时市政委员会的规定，要组织示威活动事先应取得游行示威的许可，但是当时实际上要取得这个许可比较困难，此前他们曾申请了两次都没有通过，因此这一次他决定按照自己的意图来组织这场示威，他因此也遭到了逮捕。后来法庭就判处马丁·路德·金罚金及5天监禁，他们的上诉也遭到（了）法院的驳回。马丁·路德·金在监禁期间写了一封信，是答辩8位白人牧师对这次示威提出的批评的。这8位牧师批评这次示威导致了暴力，破坏了法律。小马丁·路德·金在《伯明翰狱中来信》对上述批评做出了答复。他在信中谈到了苏格拉底之死的问题，也就是恶法要不要遵守的问题，这在西方文明史上（可以说）是一个争论很大的问题。遵守法律是每个公民的义务，但是恶法到底要不要遵守？我们有没有这样的道德义务？如果我们没有这样的道德义务，但是公然的破坏这种法律也会带来很多问题。尤其是在主观上说，如果公民都认为法律是不公平的，都是恶法，我们都有权利去破坏它、不遵守它，那么法律将不复存在。反过来，如果我们都去遵守恶法，那么这个社会就会不求进步，正义就不可能得到伸张。在柏拉图的《申辩篇》中，苏格拉底认为对于恶法我们没有必要去遵守，他自己也不会遵守不公正的判决，但是在《克里多篇》中的记载却是：苏格拉底本有机会逃走却选择了赴死，被宣判有罪的苏格拉底拒绝逃离即将执行的死刑，并提出了一系列他有义务服从法律的论点，包括对他自己不公正的死刑判决。这些论点植基于同意或“社会契约”，植基于感恩、市民接受政府监护的职责，以及每个个人都抗命不遵的悲惨后果。可见这个问题在柏拉图的时代就已经面临着这样的两难处境了，那么马丁·路德·金又是怎么处理这个问题的呢？他有一种说法称为“公民抗命”（这是我的翻译，我看见有的翻译是“公民不服从”，我感觉那样的翻译不太像中文）。最后，马丁·路德·金没有选择《克里多篇》的服从，而是选择走“公民抗命”的道路，也就是坚持了《申辩篇》的西方传统。

高：我补充一点，我们这个讨论的前提是判处苏格拉底的法律是恶法，问题在于我们用什么标准来说它是恶法呢？作为现代人，我们看当时的法律似乎不符合现在的价值和理念，但是对于当时的人来说恶法怎么定义本身就是一个问题。我本身比较主张历史主义，就是要回到当时历史的情境之中。当时对恶法判断的依据是什么，这是一个很大的问题。就算判处苏格拉底的是恶法，但是判决的程序不是恶的，制定的一些规则也符合希腊人的基本理念。我刚才谈到的三种观点都不太关注恶法或者个人良心的问题，而是更注意判决之后个人的态度，并没有对判决本身作出评价，我们现在有人权公约，它们是在西方历史发展的基础上慢慢生长出来的。所以，作为现代人看古典故事的时候，我们一方面要在具体当时的情境中去看。另外，关于如何看待现代人的评价，我个人对这个问题是有一种矛盾的看法。以前我认为判决苏格拉底之死是比较冤枉他的，而现在则是趋于一种保守的态度，我认为过于追求自我未必是一件好事。苏格拉底虽然认为判决他的法律是恶法，但是依然接受审判，他以他的死告诉人们还是要维护伦常，但另外一方面他又结束了这样的一个时代，唤起了希腊民众自我意识的觉醒。这真是一个深刻的悖论。

李：苏格拉底之死是他一生业绩的光辉的顶点，如果不这样，可能他还不会显得这么伟大。这件事留给后人最大的精神成果，就是他对民主法治的尊重。虽然他认为当时的民主水平不高，法律还是恶法，但是为了维护民主法治，他宁愿前进一步死，而不退后半步生。这是他追求自身境界的行为，所以成就了他伟人的地位。但是，他的这种行为在当时可能太超前了，所以是极少数。那么对于国家、社会来讲，应该满足于苏格拉底的表现吗？最先提出重要看法的是柏拉图，他通过苏格拉底之死告诉人们，民主和法律不见得是个好东西，恶法不应该被奉行，我们应该追求善。柏拉图把人们引向“至善”，那么善在哪里？我们怎么认识？从而扭转了思想的方向。在我们中国，同样有类似的问题，如果伦理道德之善与法律的公正严明之间发生冲突，该如何解决？

接下来我们来解读孟子的这个故事，首先请苏老师谈谈你的看法。

二、“舜负父逃”的解读

苏：刚才李老师提到的孟子的这个故事，关于桃应的问题其实很难回答。桃应问孟子说：舜作为天子，能看到（自己的）手下将自己的父亲抓起来却不加干预，不予禁止吗？孟子回答说：舜虽为天子但不能干预皋陶执法。赵岐对这段话做注说：“夫天下乃受之于尧，当为天理民，王法不曲，岂得禁之也！”（赵岐《孟子章句》）他的解读是：舜为天子是从尧那里继承下来的，舜不能将天下视作自己一人的，舜只有义务为天下服务，王法对每个人都是一样的，所以舜没有权力去禁止（手下执法），这是从舜的角度说的。朱熹作为宋代著名的理学家，他也有一个解释，是从皋陶的角度来说，“言皋陶之心，知有法而已，不知有天子之父，皋陶之法，有所传受，非所敢私，虽天子之命亦不得而废之也”（朱熹《孟子集注》）。从中我们可以看出儒家对法治的态度，这就是认为即使是天子也不能无视法律，不能把自己的父亲置于法律之外，如同我们现在的党章和宪法所说，任何团体和个人都必须在宪法和法律的范围之内（活动）。《论语·尧曰》篇中有段话说到：“‘咨！尔舜！天之历数在尔躬，允执其中。四海困穷，天禄永终’。舜亦以命禹。曰：‘予小子履，敢用玄牡，敢昭告于皇皇后帝：有罪不敢赦。帝臣不蔽，简在帝心。朕躬有罪，无以万方；万方有罪，罪在朕躬。’周有大赉，善人是富。‘虽有周亲，不如仁人。百姓有过，在予一人。’”（大意）是舜从尧的手中接过政权的时候，尧告诫舜说，治理国家和人民的责任就交给你了，你一定要公平守正，如果弄得天下穷困，人们都吃不上饭，那么天子的职位就要永远被剥夺了。后来舜将政权转交给禹时也是这样说的。后来（商汤）也说，自己的错误绝不能推给别人，但是天下万方到处都是犯罪，那就是（天子）自己的罪过。

所以儒家认为天子是有责任的，而不是说有多大的权力。回到刚才的问题中，桃应问说舜不能制止皋陶抓捕他父亲这件事情，那应该怎么办？孟子说舜把抛弃天下看得如同丢弃（一双）破草鞋一样，（因此他会）偷偷地背着父亲逃跑，找个海边住下来，一辈子高高兴兴的，快乐得忘了天下。朱熹对其做注“言舜之心。知有父而已，不知有天下也……此章言为士者，但知有法，而不知天子父之为尊；为子者，但知有父，而不知天下之为大。盖其所以为心者，莫非天理之极，人伦之至。”意思是（说）舜虽然是天子，但仍然是人子，没有忘了人伦之本，没有因为作了天子就忘记了自己做人的本分。近人胡毓寰解释说：“儒家以守法为义，同时又以孝悌为仁。”身为天子，处在法制与孝道之间这样的两难境地之中，当然是很难抉择。孟子说舜只有带着父亲走出国家法律管辖的范围之外（海边儿），以便减轻自己窃父而逃的罪责，这也是个不得已的办法。

李：舜的故事，原本是虚拟的，故事只说到负父而逃就完了，没有继续往下设想。但是在现实中，这个问题不会就这么简单地过去，舜负父而逃了，那么皋陶应该怎么办？是追还是不追呢？如果去追缉，那么捉到以后，要不要追究舜干扰司法和擅离职守的责任？如果放弃追缉，又是为什么？放弃追查只是对舜而言的，还是对一切坚守孝道的人都如此？一个国家社会的纲常秩序究竟应该怎样维持？这里的公平正义何在？

所以有同学递条子说，想听听老师自己的看法，面临这样一个两难的境地，到底应该如何选择？假设我现在是苏格拉底，被判了死刑，但我认为那是恶法，那么我应该是受死还是反抗？如果我是皋陶，我要不要继续追究？希望老师们大声地说出自己的意见。

高：首先我们这两个例子都是典型的例子。要回答这个问题，有两层是需要说出来的：第一，像舜的这个例子，说的是情与法的冲突。我们需要知道的是情与法并不总是大量冲突的，很多的法律是包含情的，和人情是不冲突的（无论是古代还是现代）。情与法的冲突并不是说所有的法都排斥人情，这是不客观也是不实际的。这个例子中的是非常极致的一种情况，把一个文明所产生的情与法的内在张力表达出来了，不是说在我们现实生活中随时都可以碰到的，大量的法律和人情是不冲突的。这是我们需要说的第一层意思。第二，无论是苏格拉底面临的境况还是舜遇到的境况还是孟子给他出的主意，他们都是古典时代的一个语境下生长出来的，有其特定的历史环境，是在其环境下呈现出的一个文明的难题。但是我们现在的生活不是在古典时代的生活，我们很难遇到像苏格拉底这样的情况，即使遇到了我们可能也不会以苏格拉底、舜的方式去思考这一问题，所以说刚才这位同学提出的这个问题，要回答的话，我们首先需要明白这一点，是在古典时期所遇到的这个问题还是现代所遇到的。如果是在古典时代，舜和苏格拉底就是最好的选择；假如是我们现在遇到这个问题，那么这个问题在现代就不再具有典型性，这个回答将因人而异。如果有正当的价值判断和程序判断告诉我们什么是恶，因此我们抵抗恶法就是完全可以做到的。如果所有的东西都是公正的话，这个问题就是不可能出现的。假如真正是恶法，我们可以不服从、反抗。马丁·路德金正是在现在社会的这个环境下遇到这个问题的，他可以很好地分辨出这个法是否是恶法，但是在古典社会（没有基本人权保障）却很难做出分辨是否是恶法，虽然我们这个时期可能会认为该法是恶法，可是当时苏格拉底那个时代的希腊人却并不这样认为，其所在的语境是不同的。现在我们回到舜的这个例子上，我很同意苏老师的观点，但是要理解这个，还有一个背景就是在中国的古代社会，情与法并不总是冲突的，很多时候法律和人情、法律与道德的东西是相一致的，这个例子实际上是一个很极端的例子。我们要理解它还是要理解其所在的背景，在中国古代社会，公域和私域没有基本的区分，个人和当时的国家是绑在一起的。所以我觉得孟子提出的是一个理想国，假如我遇到舜这个问题的话，我觉得只能这样解决，不能超越这个解决的方式，在现代社会实在不好表态。

李：苏老师你也是这么看的吧？

苏：刚才高老师讲的挺好的。其实对于舜的这个例子，还有一个需要（弄）清楚的地方就是，舜作为天子来说，如果他只知道有父亲却不知道有天下，那么大家会怎么想？（肯定会认为）这是一个极端自私、不称职的君主，那他还算什么圣人呢？就算是一个普通的公民来说，如果只知道有父亲却不知道有天下，不知道有法制、不知道有国家，只是想着自己，不仅不是一个圣人，连一个合格的公民都算不上。这个是从我（们）今天的这个角度来看的。

但是对于这个例子本身来说，它是有着象征意义的。当瞽叟杀人，皋陶在执法的时候舜作为天子并不能动用公权力来干预，这是从法律的语境上来说的，即作为法制，即使是天子也不能干预（部下执法）。孟子（在这里）所要表达的（正）是遵守法律的意思，即作为天子他是要遵守法律的，作为个人也没有要破坏法律的意思。但作为个人，他还有人伦的义务是必须要尽的，因为儒家所讲的圣人就是“圣人，人伦之至也”（《孟子·离娄上》）。所以，在孟子那里，圣人的人伦之至就是把这种人伦关系做到极致。作为圣人不能因为做了天子就忘了做人子的义务，在道德上讲作为儿子、作为一个普通人虽然他有遵守法律的义务，但是不能忘了作为子女应该对父母承担的义务。在法律上遵守了法制，在道德上遵守了自己的良心，所以说他是人伦之至。孟子认为舜在这个问题的处理还是一个圣人。至于我呢，在这一点上我是同意高老师的回答的。现在人的智慧不一定能超越古人，在这一点上我也是同意高老师的。虽然现在社会距孟子的时候已经过了两千三百多年，但是我们的道德不一定比古代有多少发展。到了现在，让我处理这样的问题的话，我现在的选择也会和孟子所说的一样。

同学们递来一些条子，提的问题都很尖锐。现在我念几个：

问题一：舜窃负而逃，这是一种盲见么？既然他父亲是不合法的行为，这不是在助纣为虐么？

苏：这个问题很尖锐。刚才其实我已经回答了这个问题了，孟子的回答是象征意义的。从法制角度上来说，不管你是谁，国君也好，普通人也好，都要守法。（但同时）道义、良心也都不能（违背）。

高：我补充一点，在中国古代有“父为子隐，子为父隐，亲亲相隐”（《论语·子路》）。也就是说在道德和法律相关的问题上，涉及亲情的时候，法律有时候要在这方面做出一定的让步。也不是说要鼓励包庇他犯法，而是作为一个有亲情关系的共同体成员在法律的这个层面上不应涉足过深，因为法律维护的是一个正义，给社会共同体创造一个比较好的生活，它不应当只是一个惩罚。亲亲相隐是很有道理的，这不只是在中国社会存在，在西方社会中也是存在的。舜在这个问题的处理一方面体现了他对法律的尊重，另一方面则是体现了他对道德与人文方面的尊重，故而给他开了一个口子。其实，这种情况在古今中西都是有的，在法律上也是得到认可的。

问题二：什么是恶法，如何判断恶法？

苏：中国古人特别是儒家对于这个问题就有一些自己的回答，我现在就结合舜这个问题，谈一下中国古代特别是儒家在这些问题上自己所做的选择。在我的理解中，儒家认为，法律是人定的，很难有一个绝对的、客观的、公平的标准。所以呢，法律是否是公平的还在于立法的人、执法的人和守法的人。

问题三：愚忠愚孝这个问题怎么处理？

苏：大家都知道，儒家的思想后来被批评为愚忠愚孝，就是父要子亡，子不得不亡，君要臣死，臣不得不死。这是在五四运动以后儒家经常受到批评的一句话。其实，儒家并不是真的主张父亲叫儿子去死，君主有随意的权力生杀予夺，只是说当我们没有办法做出一个判断说法律是不是一个恶法的时候，儒家做出这样一个推断，（即作臣子的）应当假定君父有这样的权力（要求臣死子亡），这就是“三纲五常”，（但）这是从道德的意义上说的，即从道德上、良心上虽然我知道这个（法）是恶法，尽管我知道君主做得不对，但是作为臣子，我应当尊重君父夫的权力，（把君父的权力看作）绝对的权力；尽管我知道他（君父）做得不对，但是从道德、良心上来说我应该配合他（君父），我应该尽我人伦上的义务。大家想一想春秋战国有着五百年的时间，一直是战乱不断，为什么会到汉武帝以后逐渐安定下来了呢？贺麟先生也谈过这个问题，（他认为）恐怕不完全是政治、经济的原因，恐怕有一个伦理道德的原因，即董仲舒的三纲五常，此种伦理道德得到了社会的普遍尊重和接受。这与孔子时的君君臣臣父父子子还是有区别的。孔子说的君臣关系是相对的，如果你不像个君，那么我也就不必像个臣。如果大家都是这个想法，对待法律也是这个样子的话，社会也就不在会有秩序了，（那时便）只有压迫、只有压制、只有暴力和强权。汉武帝以后社会所以能够安定下来，儒家的三纲五常还是有很大的作用的。虽然后世对三纲五常有很多的批评，认为礼教吃人。但是贺麟教授曾经说过，吃人的东西多了，哪个宗教、哪个主义不吃人，你不能光想着他吃人的那一面。应该换一个角度来想，每一个人在社会上都应该尽到他的本（分），这个本分并不完全是靠法律来约束的，而是靠自己的良心，是靠社会的伦常道德来支撑的。所以，人首先应该满足这个最基本的良心要求，至于法治还在其次。儒家认为，一个在道德上达标的人不会是一个违法的人。所谓“求忠臣必于孝子之门”（《资治通鉴》卷第四十六），所谓“不好犯上，而好作乱者，未之有也”（《论语·学而》）这其实表达了儒家在道德法律上的基本态度。这个问题到这儿就可以初步的回答了。但是，我们的良心该如何去服从呢？从“文革”开始，甚至从更早的时候起，我国出现了很多这样的问题，父不像父，子不像子，妻不像妻，夫不像夫，整个伦理纲常、良心都被颠倒、破坏了，在这种情况下，我们可以看到，法制观念也就淡漠了。所以，要尊重法治没有一个道德环境的配合是不可能的。作为一个人，首先他应该是一个道德上的人，其次才是法制意义上的。对此，台湾中研院美国所的一个所长也是这么认为的，比较的来看，西方的法制客观冷酷，与中国王道和德治来比还是差远了。法治可以说是人伦道德堕落的产物，法治和道德不能说没有冲突，但是最基本的人伦道德是所有人都不能够破坏和背离的。在这个基础上我们（可以）再去考虑其他的（问题）。

李：苏老师认为“法制是道德堕落的产物”。高老师，你说说？

高：我认为苏教授的儒家思想过于张扬了，我对儒家的传统思想、传统文化也是推崇和赞赏的，我的导师贺麟先生也是这方面的代表人物。但是，我觉得还是有一个古今之变，古典时期中国传统的德治、儒家的这一套是有很好的价值，我是赞同的。但是究竟如何判断恶法与否，还是要根据历史的情境，不能用我们现在的标准，要有一个历史演变的视角。应该指出，我们的现代生活，传统只是一个资源，不是全部，不是我们现在生活的本身。在现代社会情况下看待法律问题，我和苏老师的看法有相同的地方也有不同的地方。刚才苏老师说法治是道德堕落的一个产物，我就不完全赞同，我承认法治社会只是一种较低的生活状态，法治状态是一个社会共同体中最基本的起点。古典社会是把美好社会放在首位，道德是最高标准，而法治只是一个最低的标准，或只是一个最不坏的制度预设，当然不能说有一个法治，社会就可以满意了，在法治的情况下人还要追求一个美好的、有德性的生活。但是，有德性的生活不是法治社会所能安排的，需要个人在社会生活中自己去实现。问题在于，在现代社会中法治之所以成为最核心的问题，是因为它们能够保持基本的正义，为什么当今社会道德败坏，大多是由于政治上的公权力恣意妄为所致。法治说到底是要制约公权力的，约束国家权力、约束拥有国家权力的个人和机关。所以，在现代社会所谓恶法就是指公权力的肆意妄为，对个人权利的横加剥夺。对于恶法我们可以有两种应对方式，一种就是不服从，另外一种就是我们通过公民社会、通过修宪甚至通过一系列的抗议，争取达到一个宪政民主社会，通过宪法制约那些掌握公权力的部门和个人。因此，我觉得在现代社会中，第一，恶法是有一定标准的，是可以区分的。第二，在现代社会法治是最重要的。这是我想补充苏老师的观点。

除此之外，即使是公权力得到制约了，即使我们是一个法治社会了，未必我们每个人都是一个好人，未必这个社会就是一个美好的社会。要达到德性社会，单凭法治是做不到的，在这个时候，传统社会中的一些基本的人文价值、传统礼仪、传统道德则作为补充，显示出重要性来，但这与法治就不再有什么关系了。因此，我觉得在现代社会，第一，法治是最核心的。第二，法治并不必然导致一个德性社会。德性社会应该是在法治的基础上，通过调动传统资源把古典的那一套礼仪与德性吸收过来。例如，古代的三纲五常，三纲就要不得，但是五常在现代社会还是很有用的。所以说一个法治社会与一个古典的传统社会的结合才是一个好社会。但是在中国现代的情况下，只讲道德、儒家的东西是不够的，因为从制度上解决不了现代政治中的公权力专制的问题，这就需要一套民主宪政制度，在这样的一个情况下，中国传统的儒家并没有构建出一套民主宪政的制度建构。所以，我在这点上不太同意苏老师的看法。古今中西之汇通，只有将这几点都结合起来，才是一个好社会。

三、法治与德治的文化纠结

李： 刚才我们的话题已经进入到对“法治与德治关系”的思考上了。这个触动了我的神经。我以前写了一篇批驳“以德治国与依法治国相结合”观点的文章，强烈要求放弃这一提法。当然现在还有人坚持，但我认为这个提法不应该被接受。这个回头再说，我再念几个给我的条子。

问题四：中国传统中有“父为子隐，妇为夫隐，亲亲相隐”的传统，现在又有“大义灭亲”的号召，您如何看待这种选择呢?

李： 这个同学信息有点儿落后了。对于“大义灭亲”，我们现在已经有了“对直系亲属不利做证可以保持沉默”的法律规定。但现在法律上认可的这个权利，并不是提倡“亲亲相隐”。

问题五：假如是皋陶的爸爸杀了人，皋陶能够怎么办？如果他也背着爸爸逃跑，这行么？希望三位老师都表个态。

李： 请两位老师简单地说一下。

苏： 我不想在这儿当被告。

高： 皋陶如果是一个完整意义上的儒家，回答肯定“是”，他的这个选择是一个最好的选择了。但是如果他是法家式的人物，就不会这样做了。因此要具体考察他的价值认同是什么。

李： 就是说，回答要历史、具体的判断。人的选择不可能是千篇一律的。

问题六：舜负父而逃，起码从某种意义保持了司法独立。中国传统已有司法独立之意识，为何今日仍难见司法之独立呢?

李： 这位同学还从这里悟出了司法独立性的问题了。

问题七：在今天中国如果自我意志与法律发生冲突的话该怎

么办？

李：这还用问吗？先说说你想不想坐牢吧！

问题八：尧授舜位是将天下责任赋予舜，舜负父逃是弃天下人而求其父之生。那么那些舍小家保大家的人是否是舜的反例？不考虑其父母之辛苦而以多数人为先，两者孰优孰劣？

李：舜和我们现在的道德楷模多半是不一致的，你问的是这个么？这还是在我们讨论和思考之内的问题，需要把道理弄清楚。

问题九：对于杀人藏匿罪，现在法律已经有了明确规定，而且面对亲人犯罪时，隐或不隐成了个人在法律和道德之间的选择，那么讨论舜负父逃有何现实意义？

李：这现实意义恐怕不是逼着大伙说你爸杀人了你怎么办，而是要考虑一下人伦、情理与法律规定之间如果发生了冲突，我们怎么想问题？现在我们讨论的正是要怎么“想”这个问题。

问题十：舜负父逃这一命题与现在的裸官现象还是有一定的契合度的，可见儒家的某些思考方式不适合法制社会。请问推动中国法治进程是否需要思想革命？改造儒学还是服从传统文化允许不健全法制？

李：这个同学的问题中，其实他自己已经有答案了。我赞成！

问题十一：古代法制是为封建统治服务的，那么舜负父而逃岂不是很合理么？而苏格拉底不是统治阶级，故他没有权利选择。当代法律是维护人民权利的，所以我认为这不是道义的问题，而是不同时间段阶级斗争的结果。

李：这种解释方式实际上就是那个逻辑，你那套法律如果是正义的是善的，我们就服从；如果是不正义的，我就不维护它。再进一步说就是良法与恶法的区分，我们有责任维护和执行良法也有权利颠覆恶法、否定恶法。这样的前提在理论上提出了一个更深层次的问题，即法律的主体性问题。法律究竟是谁的法律？是谁的法律谁就有权利、有责任维护它，不是谁的法律就没权利也没义务维护它。对于法律主体性这个概念，法学界可能有进一步的理论思考，而且这也是一个历史的问题。

问题十二：执著追求思想境界与顽固不化何以区分？岳飞这样的人和苏格拉底是否相似？明知其错而守之，本身不就是对罪恶的纵容和对正义的不争么？

李：这显然是不赞成苏格拉底的行为的。

问题十三：我觉得苏格拉底的死是有一定的正确性的，起码和晚清谭嗣同的死是有一定相似性的，为了自己的理想而去牺牲也有很大的意义。因为当时的社会对于他们的思想有很多不理解，而他们的死则可以唤醒人们追求自由，牺牲的那个人将会被大家所铭记，这也是一种价值。如果他逃到别的城市，说不定还不如在这儿过得好呢。

李：你意思是"要死就死得轰轰烈烈"？但这是否是在苏格拉底的本意，你是否在以己之心度人（苏）之腹了呢？

问题十四：苏格拉底之死是讨论恶法是否需要遵守的问题，而舜负父逃是讨论的服从法律还是良心的问题，并不一定是恶法。所以这两个例子讨论的重点并不相同，那有何共性呢？今晚是否在讨论权利与义务的统一呢？

李：这位同学的思考概念很清楚，问题提得很好。那么我们下面就应该再深入下去，把不明白的东西一点点的澄清。当然，知道我们要讨论的是什么问题，并不是要急于表达看法（"我赞成苏格拉底"，"我赞成舜"……）。表态并不是学术讨论，学术讨论是要澄清问题与澄清概念，然后抓住要点进行深入思考。

问题十五：如果一个民主的社会其法律制度必然是由大多数人价值认同的，恶法的出现与民主社会是否相矛盾？是民众的公民意识不够，仅是服从，还是契约的权威不可违抗？

李：这就是提出来要思考，如果是在一个民主社会，怎么会可能产生恶法？对此，我想大家可以去注意观察历史，到历史上看一看，良法和恶法有无截然的界线？有无固定的模式？有无一成不变的标准？从法的不知其良恶到自觉的分辨良恶，再到逐渐地构建越来越充分的良法，这样的历史过程比简单的结论对我们来说更宝贵！

问题十六：一直以来，人们对苏格拉底之死、舜负父逃的事情研究不止、争论不休，但显然评论的人都想证明自己的一个观点。如孟子所答想证明儒家孝为大；近代启蒙思想家将苏格拉底之死作为宣扬自由平等的例证，那么在今天的文明远远超过了当时文明的局限，我们也很难遇到苏格拉底式的抉择。我想问的是，今天在这里讨论这两个案子有什么现实意义呢？对当今文明的发展有何借鉴？

李：这个……恐怕得讨论才知道。如果我们只是说空话，那么讨论确实没什么意思。但是，在这两千多年中，在人们的讨论中弄明白了什么？还没弄明白什么？我们如果能够把这个弄清楚，我想会有重大的借鉴意义的。不能一上来就指望演讲人给提供完备的答案，我想，只要答案却不知道步骤的学习，并不是一种好的学习。

问题十七：如你所说，苏格拉底之死成就了他的伟人地位，但就现在的观点来看，他的死是否缺乏一种灵活性？是否值得？俗语说“好死不如赖活”。死亡代表终结，他选择了死亡是否真的是明智的？

李：高老师刚说过，施特劳斯的解读是：让人适当学的圆滑一些，在不同场合说不同的话，保护好自己，然后再慢慢的想办法去改变那个恶法。当然这也是一种选择。每个人的选择都不同，我们现在没必要去苛求前人。如果现在让我们选择，我想正如高老师所讲的，首先我们现在不会再碰到苏格拉底的选择了，因为那套法律已经被废除与改造了，成为基本上的不可能的了。这就是历史的进步。

问题十八：请问老师，你说如果苏格拉底不死或者还没那么伟大，是不是就说苏格拉底的巨大贡献就在于对民主法律的尊重，而苏格拉底生前所提出的“美德即知识”（柏拉图《美诺篇》）、“认识你自己”（色诺芬《回忆苏格拉底》）等命题就没那么重要了？对苏格拉底的价值判断应该在学术方面还是在对于法律与民主的尊重上？

李：我说他的死是“最高点”。如果没有他的死，大家对他所讲的很多思想的深度和力度就不是太注意的。当时判他死刑，主要是因为不理解他所说的。他的伟大思想正是伴随着他惊天动地的一死而引起人们重新关注和思考，是什么样的追求能够使他不惜一死？这里有一个清晰的逻辑和标志，所以说并不矛盾。

问题十九：刚刚提到的恶法的判断标准，我们知道不应该以今天的眼光去看，但是苏格拉底作为一个哲人、一个超时代的杰出人物，他为何选择接受恶法的处罚呢？

李：正因为他是一个哲人，苏格拉底才有自己的解释，恶法也是法。他是这么认为的，所以他对恶法的尊重，并不是尊重“恶”，而是尊重“法”！他在这方面做出了典范。而如何把恶法变成良法，则是他的学生柏拉图及以后的人们世世代代致力于法治建设的人们一直在一点一点地做着的事情。

问题二十：由于本次的标题为“苏格拉底之死与舜负父逃”，主题也为法治与道德的关系。那么，以古鉴今，今天我们应该如何处理和对待道德与法治的关系？再结合十八大，如今中国对道德与法治孰轻孰重应如何看待？

李：这是一个非常大的问题，比我们这次课的主题还大。我们今天就是从两个案例来看中西文化传统当中对待法与德关系的方式有何异同，它可以成为我们进一步思考法律与道德关系的一个例证。这也是今后老师们、同学们都要进一步关注和思考的问题。

到此，我这里收到的条子问题都念完了。

高：因为问题很多我就不一一念条了，对于刚才李老师念的问题，我有几点感想：第一点，就像刚才李老师说的一样，首先是法，其次才是恶法与良法，但是问题在于，就像这两个例子一样都涉及了如何对待法律的问题。它们具有一定的共同性，即无论处于什么状况、面临什么问题，首先尊重法律是最基本的。无论苏格拉底主动选择不正义的法律判决还是舜认为皋陶法律判决是对的，无论是古典社会还是现代社会，法律都是一套规则，这套规则的不同就在于古典社会法律的规定来自自然法或者是神法，古典社会的立法民主是直接民主，这套法律要求社会中的每一个人就必须遵守，这是需要注意的第一点。

第二点，如果进一步思考，在遵守法律的情况下，我们会进一步追问这个法律究竟是善法还是恶法？为什么一个社会的法律会有善法与恶法之区别？法治究竟是善法之治还是笼统的法治？其中还包括恶法？究竟我们应该怎样对待恶法？

第三点，在这种情况下个人应该怎么做？就我而言，随着年龄的增长，我的看法也是有变化的。抱怨法律制定的不公平，认为它们是恶法，甚至试图加以改造的情况，在年轻的时候确实也有，这很正常。但是，后来我反问自己，如果我们每个人都认为自己的主张具有正当性，并据此违背法律的话，那么这个社会就很难有秩序，很难形成共同的规则。我会时常问自己，那个所谓恶法的区分与判断的标准是什么？谁来判断？谁有能力与资格来判断一种法律是善法还是恶法？所以，随着年龄的增长，我认为对待法律要慎重，哪怕是恶法，或者我们认为是不好的法律，也不要随便就抗拒与反抗，而是通过正常的途径推动法律的更改。

总之，法治主义的思维历来是保守的，激进的革命方式并不能建立一个美好的社会，与其先破再立还不如逐渐改良，逐渐演进，我们应借鉴英美的法治经验，通过改良来变革我们的法治环境，推进社会的文明演进。

问题二十一：希望我们三个人谈论下这两个故事中折射出的中西方文明的异同是什么？

李：要做完整系统的阐述，这个题就太大了，大家不妨自己回去琢磨琢磨，每个人也都可以找到自己的答案。

苏：我们这个题目涉及了中西方的问题，其中的共同性可以说是法律与道德之间的问题，那么在这个问题上，我看到过一些观点，我个人也比较赞同这种观点：比较起来，西方更注重外部的强制，即法治（法治相对来说是一套从外在对行为的规范）；而中国则更强调内在道德的觉醒，不是那种外在的规范，而是相对来说更注重内在的道德的约束。所以中西两者的区分可以说是法律和道德的区分，西方更注重外在的规范，中国更注重内在的觉醒。但是以儒家较为中庸的观点来看，外部的规范和内在的觉醒都是有必要的，没有内在的觉醒只靠外在的规范也是不起作用的。至于刚才说的三纲，如果从法律的角度上来说那是错误的，但是用在道德觉醒上来说它恰恰是一个至今仍有很重要（意义）的价值。刚才很多同学也针对李老师讲到（的），为什么说苏格拉底的这个死可以说是升华了呢？成为了他的（人生的）一个巅峰。因为按中国人的看法来说，在这一点上他（恰恰）与中国古圣人的观点是一样的，即服从了内心的要求，即是不是遵守法制，（首先）是一个道德上的义务，而不（只）是法律上的义务。从法制上来说，苏格拉底可以逃跑；从道德上来说，苏格拉底认为作为一个公民来说，（每个人）都有尊重法律的义务，所以（他）决定服从这个法律，维护法律的权威。

（有人）如果（责难）说（你说）儒家这么高明，为什么现在我们国家还面临这么多的问题呢？其实问题多了，不只是中国面临，西方一样也面临很多问题。比如作为“民主政治”、“法治社会”的美国，直到今年才对19世纪末的（歧视华工）问题道歉，这岂不是法治上存在的问题么？西方的法治并不是人类的终极理想，它实际上是存在很多问题的。西方的民主既不是最高理想，也不是最终的价值。比较起来，我觉得中国现在需要建立法治，但是法治不是我们的终极目标，我们还是需要回到中国古圣人的理想，需要回到儒家的德治理想。谢谢大家！

案例观察小结

李：最后再说几句。我认为这两个案例里面，大家关注不够的一个很重要的问题就是公共视角与私人视角的差别。中国儒家的那一套，特别是孟子讲舜的例子这一套，完全是站在舜个人的立场上来思考问题，把国家的公共法治置之度外。我们很多人看苏格拉底也喜欢这样看，只是看其个人是如何想如何对待的，而没有注意法律是一个公共问题，管的是公共领域，考虑的是公共规则。私人视角与公共规则之间是一个什么样的关系？我们应该如何对待？法律是谁应该考虑？是管什么的？道德是谁应该考虑？是管什么的？私人视角和公共视角的差别被混淆，这恐怕是我们很多问题说不清楚的一个重要原因。

在这个问题上，我认为苏格拉底做出了一个伟大的榜样，而传统儒家把一切都个人道德化的观点，恰恰是我们现在走向法治，也就是走向公民社会、走向公共治理的一个很大的思想障碍。这也是我为什么不同意把德治跟法治相并提，认为只有在法治的基础上才能够谈怎样建设道德，而不是用道德代替和超越法的理由。这是我的观点。我想同学们以后应该进一步的关注和思考这个问题。

附：体会絮语

★ 批判意识的反思的表现就是，你的每一个选择、每一个判断都要找到证据，都要力求有证据，不能直接找到证据的时候，推理本身应该是尽可能全面的，多维度多向度的，综合了多种可能性的，能够包容多种可能性的一种推断，而不能是单向的、想当然的。

★ 哲学思维方式就是要在能够综合多种可能性的时候，提升并抓住公共问题的本质。这个本质的把握要建立在事实存在的充分可靠基础上。所谓可靠，就是指带有必然性而不是偶然性，不是立足于某种偶然性的、杂乱无章的、多维的细节，而是把握它的这个必然性的这个层次。

★ 总的来说，法治精神，就是平等地对待和保护一切人的权利和责任。

【第五课】

综合训练

教师：回顾一下课程，我们已经进行了3部分。每一次观察都不可避免地遇到抽象批判和反思这种哲学的方法，但用的时候不一定显露。至于效果如何，大家可以对照一开始的目标，例如观察和叙述要包括七个“W”：什么时间、什么地点、什么人物、什么原因、什么过程、什么结果、什么看法。观察一定要是完整的，这是一切观察的要素。

对于哲学的观察，我们要注意三个特点。首先，保持它的理论层次感，要有概括性，把问题抽象出来。比如，能用五句话概括“小悦悦事件”的前后，每句话不超过20个字。同一个事件，看谁能用最少的字，说的最全最清楚，这需要字斟句酌，是一种本领。

其次，定向描述，我们在把握事情实质过程的时候，要有理论思考的导向，有层次、有方向。有方向指导的描述才是定向描述。单纯的语言描述不可能把事情再现，即使是最现代的技术，例如四维动画，都不可能把事情完整再现。所以，我们的描述要尽可能达到自己所认识的事实的实质过程。

最后，观察的过程中要保持价值中立。价值中立不是不做价值判断，而是为可能做的价值判断提供可依据的基础和材料，不要用主观的价值判断去掩盖或回避实质性的事实过程。

这次课我们做一个综合训练，大家模拟项目申请论证书，做一个选题的论证设计纲要。首先自己确定一个题目和考察对象。题目都可以自己定，我这里列了一些作为参考：“六中全会对我国文化建设的思考与设计”、“当前我国大学生就业观的考察与分析”、“‘占领华尔街’运动的意义和前景”、“当前中国的道德焦虑与出路”、“法学、法律、法制与法治的关系”……你们选一个自己想做和能做的题目。重要的是第二步，写一份自己的计划，需包括六方面的内容：

第一，题目。对题目的概念和定位要清楚，阐述选题含义，选题原因和旨在解决的问题，这是最重要、最核心的问题。

第二，该问题已有的背景资料或者学术成果。如果选题是关于一个实际的社会生活现象的，例如“小悦悦事件”，就不能忽视背景——近年对国人道德面貌的关注和争论；如果是学术理论题目，则需对前人在这个问题上的研究方式、发展阶段以及代表性的成果等加以梳理和分析，告诉人们在这个问题上，前人的研究到了什么程度，解决了什么问题，还存在什么难题，用以说明你在此讨论的问题是有意义的，是在前人的基础上往前走，在前人走到的终点处探索，要提供这样的背景资料和学术成果。

第三，提炼选题的关键问题和重点、焦点。涵义和背景说清楚后，对选题做进一步提炼和升华，找出论题要解决的最关键问题，这就是论题的成果和创新点。这个问题一直被很多人讨论，那你主要想讨论哪个方面，这个方面是别人没有讨论过的，还是虽有讨论但你认为有不妥之处，又或者是大家还没注意到这个问题的分量和价值，总之，你要有自己的特色和创新点。

第四，论题的研究意义分析。“资料性问题是公共性基础”的意思就是把论题上升到公共思考的范围内，而不能仅仅在自我兴趣范围内讨论问题，要讨论大家都感兴趣的公共性问题，论题是以解决公共性问题或难题为目的进行的。

第五，在研究条件和研究资格上的优势分析，这也很重要，尤其是在申请国家基金项目时，会有这一栏，当然如果你有阶段性成果，特殊的设备仪器更好。

第六，研究方法及步骤。

大家回去做出来之后打印出来，下次上课一个一个审阅，每个被审阅的人就是项目申请人，其他人是评委。任务就是分析评价申请报告、分析项目的合理性、出成果的可能性、值不值得资助以及需要哪些改进。

这就是综合训练，这里面包含了你搜集材料时的观察，对现实问题的思考、提升和批判。字数不宜太多，大概两三页。要学会写提纲、写计划和要点。

综合训练课程设计

设计方案一：从网络传播在占领华尔街运动初期中的作用看民主的实现

同学甲：我的研究题目是“从网络传播在占领华尔街运动初期中的作用看民主的实现”。共分八个部分。

第一部分是参考资料，大部分是从网上找的，也有些从期刊网上找的。

第二部分是占领华尔街运动及其影响。美国民众于2011年9月17日发起了名为“占领华尔街”（Occupy Wall Street）的示威活动，此次活动由加拿大非营利杂志《Adbusters》于2011年7月发起倡议，并被命名为“占领华尔街”。之所以选择9月17日，是因为这天是美国宪法日。这个活动虽然没有纲领，但还是有些共同点。“我们共同的特点是占总人口99%的普通大众，对于仅占总数1%的人贪婪和腐败，再也无法忍受。”1%和99%的对比源于诺贝尔经济学奖获得者斯蒂格利茨（Joseph E. Stiglitz）的文章《1%有，1%治，1%享》。这个倡议影响比较大，抗议活动已经扩展到美国上下，100多个城市卷入其中。截止到10月17日，“占领活动”扩至全球82个国家951座城市。包括布拉格、法兰克福、多伦多、澳大利亚墨尔本、东京和爱尔兰科克等。前两天报道说美国再次对华尔街运动进行清场，这个运动还在持续。

第三部分是分析华尔街运动中传统媒体的反应。示威报道在主流媒体上的突破，是在第八天（9月24日），也就是游行爆发后的第二个周六。当天警察用胡椒喷雾攻击在警戒线内的和平示威者，逮捕示威者的图片上了当天晚上提前出版的周日《纽约每日新闻》头版。晚上，有示威者在"Twitter"上欢呼："我们上了头版，谢谢《每日新闻》!"直到10月1日，"占领华尔街"才真正作为一条新闻登上《纽约时报》头版的下半部分。10月5日，第一次有美国全国性的电视台MSNBC（微软全国广播公司电视频道）新闻节目的记者来到曼哈顿下城的游行地点祖科蒂公园（Zuccotti Park）做了长篇现场报道。

第四部分是网络传播在占领华尔街运动初期中的作用。之所以只研究初期，是因为这一运动在后期由于规模和影响的扩大，主流媒体的重视报道也逐渐增多。初期很少有媒体对"占领华尔街"运动进行报道，示威者甚至尝试自己办报纸免费发放，但是效果并不理想，主要还是依靠网络如"Twitter"和"Facebook"。抗议者通过在更新照片和视频，上传世界各地诸多抗议活动的实况直播，使人们越来越关注这件事，而且可以直接获得第一手资料。Facebook上近两周的总关注数已增长到超过120万，影响非常大。

第五部分是网络媒体同传统媒体的区别。网络媒体有很多优点，首先，相比传统媒体受地理条件影响的局限性，网络媒体的优势就在于普及性高、传播范围广，不受地理位置限制，很多网站都具有全球性，在不同的国家均可直接登录。所以网络媒体可以使该运动在初期不受传统媒体重视的情况下传播至82个国家951座城市。其次，网络媒体时效性强，相比于传统媒体要受到出版时间，节目制作审查等条件的制约，通过网络媒体网民随时可以将自己得到的信息上传，随时可以汇报运动的最新状况，直观性强，如视频更具有说服力，使人直观地感受到第一现场的情况。最后，网络媒体得到的反馈更迅速，人们接收到通过网络发出的信息可以很方便地作出反应，如作评论、转发，而传统媒体这一过程通常很缓慢，无法直接统计出受众的反馈。但网络媒体也有缺点，一是无序性。没有固定的中心主题，每个人都表达自己的看法，一些正确的观点可能被淹没在庞大的信息洪流中。二是片面性。观点往往带有很强的个人感情色彩。三是虚假性。很多信息难辨真伪，甚至可以伪造视频，等等。

第六部分是研究网络媒体对于实现民主的意义。华尔街运动可以看作是几个阶层的对抗，主要是草根阶层对精英阶层不满的爆发。主流媒体却被精英阶层所控制，所以在运动初期由于运动规模小，人数较少，影响力不足，更由于掌握话语权的精英阶层对报纸、电视等传统媒体的控制导致华尔街运动初期没有得到应有的重视。但运动之所以会扩至全球 82 个国家 951 座城市，主要的还是依靠网络传播。运动不仅仅是两个阶层的对抗或是两种传播方式的对抗，它更为我们指明了一条实现民主的新途径。通过对运动初期的网络传播特点和作用的研究，可以使我们更好地利用网络这个新兴的媒体工具（尤其是在传统媒体封锁报道的情况下），比如对前面网络传播的优点加以利用，缺点进行克服。利用网络我们可以对抗话语权威，发出自己的声音，更好地表达底层草根民众的意愿，使民主的实现真正成为可能。

第七部分是传统的民主和网络传播条件下的民主。传统的民主表面上是社会中的每个人都参与其中，但其实传统民主的实现总是少部分主体代表大多数的主体来进行的。传统民主政治形式主要是靠选举实现，个人总是需要一个能表达他声音的人来代表自己，而传统的媒体也是传统的民主的体现形式，个人的意见需要汇集被筛选之后才能面向大众。正是由于传统民主的特性，就导致数量庞大的草根阶层的意见总是被忽略或者不受重视，民主成为了少数人的民主。与此相对的是新形式的民主，在现代社会通过网络每个人都可以自由的表达自己的意见，他们不需要被代表，他们只代表自己。网络传播条件下的民主实现的主体才真正的是个人，通过网络这一新兴的工具我们可以更好的表达个人的观点看法，数量庞大的草根阶层不再是沉默的大多数，1% 的人的意见再也不能够随意的代表、忽略 99% 的人的意见。

第八部分通过对华尔街运动中网络传播事实的研究，对网络传播的作用进行归纳和总结，看其对于民主的实现有什么具体的作用，对于我国的现实有何帮助，而不是对占领华尔街事件抱着一种隔岸关火，幸灾乐祸的心态。

教师：作为一个研究方案，大家看看他这个做得怎么样？作为方案，他是把研究观点和结果说出来了，而研究方案的选题、方式、根据、依靠的主要手段等在方案中不是太突出，已经像一篇稿子，不像个方案了。大家透过结果来看，这个方案怎么样？假如让你做"占领华尔街"方案，你是否赞成他选的题目和角度？他的依据成立与否？方法能不能达到目的？然后对他的内容可以发出质询。大家都以一个评委的身份对他的报告进行下评论，看给不给他经费。

同学乙：你认为你的资料来源以及论证过程有什么独特性？同别人的研究有什么不同之处？例如你的研究方法比较新颖或者你的资料来源是第一手的，现在我看你的 ppt 里面基本上全部是网络的资料，属于二手资料，甚至三四手资料。

同学甲：从引的资料可以看出，他们有研究网络媒体的，也有写新闻自由的，但是很少和民主结合起来。（我的研究）主要还是在主题上和他们不太一样。

同学乙：那资料来源呢？如果我是你，我可能会尽可能的联系到参与运动中的第一个人和第几个人，然后你可以联系到那些人，这样论证就会很鲜活，而且你也可以了解到他们的真实想法。你现在都是通过别人的观点看观点，这都不是最真实的。

同学甲：这个我当时也想从 Facebook，Twitter 上找，但是翻墙功夫不好，我看那些报道的时间、人物、地点都比较详细，应该是可以采纳的。

同学乙：那是不是换另一个人也可以做呢？

同学甲：同一个事情、问题，可以有很多人进行研究，但每个人研究方向不同。比如说有研究社交媒体的，有研究新闻自由的，每个人有自己的研究方向。

同学丙：题目到位，但实质内容还没有跟上题目。你的内容缺少了关于民主的阐述，你一直在谈网络，最后突然把话题转向民主，这样太跳跃了，过渡内容有所缺失。

同学甲：对，有这个问题。

教师：这个纲要最大的优势，就是把考察的对象收拢，放在运动前期。这样就能突出网络媒体和传统媒体的区别，这对突出你的主题、对整个研究来说是好的。但是你的弱点是什么？一方面，视野没有展开，缺少奠定你研究基础的内容，只是罗列参考资料。选题论证的第一个工作就是总结以往的研究成果，学术研究要列出其学术研究成果，现实问题研究列出其历史背景，而你只列了从网上找的资料，没有把相关历史背景列出来。占领华尔街是在一个什么样的思想文化、社会、政治、经济背景下发生的，不一定追溯很远，但必须呼应后边的主题，比如你材料里讲斯蒂格利茨的文章《1%有，1%治，1%享》，他的经济学理论到底有何意义？社会影响有多大？这都得说明。另外你考证了最初发起运动的是加拿大的一个刊物，以前我说过还有更早的，就是美国总统奥巴马，奥巴马在上次金融危机的时候对华尔街表示不满，“傲慢”和“贪婪”这两个词可能是奥巴马先提出的。就是从这些材料看思想背景，看这次经济危机所带来的后果。身处其中的人们，占领华尔街运动的民众在理论理念上实际上是受经济学家和政治家的影响，或者说经济学家和政治家反映了底层民众的状态，他们之间是有呼应的。如果将这些背景、材料和联系阐述清楚，那么你的研究就很有意义。

这次对民主的讨论，主要发生在经济领域。经济民主是更基础、更深层、更实质的民主。背景必须拓展开，老说华尔街运动是“无组织、无领导、无纲领”，你重点要研究的是无组织是怎么组织起来的，无领导是如何领导的，无纲领表达的是什么纲领，不要被表面的形式蒙蔽，而把实质的东西忽视掉。这样一种非组织的、非有明显领导、非有明显纲领的运动，它潜在的组织、领导、纲领是怎么通过网络来实现的？这样网络的作用也就突显出来了。所以我说你这个题目很好，但要真正做到有力量、研究到位，还需要揭示出来背景和过程之间的深度关联，就是组织、领导、纲领在这个问题上的深度关联。做到了这点，你再讲后面的问题就更有说服力了。

这还是理论思考的力度问题，材料都已经基本齐备，题目也抓得很好，将网络媒体和传统媒体的差别和民主建设、民主发展联系在一起，这个立脚点非常好，但要把它做到位的话有两点需要注意。一是弄清楚背景。弄清楚这种脉络，才能找到问题的解决方式和解决途径。二是研究方法。你的研究方法实际上是“深度比较方法”，透过事件本身，比较它的背景条件和过程、比较最实质的内容。比较的结果是，因为我们中国也参与全球化，同样面临金融秩序问题，所以我们不能隔岸观火、幸灾乐祸。我们得达到这个深度，但现在我们有的媒体还没到这个深度，他们更热衷于幸灾乐祸、资本主义不行了、没落了。没有看到这个全球化时代，中国在这场金融全球化中不是置身事外、不受影响的。这和我们进入全球化的深度是一致的，中国是美国第一大债主，中美在金融关系上已经互相依赖了。对此不反思、不关注将不利于中国的发展。所以从研究背景一直到研究方法，你可以再思考一下。

另一方面，从你的 ppt 来看层次感不够。一个文档大纲要有一级、二级、三级标题，通过标题的层次结构就能看出你的理论层次和方法层次。要注意别用西方理工科的1、1.1、1.1.1，动不动点上一大串点，那个东西一看也晕，老得数他有几层点，那不是中国传统的方式，也不是活人的而是计算机的方式，太数字化了，缺少中国文化鲜活的人文气质。这就是表达方式问题。作为一个中国人，表达给中国人看的文章，应该有中国人思维的风格和意蕴。讲话的时候要考虑对象的文化基础、背景、思维特点，站在对象的立场上，让别人更容易理解你说的内容。

你的报告可以再加工、修改，不要满足于现在已经得到的结果和认识，把各个要点变成问题，要求你进一步去研究、寻找、充实、说明，这是研究计划的要求。一切都有了结果就不需要研究了。比如在讨论传统媒体和网络媒体区别的时候，不要单讲网络媒体的优势，也要讲到其片面性，像“观点带有个人感情色彩”、“虚假性信息”，等等。同时还要做比较，对网络媒体与传统媒体两者各自的优、劣势都做出分析。同样是“虚假信息”，传统媒体的虚假性又体现在哪里，二者在此有什么不同？可以挖得再深一点，只看到“技术上可以伪造”的深度还不够。虽然你的申请写得像成果，但通过追问和进一步论证，可以是一个很好的研究纲要。

设计方案二：
《人民调解法》在社区的实施现状和问题研究
——以北京市海淀区人民调解委员会为例

同学乙： 我的题目是“《人民调解法》在社区的实施现状和问题研究——以北京市海淀区人民调解委员会为例”。课题设计主要分七个方面，①研究本课题的意义；②本课题国内外研究现状；③课题研究的主要内容、基本思路和方法、重点难点、主要观点及创新之处；④收集到的研究成果以及主要参考资料；⑤完成项目研究的基础和保证；⑥研究计划，包括调研内容、调研周期、调研报告的完成时间；⑦预期成果。

首先我先界定一下我课题的相关概念。《中华人民共和国人民调解法》已由中华人民共和国第十一届全国人民代表大会常务委员会第十六次会议于2010年8月28日通过，2011年1月1日起施行。法案的构架：第一章是总则，主要是概念和原则的规定；第二章是人民调解委员会的性质、组成和形式；第三章对人民调解员进行了规定；第四章调解程序规定；第五章是调解协议及其效率的规定；第六章是附则。

《人民调解法》是我们国家第一部关于人民调解的成文法规定，使我国民间调解活动有了制度性的规范，在解决我国社会矛盾中起到促进作用。“人民调解”采用了法律上的规定，是指人民调解委员会通过说服、疏导等方法，促使当事人在平等协商基础上自愿达成调解协议，解决民间纠纷的活动。人民调解委员会的性质是依法设立的调解民间纠纷的群众性组织，分别为村民委员会、居民委员会设立人民调解委员会，企业事业单位根据需要设立人民调解委员会三种。但是在附则中有一个特殊规定——乡镇、街道以及社会团体或者其他组织根据需要可以参照本法有关规定设立人民调解委员会。比较有代表性的是北京电视台的“第三调解庭”成立了“第三调解室人民调解委员会”。在电视节目上现场调解好的案件，经过双方当事人签署后形成的调解协议就具有法律效力，并且一经法院确定便具有强制执行力，这是一个非常有突破性的规定。人民调解和诉前调解、行政调解有区别，在这里就不展开说了。

需要特别说明的是，《人民调解法》中包括村委会、居委会和企事业单位的设置，我在这个课题中把范围限定在“社区”，也就是以居委会设置的人民调解委员会为主要研究对象。

在研究意义这一块。我们分为实践意义和理论意义。一部法律从制定、实施到得到大家的接受是一个比较漫长的过程，这种观念上的转变，行动上的转变，在我们国家的立法状况的评估和考察时，是需要考虑到的因素。在《人民调解法》实施一两年之际，我们以现有理论研究为基础，以北京市人民调解组织的实践成果为依据，尽可能地展现新法实施下的人民调解机制在社区运行的全貌，调查人民调解工作的现实困难以及研究解决对策，从而进一步完善人民调解制度的理论和促进多元化纠纷解决机制的理论研究。

在现有的研究成果这块，目前国外没有专门的人民调解制度，但是关于 ADR 的制度研究与我国的人民调解制度相类似。ADR，即 Alternative Dispute Resolution，一般译为非诉讼纠纷解决。学者范愉在《纠纷解决的理论与实践》中总结了各国的 ADR 制度研究，美国的“调解制度”、德国的“和解制度”、日本的“调停制度”。它们和我国调解制度最大的区别是，他们或多或少是由司法部门来主导调解工作，而我国依靠基层组织和民间力量。虽然国外学者对我国人民调解进行了诸多论述，但他们只是将“中国”作为研究的对象，不可能具有中国的主体性意识，他们的研究更多是为了解释和验证西方经验，难以解决人民调解在中国遭遇到的现实问题，更不可能提出既兼顾传统、又直视社会转型、并面向世界的人民调解法制化的具体政策建议。例如，日本的早川吉尚就认为人民调解是我国公民反对国家权力以及司法职业对纠纷解决的垄断，希望发展一种与审判不同的纠纷解决机制，并以调解的非权力化解决为其追求的首要目标。

国内对人民调解制度研究经历了曲折的过程。从萌芽时期实践远多于理论，到解放初期统一称谓“人民调解委员会”，形成人民调解制度“三原则”，又经历了“文革”时期的停滞，以及十一届三中全会之后的恢复发展，一直到 2010 年《人民调解法》

的通过，人民调解制度将走进一个新时期。但是国内关于人民调解的角色定位、具体实施方法和程序以及诉调对接问题仍是学界争论的热点。

我们将研究三个问题。①对人民调解制度在实践层面上法制化运行的研究略有不足的问题；②学术界与实践部门等不同性质研究主体间的对话与交流问题；③新型纠纷的出现，如快速增长的物业纠纷、群体性纠纷和医患纠纷等新问题对人民调解制度提出的挑战。主要内容分为四个部分。第一部分梳理人民调解制度的概念和历史考察；第二部分是重点，实证考察《人民调解法》在海淀区人民调解委员会的实施现状，具体分为社区矛盾纠纷概况和人民调解工作基本格局概述，以及《人民调解法》实施前后人民调解工作对比，包括性质、组织结构、人民调解协议效力的变化；第三部分和第四部分总结人民调解制度运行的现实困境和应对之策。

研究的重点、难点和创新之处。我们将着重考察《人民调解法》的实施过程和效果，如法律与案件事实、社会环境和民众的生活样式相融合这个独特的法治文化形成和发展的现象，消解大家的调解在法治社会的正当性仍然受到部分法律人和社会精英的质疑，人民调解被指为“和稀泥”、权利妥协、软化和弱化法律作用，甚至有一部分人视其为传统社会落后遗存的标志。我们想通过实践考察论证驳斥这种观点，思路如下图所示。

研究方法借鉴了《哲学方法论》课程的实地考察、文本观察和案件观察的方法，主要有文献分析方法、访谈法、问卷调查法、个案研究法。在分析中，我们将运用 SPSS 软件以及 STATA 软件对数据资料进行分析。运用定性方法对文献资料和相关实证资料进行综合分析和理论研究。

教师：总体思路有个秩序没有？有没有核心的问题？

同学乙：我们讨论的思路是这样的，中国是怎样实践法治的

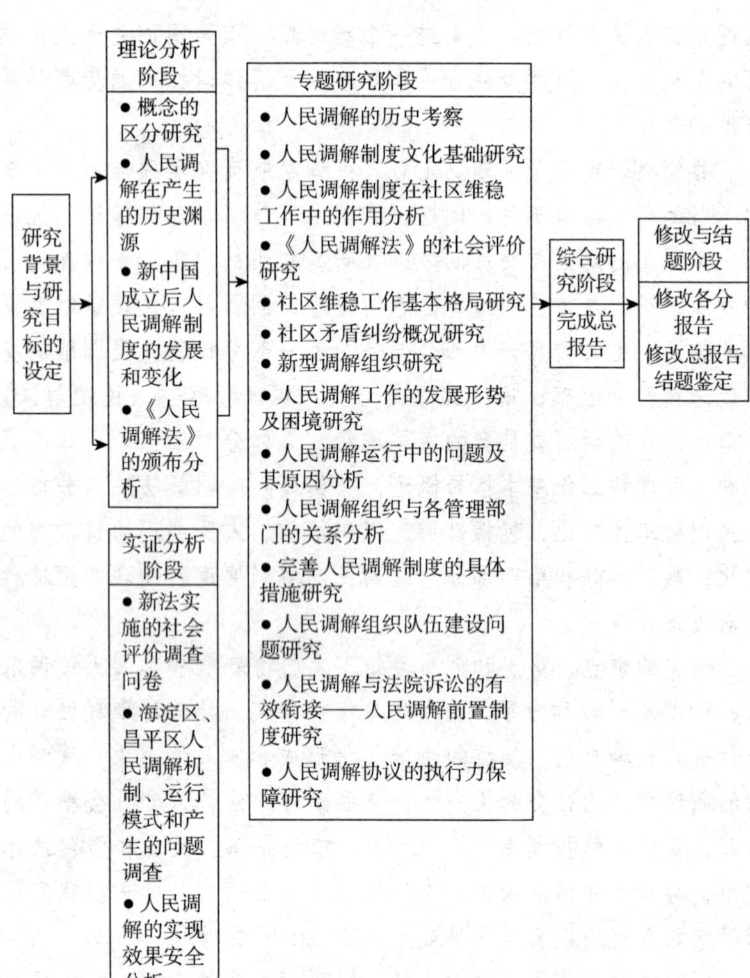

过程？是不是成文的非诉讼解决方法就不是实现法治的路径呢？我们认为，法治最终的状态是规则之治，这种规则应当包含保护人民自主选择的规则。《人民调解法》的颁布不是弱化法治的功能，而是用法制保障了一种非诉讼制度的实现，将民间调解制度化、程序化，保护人们自主的选择权，这也是法治的体现。在以前散乱的民间调解中，调解协议得不到承认和认可，也没有受到强制力的约束。而新法规定人民调解委员会做出的调解协议在法院确认后就有强制执行力。小成本不张扬解决纠纷，也是法治实现的一种状态。

创新之处在于，我们是《人民调解法》实施后第一个对该法的实施状况进行研究和分析的项目，借助人民调解的平台，深化正式与非正式规范之间的交流与融合，把握社会转型期的《人民调解法》实施过程中国家、社会、个人利益结构的变化。

教师：你的报告字数太多，缺少整体形象的鲜明提炼。较为清楚的有两点，其一，你对实施《人民调解法》是肯定的；其二，你想通过调查研究了解真实的情况，用以回答对《人民调解法》的质疑。

同学乙：我期望的成果就是一篇调研报告以及相关论文。

教师：在学者和专家看来，也许这样的调查研究在理论上标准不高，因为没有提出重要的理论问题，比如衡量调解效果的价值标准如何确定？是不是只要解决了纠纷就是好的？等等。你只是想用多种方式了解一下执行的情况，对业内外专家来说，你还没有在已有理论储备的基础上提出什么新的、值得研究的问题。

同学乙：我觉得应该可以给他们的论证目标提供数据实证支持。

教师：研究调解问题，别人也可以随机的、有方向地去采集。你怎样保证自己资料的可靠性、全面性和权威性？关键是你理论定位的高度。其实你已经谈到了调解和诉讼的衔接，以及和法庭审判的对接，调解对于化解矛盾的意义，与人治和法治导向的关系，等等。那么法律界在思考调解时，关注的焦点在什么地方？焦点似乎在于调解和法治到底什么关系？在什么情况下，调解是促进和巩固法治的，在什么情况下不是？这个不管你事先提不提出来，人们有这种担心。据我所知，学界有人担心，过度地强调了调解，如果仍然是在人治的框架下，用人治的方式通过调解去解决纠纷，那么就会削弱法治。所以，你的研究要有回答这个问题的准备，要明确学术上的问题和焦点，然后从实践上去印证和解决。比如我要去做的话，我就想弄明白，在实践中调解究竟是否有利于法治，取决于哪些因素？因为过去中国传统社会就有家族调解，到祠堂里调解。调解能解决纠纷，但是这种解决纠纷的效果和方式，总体上是巩固了人治化的统治秩序。说极端一些，强盗分赃不均闹纠纷，调解一下均匀分赃就不闹纠纷了。在局部它可以这么解决，但在总体上，你让强盗越团结，对这个社会危害越大。

是推进法治还是维护人治，这个态度要明朗。从你的报告过程来看，你没有突出问题。前面讲人民调解的历史演变、来龙去脉，这是一些必要的实际情况和资料。那么在这过程中留下了什么问题？比方说，调解是不是“阶级斗争熄灭论”？而批判了“以阶级斗争为纲”，我们就可以肯定人民调解？人民调解问题是不是只有这个视角？从现代化进程来看，法治还是人治这个视角应该更重要、更突出。你阐述了日本学者的观点，但你不完全同意他的观点。实际上他的观点正是值得我们争论的分析的，他认为人民调解是为了反对国家和司法部门的垄断，并肯定了这种意义。那么在现实中，是不是应把法治的权利和责任交给整个社会？如果是这样，就是很积极、很进步的方式了。还有一些专家评论暗含的类似问题，突出这些问题，用实践做出回答判断，这应是你的方案的深度和力度。

总之，你认为人民调解在中国是有深厚的历史根源的，这没有争议，但你真正应该关注的是人民调解在中国当代意味着什么，如何对待人民调解。如果人民有权利反对司法垄断，那调解当然是进步的；但如果大家都看人情面子，以私了的方式解决法律纠纷，那就是社区内小范围的公共利益得到保障，而全局性的公共利益可能就被牺牲了，因为如果大家依赖这种方式后便不需要法治了。所以，人民调解的主体是谁，对象是谁，规则和标准从哪里来，检验它成败的利弊的尺度在哪里，怎样做才会导向法治，怎样做是维护人治，等等，这些是你回答问题的关键。这种最有科学力量的理论角度要突出才是。

同学乙：我有矫枉过正的心理吧。对目前泛学术化的探讨有点反感，促使我想从真实中了解真实，不是在学术中讨论出焦点在哪里。我想从实践过程中发现它的焦点和症结在哪里，然后才能就症结做进一步的探讨。过多地预先设定理论点可能会导致在实践中有倾向地选择数据，对今后的研究也不太好。

教师：“从实践过程中发现它的焦点和症结”。好！完全正确！但是你的设计中如何完全体现这种客观的态度？一个是对问题本身采取客观的态度，把它如实提出来；另一个是对结论先采取客观的态度，然后用事实来回答。这两点在设计中要交待清楚。表明自己的态度和倾向，也须先说明根据和理由。报告后面的很多内容全是从肯定的角度来讲，人家就会考虑你到底是主张法治还是人治，或者你是不是知道这个分寸。

大纲总体很规范，你的优点是比甲同学规范和完整。缺点刚好相反，他的观点很集中很鲜明，但思想不够开阔；你是太开阔，但不够集中。一份研究中最能吸引人、打动人的不是观点而是问题。你把问题讲出来，让看报告的人觉得必须通过调查研究来回答，调查研究势在必行，这就是你方案的力量所在了。

同学乙：谢谢老师的建议，我想得还不够深入。

教师：这样的方案别人也会做。拿一个模式去套，任何问题都可以这么做。所以对你方案的必要性论证，就要狠下功夫。从题目上看，这是一个很重大的现实问题。在这个问题上，中国面临一个分歧点，走向人治还是走向法治？最近在司法界，“三个至上”、“法治理念”、“调解”、“能动司法”等概念都是在法学理论、法治建设中成为争论焦点的问题。有很多不同观点，各种观点都有自己的理论背景。你的观点是：究竟哪种观点正确，要拿事实说话，要到实践中研究，而不是仅仅靠抽象推理解决。这就是你立项的根据，这很好。但你需要对实证研究的必要性进行论证，为什么抽象推理得不到结论？为什么根据以往的经验不能判定？为什么需要实证调查？你讲的“新纠纷”、“新矛盾”就是一个根据，为什么老的观点在解释这些新问题上不实用，或者老的观点相互冲突的时候无法调和、无法解决，这种无法解决是脱离实践导致的……须对此有所分析。

设计方案三：刑事诉讼标准研究

——从逻辑学视角看排除合理怀疑

同学丙：我要讲的是刑事诉讼标准研究中，从逻辑学视角看排除合理怀疑的问题。我们知道，民事诉讼和刑事诉讼证明的标准是不一样的。在民事中，证明被要求达到“盖然性优势”，而刑事中，则是要求法庭对其达到“排除合理怀疑”的程度。这两个标准主要是指在英美法系中的标准。在我国的刑事诉讼标准则是“犯罪事实清楚，证据确实、充分”，相对于“排除合理怀疑”的标准来说，是难以操作和理解的。

刑事诉讼证明标准是指法律规定的司法机关作出有罪认定所要达到的证明程度。在英美法系中，刑事诉讼中由控方承担证明犯罪的构成事实或构成要素的责任，其证明要达到“排除合理怀疑”。“排除合理怀疑”在英美法系的理论界和实务界经常被使用，但是却没有一个确切、清晰、明白、标准的词语。我的论述就是试图通过逻辑学视角对这一标准进行理解。

什么是“合理怀疑”？是针对什么的合理怀疑？何谓“排除”？对于这个问题存在很大的两极分化。法学界研究的很多，在中国期刊网上搜索可以得到几千个结果，很难全部看完。但是从逻辑学视角去进行这个问题的研究可以说还很稀少。并不是说中国法律逻辑学界完全忽视了这个问题，但应该承认确实还没有人进行系统、规范、充分的相关逻辑学研究。

首先，我要向大家介绍一下排除合理怀疑概念的形成过程。排除合理怀疑（Beyond Reasonable Doubt）这个概念是在英美法系法官在审判实践中逐步形成的，其最早产生于1793年美国新泽西州一个法院对STATE V. WILSON案的审判。该案中，法官指示陪审团遵守“人道规则”（Humane Rule），如果对于被告人是否成立所指控的罪有“合理怀疑”就应当裁定其无罪。1954年霍兰诉美国案中，“排除合理怀疑”得到一个稍微可以被大众所接受的定义，称为“合理怀疑是一种导致人们在行动上产生犹豫的怀疑……而不是人们愿意据此采取行动的怀疑”。加州刑法典中规定合理怀疑不仅仅是一个可能的怀疑，而是指该案的状态，在经过对所有证据的总的比较和考虑之后，陪审员的心理处于这种状况，他们不能说他们感到对指控罪行的真实性得出永久的裁判已达到的内心确信的程度。英国证据法学家摩菲认为可以用百分比表示出排除合理怀疑的大致范围。只有当控方的主张证明到远远超过90%可能性时，控方才能胜诉。

以上是一些法学家他们对“排除合理怀疑”的一些看法。但是我们可以看到，“排除合理怀疑”虽然有一些可以被大多数人接受的概念，但是仍然没有一个明晰的、分析性质的概念，而更多是描述性的。在实践上，大家可以而且也确实是根据这个概念进行操作，但是却很难对其进行充分明晰的阐释。如果我要写这篇论文，就要从逻辑学的角度去勾勒这个法学概念的真正内涵和运作过程。对于一个理性的人，“排除合理怀疑”主要可以分为两个方面：一个是对案件事实的怀疑；另一个是对案件结论的怀疑。在一般的理解中，比如以我国证明标准为例，讲究的是从证据到结论的过程，从一个证据链得到结论，但是从前提导出结论是非常困难的。从实践上看，法学家也并不是从前提去找寻结论，而法官更多的是根据直觉去判断。面对一个司法事实，他的内心在最开始的时候可能就已经有了判断了。接下来，他更多的是根据自己的结论找出支持这个结论的前提和证据。要说的“排除合理怀疑”，并不是以前提即案件事实为基础的怀疑，相反是以案件结论为中心的怀疑。

以大众耳熟能详的彭宇案为例，公众所难以理解的是，证据如此不充分的情况下，法庭为什么会得出彭宇负有责任的结论？再比如佘祥林杀妻冤案，在妻子没死的情况下，法官又是如何得出佘祥林杀妻事实的呢？问题出在过去的以前提为结论的思想与实际情况的不符。从“排除合理怀疑”的角度来看，都没有排除对事实的怀疑。但是法官在这种情况下，他所认为的是对结果的合理怀疑的排除。在彭宇案和佘祥林案当中，法官是有结论认为他们有罪，再去寻找支撑结论的证据的。在佘祥林案中，因为认为存在佘祥林杀妻的行为，因此在水塘找到无名女尸，就认为是他的妻子，而不是因为发现存在无名女尸，认定是他的妻子，而去证明他的杀妻行为。

现在的法学，很多时候“无罪推定”成了理论用语，一到实践就“有罪推定”。这在法庭辩论中特别明显。法庭辩论并非双方根据证据而得出结论的过程，而实质上是双方先有结论而后寻找原因的过程。控辩双方都有自己的立场，并不会因为证据的改变而改变自己的立场。虽然双方的角度不同，但控方和辩方都只努力找出有利于自己结论的事实和证据，并加以强调和夸大。

在法律证明中，因为法律事实具有不可再生性，仅仅通过证据的列举是不能得到确证的。证明甲某天拿着一把刀进乙的家中，结果第二天发现乙死亡，并不能100%确定甲是凶手。但是寻找合理怀疑，反驳的过程则不然。有证人、作案时间、作案动机并不能证明嫌疑人就是罪犯。但是只需要一个反驳，比如有证据显示嫌疑人并不具备作案时间，案发时间他在别处。那么就已经有足够的证据表明嫌疑人不是罪犯。所以我们更多要做的是先假设一个结论，再去寻找对这个结论的反驳。如果找不到这个反驳，很多时候在实践中往往会相信和确认这个结论。

“排除合理怀疑”是一种法学和逻辑学相结合的观点，即对于直觉所假设的结论，围绕这个结论寻找能够威胁到这个结论的证据，排除所有相关可能的怀疑的时候，即可说假设的结论排除了合理怀疑得到确认。这在逻辑学中是可以被理解的。证明是困难的，即使排除所有对证据的合理怀疑，结论仍然没有得到证实。而反驳是简单的，排除合理怀疑在这个意义上，不如说是对反驳的反反驳。如果不能提出有力证据，反驳结论的合理性，那么在实践过程中，则会被当成被排除了的合理怀疑对待。合理怀疑即是对预定结论反驳的力度。

在这个意义下，确立结论后的“排除合理怀疑”有了确切的操作方向。虽然法庭直觉这一部分还是非逻辑的，难以用逻辑方式去说明如何产生这种期望和结论，它更多是社会学和心理学的工作，但是这一努力至少说明了这一部分逻辑的脉络，对这一问题进行更深刻的研究是有其必要性的。以上主要是说明了选题的意义。

其次，本人是有相关的研究条件和准备情况的，作为逻辑学研究生对法律逻辑、谓词逻辑、模态逻辑有相关的知识背景。如果对这个问题进行深入的研究，采用模态逻辑这一现代逻辑的扩充法则对其进行研究是很有意义的。现代模态逻辑已经有广泛的语言和可以研究的对象，也可以对这个问题进行分析。以上即是我所要讲的内容。

教师：这个方案的特点就是集中力量提出问题。主要把第一部分选题必要性的论证基本上充分地说出来了，剩下的就是按常规去做它。但是你这个问题到底是个什么问题？你能不能用个疑问句式来表述?

同学丙:“排除合理怀疑”的一种逻辑内涵和运作机制是什么?怎么去排除?怎么去证明?我认为过去的法学家没有深入从这一角度去说明,更多是从前提到结论,实践上也不是按照这个做。从逻辑学上看,从结论到证据的反驳过程,是更符合逻辑而且事实上也是这么去做的。这是我要说明的东西。

同学丁:你是不是要从逻辑学上给“排除合理怀疑”做一个正当性的证明呢?

同学丙:能否解释下你所说的“正当性”具体是什么意思?

同学丁:就是你觉得“排除合理怀疑”有可操作性吗?

同学丙:我现在要做的就是确立结论以后,揭示这一部分的可操作性。“排除合理怀疑”就是我确立了这个结论,需要排除什么样的怀疑,怎么就算排除合理怀疑了,把这一部分规律规范化。

同学戊:我问一个问题,你研究的最终目的是什么?为什么你要从逻辑学去研究?用现在的法学家思维方式或是实践经验的方式去解决证据问题有哪些不足?你要把它量化吗?你认为从逻辑学角度说更有利于保障犯罪嫌疑人的权利吗?就是你在这些论述方面稍微薄弱了一点,不知道你最终要干嘛。

同学丙:其实我认为我刚才说的还是蛮清楚的。“排除合理怀疑”,对于法学家来讲这是一个很暧昧的过程。究竟合理性怀疑有没有排除,他心里知道,但说不出来。

同学己:先说一下你理解的“排除合理怀疑”究竟是什么呀?

同学丙:“排除合理怀疑”就是我刚才讲的反“反驳”。我理解的是,确认结论以后,寻找对结论可能造成的决定性威胁的证据,然后加以排除,要达到没有对这个结论进行怀疑可以显示的程度。

同学己:你刚才讲的一个是怀疑事实,一个是怀疑法律,是吗?

同学丙: 一个是怀疑事实，一个是怀疑结论，不是法律。

同学己: 你的报告是比较全面，逻辑上也比较严密，但是和法学的契合还不够。

教师: 你这个“排除合理怀疑”，有点像对否定的否定，对反驳的反驳。对可能的、最重要的反驳进行反驳，从逻辑上解决如何实现对合理怀疑的解除。同学刚才给你概括的“排除合理怀疑的正当性论证”挺好。那么，你的论证中是否排除了合理怀疑?

你首先有个描述：法学家们通常认为是“从证据到结论”，而法官们经常凭直觉和感性去判断。你主要是在说，排除合理怀疑的这个司法判断方式是来自实践的，是合乎逻辑的，这个逻辑就是“从结论到反驳（证据)”。你也就是在给这个做论证。从经验产生这个逻辑是正确的。比如自古以来，那些神探们破案的有效的经验本身，是不是遵循了“排除合理怀疑”的逻辑? 事实上，人家是遵循了。由此说明，排除合理怀疑的逻辑根据不是什么而是什么。这是你实际上要说的。但是，当你说“不是什么”的时候，你自己也要排除“合理怀疑”——人家是你说的那样吗? 是谁、怎样表达的? 要有证据说明现成的学术靶子在哪里。因为你自始至终没有一个经典的引证，人家就会怀疑你的选题来由，是不是在重复一个已有的共识，是不是在“敲那敞开的门”。

另外，你虽然没有现成的学术靶子，但是你是有对象的，你的对象是实践。这一点很好。然而越是这样的问题，你越要拿出实践中典型的案例，在案例中分析判断过程，以此点出你要论证的问题的重要性，告诉别人接受你的逻辑会有什么样的好处，不接受你的观点会产生什么样的后果。比如辛普森案中，排除合理怀疑的后果就是无法定他的罪，虽然所有的证据都指向他，尽管所有人都认为是他杀了他老婆，但是最终一个关键的证据找不着，法庭只能判他无罪。如果你用这个案例来说明对“排除合理怀疑”的不正确理解会导致什么后果，那么美国大法官都得来读你的文章。因为他们当时用传统的方法排除了所有的合理怀疑之后，只能那样判，释放辛普森。

同学丙：我再说一下，其实我的论证分为两部分，第一部分是从结论到前提为什么重要。这一部分并不是我一个人这么说，很多法学家也有类似的观点，他们认为这才是更符合实践的观点。第二部分是从逻辑上论证为什么从结论到反驳更好，这是我的观点。

教师：从结论到前提的意义到底是怎么回事？这个应该交代，就是说“排除合理怀疑”，我先断定了这个人是自杀的，那我就不找别人（凶手）了，我就找他自杀的原因；如果我断定是他杀的，那我就必须把目光对准和他发生过接触的那些人的范围去。从这个意义上，从结论推出前提是必要的。但是，是不是这个人是他杀的，我就马上断定是某某杀的，然后我就去搜索某某的证据？事实上人家并不是这么干的。比如说宿舍着火了，一定是有火源，那么宿舍里面可能成为火源的是什么，可能范围就会确定下来，不可能是化工厂炼钢厂着火的那些原因。所以这个是怎么推，你要理解人家，不能把别人的思维模式简化成一个很初级的模式。

既然你的对象是实践，是司法实践，就意味着要用司法实践来说明。你研究这个问题的目的，不是让外行人对此感兴趣，而是让内行人懂得这个问题的分量。所以在你的报告里应该有这么一个实证的研究，抓住一个案例，用你这套逻辑分析到底，说明用这个逻辑会有什么效果，不用这个逻辑会有什么效果。这样，整个论证的设计就会更好些，你会发现你后面需要涉及的论证环节、材料和方法就出来了。

你的报告的优点在于问题鲜明突出，只是问题表达还没有一步到位。正因为如此，相关的后续研究和研究过程的框架设计这一块你就没觉得它有多大必要。这就是在你太有自己的明确结论和看法之后，整个思考就是围绕我怎么说明它，而缺少对自己论证的“合理怀疑”的自我反思批判，缺少用反思和批判来推进逻辑深化和展开。就是说，作为一个课题设计，后面那几大块应该进一步考虑，进一步考虑反过来会对你前面怎么提这个问题有反思促进作用。

同学丙：应该更深入研究个案例会好一点。

教师：对。你要能够抓住一个典型的案例，通过用你的方法分析这个案例。证明这个逻辑是必要的。好吧！就到这。

设计方案四：发现公共领域的私人面孔

——主体对社会责任认同的前提、基础及其可能性

同学丁：我基本上是想写一篇论文，我想解决的问题是上次讨论的“小悦悦事件”。老师的题目里也有分析“为什么发生当代道德焦虑和责任缺失”。但我觉得光谈道德谈不出什么，所以我想具体到责任的问题，限制在公共领域里主体对责任的认同。我把几部分调整了一下。先说理论意义，尝试分析当今社会道德焦虑以及责任感缺失的深层原因。力求打破传统道德观中强调个人责任和义务而忽视其自由和权利的惯性思维，尝试解决社会对个体的社会责任权责界限划分不明，以及主体对自身责任缺乏认同的问题。再说实践意义，一些社会事件（如小悦悦事件）反映出上述问题产生严重的不良社会后果。通过本文的分析能够得出一些对形成公民在公共事务中对自身责任的认同的有益结论，引导个体主动承担社会责任。最后就是研究条件和准备情况。本人对相关问题有浓厚的学术兴趣，已经收集到相关的著作和论文，有一定思路，准备将本设计扩展成本学年的学年论文，如有可

能，可以进一步深入研究，写作毕业论文。

1. 题目本身的界定和说明。先界定一下“公共领域”(主要引用哈贝马斯两篇文章的界定)，指我们社会生活的一个领域，私人组成公众；他们不是作为商业或专业人士来处理私人行为，而是个人公民在非强制情况下，处于普遍利益问题时，可以自由地表达和公开他们的意见。“公共领域”研究的一条基本路线是国家和社会的分离。它不是公共权力领域而是社会领域的，指由私人组成的公共领域，然后在文章中界定为“城市”。对“个体的社会责任”的界定，个体是具体的、历史的、生活在现代社会中的人，即公民，本文中限定为我国公民。我认为个体责任需要分析概念的几个层次：首先，个人责任的前提是公民可以自由地思考和判断，责任的基础是权利，有行动权。其次是个人责任的可能性，实践中他是否对于社会赋予的责任是完全的服从。这里的思路主要来自阿伦特的《责任与判断》。这本书里面主要写艾希曼，第二次世界大战时最终签字执行犹太人屠杀的那个人。他在给自己辩护的时候说，没有一个外在的声音给我一个不能这样做的理由，没有给我的良心进行唤醒，我只是在执行长官给我的命令。阿伦特指出，当人失去自己独立判断的时候，他的理由是所有的人都有罪，这其实是错误的。我也引用了罗尔斯的公民理论和良心拒绝。人在承担责任的时候应该有自己的思考和判断，必须通过自己的思考来指导行动，才能判断这样的责任，否则这个强加给他的并不是他普通承担的责任。

2. 相关成果。目前拿到的书，没有全部看，有的翻了翻，时间太紧迫了。基本分三部分，一部分和现代公共性有关的，一部分是和伦理学有关的，还有一小部分和法学有关的。学术成果我一共找了4本，1本是政治哲学的《责任论》，2本伦理学的《责任论》、《责任伦理导论》，还有1本是心理学的。这些都是在自己领域里泛泛地谈，写的比较长，如果我把他打通了，写一篇比较浅显并且基于现实的文章应该也有学术意义。

3. 本选题所关注（提炼）的问题及其重点、焦点（特色与创新之点）。

首先，我对几组概念进行了比较。责任与自由的比较，个体的自由包括意志的自由和行动的自由，是其承担责任的前提；责任与权利的比较，权利是自由的基础，无权利则无责任；比较了责任与义务，责任在《现代汉语词典》里有三种解释，第一种是主动尽职、效忠；第二种是分内应做的事；第三种是做不好分内应做的事而应承担的过失。目前在我们的专业领域里，道德责任的意思倾向于分内应做的事，法律责任经常是没有承担法律义务，或者违反了法律规定而应该承担的责任，基本是一种做不好分内应做的事而应承担的过失。区别是：道德责任是向前看，说以后该怎么做；法律责任是向后看，对行为后果的承当。然后比较义务，法律义务和道德义务的比较，法律义务在法条中是大于法律责任的概念，法律义务具有强制性，强制性产生的后果是法律责任。道德义务具有他律性和自律性的统一，但它也具有外在导向性、外在约束性，不限于法律责任的话，责任的范围应该大于义务的范围。我觉得自己论证得不是很确定的地方是，我认为责任是自己负责，是对自己的行为产生的负担，是具有主动性，而义务是你与他人的关系或由于他人权利产生的负担，具有被动性。大家有不同意见欢迎提出来。

其次，关于“自由、权利、责任、义务、道德”，这几个概念共同点的论述，也就是它们都是由主体通过思考、判断、行为和实践，都是由个体实行和完成的。如果责任是我们自己的，应该是一种自愿行为。我想突出的是，责任总是由个体承担，责任必须有一个“我是谁，有什么资格”去判断这个思维的过程。

下面的我想得不是很充分。现代社会不可能实现雅典式的公民大会直议式公共意见表达方式。这由一种时空错位所导致，商品社会的发展导致了个人主义，这种个人主义以自己的角度看问题，考虑自己的利益；另外科学技术的发展导致了工具理性主义。两者导致“公民冷淡”，几乎没有人愿意主动地参与自我管理，而宁愿留在家里享受私人生活的满足。只要政府生产和广泛地分配这些满足的手段，他们就认为这个社会是可接受的。但这里有个问题，政府会不会公平地生产和分配去满足他们？人类行为的道德关切的核心是自我，而政治关切的核心是秩序。如果政府也采取一种工具主义的手段治理社会，每个人都只是社会机器上的一颗螺丝钉，不存在自主的意识和判断的话，则实际上没有了责任的产生和承担。这个时候每个人都是工具，那就没有所谓责任的产生，后果就是集体无意识之恶和个体对社会责任的回避。

最后，打算从法治方面入手探讨解决方式。法治就是集中在法律是否应给个体思考和判断留出空间，对涉及良心判断（理性）的事务是否应强制要求公民服从。这两点都没做到的话，导致的结果是所有人都有责任，便没有人负责任，而这是错误的。

文章大概就是这样一种思路。

本人拟采用的研究方法和实践步骤、概念比较、文献分析和理论研究，对于这个问题我挺疑惑的，好像我们每篇论文后面都要写方法，但是对于方法到底有怎样的分类，我们都比较迷茫，老师给解答一下。

教师：那些其实都是凑的，为填表而开列的。如真正有自己方法的时候，并不一定表达出来。如果你没有自己的新方法的话，凑一些也行。对她的报告，大家说点意见。

同学戊：我提一个问题：自由是不是也是一种权利呢？

同学丁：我觉得自由的概念范围应该大于权利，自由应该是权利的基础，自由是人不在社会之中，在没有与他人建立社会关系的时候就有自由。当人和人组成一个社会的时候，其实为了限制自由而产生“权利”，所以自由是更基础的概念。

同学戊： 那你说的自由进入社会之前，是自在状态，像动物一样，但自由应该是社会中界定的。

同学丁： 自由是自在的话，就和动物一样吧。这种自由是没有加上任何限制，我认为自由和责任相对，权利和义务相对，有权利的时候，别人有义务。我的概念里责任是自己的，所以自由也是自己的。

同学己： 我觉得你的自由是“自我”，我们应该在公民社会里理解自由，而不应该孤立的理解自由。

同学丁： 自由和自我有差别，自我意识到我最近，自由是意识加上行动。

同学戊： 关于民主的形式你认为现代社会不能形成、不可能实现雅典式的公民直接意见表达方式，对吧？那甲同学讲的新的“草根民主”难道不是直接表达意见吗？

同学丁： 我说的公民大会的形式是每个人都直接表达自己的意志，然后每个意志就被接受下来，就像雅典时候开公民大会，直接判苏格拉底死刑。

同学戊： 这是他刚提到的新的一种民主形式。

同学丁： 但那不是直接的，虽然是个体提出来，但是不能被直接接受。

同学戊： 第三个问题，对人类行为的道德依据是什么？

同学丁： 这是阿伦特的书里写的，她认为道德和责任是一种个体行为，最后要落实到每一个人，没有所谓的集体责任，所有的责任都是要具体到个人的。道德本源是个体的判断，也是从个体内部生发出来的。

同学庚： 我感觉你先有一个结论，然后拼凑一些论据，但又没拼凑好。具体来说，就是一些概念的界定很不清晰，很多论据站不住脚。例如“政治关注的核心是秩序”就需要再思量，还有政府的法治，法治和民主的关系更密切，但你放在了权利和责任上，衔接不紧凑，逻辑性也不强。

同学己：还有一个问题。我刚看你列的学术成果，全都是“责任”，我觉得真的是要搜集这方面的著作，不应该搜“责任”，搜“责任”搜不到学术大家的书。

教师：这是用“关键词”，搜到的都是比较浅、最直白的，或者是论文的层次。

同学丁：我还搜到更广泛的资料，确实有些和这没关系，但有些书没有找到。我没有看到的没有列上去，我觉得还是主要涉及三方面，政治哲学、伦理学和心理学的。

教师：我是说搜索方式，也就是你们的阅读路径问题。靠在网上用关键词搜索，因为它很快，这是最误人的阅读路径。真正可靠的阅读路径是查阅“史”，思想史、文化史、学科发展史、著作史等等。我们读书的那个年代没有网络，所以在研究一个问题的时候，主要靠读史和读经典来给自己打基础或者提供线索。

学术研究不能太急功近利，想研究“责任”问题，就去找有“责任”这个词的经典著作，一些思想大家的著作既阐述自己的观点，也阐述历史上与其想法不同的其他学者的观点。一靠读史，二靠读经典，以此解决学术资料的来源问题。

同学丁：我也读了一些，但不是很容易。

教师：这个路径不是短平快的，是长期思考积累的路径。我每年都审好多博士的论文，一看后面的索引我就笑。索引都是网上搜来的，文章里并没有用到，而文章真正用到的反而没列。比方说你报告里的阿伦特，阿伦特对你影响很大，让你搞不明白的就是她。

从概念上来讲，首先要解决概念层次关系，你提到的“自由”、“权利”、“责任”、“义务”、“道德”这几个概念分别在哪个层面上讨论。比如“自由”这个概念在历史上是和“必然”、

"不自由"对应、对立的；"权利"和"责任"是一对概念，是事情的两个方面；"义务"是一种责任，明文规定的责任叫义务，责任后面可以用括弧把义务括起来，责任范围大，义务范围小。责任是什么？责任实际上是主体对自己的行为和后果之间的联系，权利是能够实施行为的那种社会条件，社会容许的条件叫权利，可以按照自己的意志，或者是能够实施某种行为的社会条件叫权利。那么权利与权力呢？权力是 power，权利是 power 加 interest，等于 right。用 right 对应权利，right = power + interest，这样的关系，有的人叫"利权"，只强调利益权，而只把公共权力叫 power，好像一般群众没有"power"只有"interest"，这是西方式的理解观点。

在概念层次上，研究的最不清楚的就是"个人主义"。很多西方学者基本是用"个人原子主义"的思维模式来理解社会，把"社会"还原成"个人"，认为只有"个人"才是实在的，就像"原子"构成一切物体一样。跟"个人"对立的是"社会"，不承认有"群体"、"社群"，比如民族、阶级、行业、政党等等可以成为独立的主体。对主体做简单化理解是西方学者思考问题的传统。如果"群体"不可以成为主体，"公共性"就没有层次了。实际上现实的"公共性"是有层次的，就像"班级"这个概念，"班级"相对于"个人"有其公共性，但对"学校"来讲又是特殊的个性；"学校"对于全国来讲既有个性，又有其公共性。用"个人原子主义"的思维方式去理解人和社会，必然会使各个主体应有的层次发生混乱。最终的结果就是大家都只关注"个人"内心的想法和追求，而将"社会关系"、"社会责任"、"公共权利"都排除到视野之外。所以，如果谈"责任"，则需把责任主体、责任来源、责任范围、责任的表现等几个方面的逻辑关系整理清楚。

同学丁：这样讨论主体的层次，其实最后责任就出来了。

教师：是的，要讨论主体的层次，是“谁”的责任。比如讨论环境污染的责任问题，如果仅在“个人”的层次上讨论环污责任，那就没有责任人了，因为工业发展时期的个人全都不在了。再说现在的环境污染，等于是要后人为前人的行为承担责任，那么这个责任的来源又在哪里？有了法律规定，责任会被表示成义务，似乎这就是责任的来源。那么法律没有规定的地方是否就没有责任？所以，责任的本质、责任的来源、责任主体的形成过程都需要很深入的分析。

你的报告实际内容特别多，如果没有在概念上分清层次，而把不同层次的概念放在一起讨论，势必会混乱。你们所拥有的像西方社会学、政治学、伦理学等理论背景，并不是全部的根据和来源，但必须弄清前面的学者对该问题的研究进行到哪个阶段，遭遇什么难题，我们要从前辈走到的顶点上开始思考。

同学丁：在读这些东西的时候，我个人感觉有点困难，我的哲学是零基础。

教师：你以前是学什么的？

同学丁：法学。

教师：那离哲学不远了。如果讨论责任，两个学科应该更近。

同学丁：但不擅长读哲学书，读的时候是云里雾里，想和法学联系，又已经拉不回来了。

同学戊：可以读读李德顺老师的《价值论》。

同学丁：那个其实我已经读了好多遍了，但是读的时候觉得懂了，放下书自己回想，体系太庞杂，只能回想一些片段。

教师：想逐字逐句念《价值论》是很有难度的，但这本书重点就在最后三个字“主体性”，尤其在讲政治、哲学和法学的问题时，需弄懂“主体”和“主体性”，明白了这点，书都不用看，你自己就可以写。

学术研究关键是概念的提炼和归结。科学上也有一个原则就是用最少的概念说明最多的问题。但现在的学风却倒过来了，用最多的概念讲最少的问题，“意有尽而言无穷”，与中国传统文化的韵味“言有尽而意无穷”背道而驰。现在耐琢磨、有广阔发挥空间的文章太少了。尽管我们在做学问、写文章的时候不能把问题说的简单化，但在逻辑上、概念的演绎和归纳上，逐级的层次仍要阐述清楚，什么是一、二、三级概念，如何将概念逐步深入，或者某个概念如何从实践中层层提炼最后形成，等等。不管是走演绎还是归纳的路线，一定要有这样的认识。

附：体会絮语

★ 作为一个中国人写给中国人看的文章，应当有中国人思维的风格和文化意蕴。

★“资料性是公共性基础”的意思是要把论题纳入公共思考的范围以内，并非以资料多少来判断论题。

★ 单凭在网上输入“关键词”来搜集学术资料，是靠不住的。真正经典的论著，未必在书名或篇名上用到“关键词”。

★ 真正可靠的阅读路径，是查阅“史”籍。一靠读史，二靠读经典，以此解决学术资料的来源问题。

【第六课】

总结

课程总结

教师：我们的课就要结束了，大家感受如何？我感觉自己收获很多。

收获之一，是进一步体会到，哲学作为人类的一种理性能力和文化境界，在我们生活中是处处看得到的。要纠正对哲学的一种偏见，认为哲学是一门很枯燥的、死板、僵化的学科。要把哲学的精神实质与哲学家的书本话语形式区别开来。学哲学的目标，不是仅仅去追逐哲学家，拿他们的书本咬文嚼字，讨论空泛的概念。那样学哲学的结果是只会在话语中兜圈子，面对生活实践却总是“失语”、“无可奉告”。如今我们换了一种方式学哲学，把它作为方法训练和素质培养。大家是否已经多少体会到，哲学不仅具有学术性，而且也可以很有生活气息，可以很有趣味？有了这种体验，哲学就可以跟你们各自的专业结合，可以跟自己研究写作相结合，学以致用。不管同学们将来从事哪种行业，希望都能从中获益。

收获之二，是进一步体会到，能够“把事情看清楚”、“把问题想透彻”、“把道理讲明白”三者之间实际上是一回事，是三位一体、不可分的。我们这门课的目标，是通过学习训练引导大家学会把事情看清楚、把问题想透彻、把道理讲明白。这一学期我们经历了实地观察、文本观察、案例观察和综合训练这四个环节，大家积极参与之余，是否已经发现，这三者每个都不容易，而且每个目标都不能孤立地实现，都必须与另外两个目标联系起来才能做到？例如在逻辑上，我们要先看清楚再得出判断，而实际上，你在看清楚的过程中就要有判断。那么这叫不叫看清楚？“看清楚”不仅有认识论的意义，也有价值论的意义。后者就解释了我头脑中的疑惑，或者像有同学说的“排除合理怀疑”，把所有的合理怀疑都排除了，才能叫彻底“看清楚”了。在这时头脑中就有一个批判、反思和选择表达的过程，这就是所谓“三位一体”。想使我们的观察更加深入，更能把握事物的本质、关键和要害，就须不断地进行自我提问、追究和反思，并就问题进行更加深入的观察验证；同时，只有能够用一种简单、凝练的表达方式准确地提出一个个的真问题、好问题，才能推动观察往深入发展，到达超越成见的境界。说不明白，就是还没有看明白、想明白。因为有时候，我们会纠结概念，而忽视了生活、实践和历史，因此，不是用心思找到并提出一个真问题，或者即使有了问题，也忽视了对这个真问题的准确表达和真正回答，就会重新又绕回到话语的圈套之中不能自拔。这是以上三者之间相互脱节的后果。

“想透彻”的关键是抓住真问题。什么叫真问题？真问题就是实践的矛盾和思考的一个终点。就是在前人和自己以往的思考都达到了终点，但依然不能解决的时候才是真问题。要在这个地方找问题，抓住真问题要批评到终点，别满足于现在人云亦云的言论。什么叫假问题呢？就是把人牵到现成的话语体系中去，只是牵到那儿去，丝毫不开拓不前进，那样的问题在我看来就是假问题。而真问题一定是在思考的终点、顶点上仍未解决的问题，超越话语，要有现实感，很重要的一点，就是要与当事人对话。当我们说什么人什么事的时候，比如“倒了为什么不扶”，你别一上来就断定人家冷漠。你去问问他们为什么不扶，要有现实感，就是要避免放弃真问题。对构想中的答案要自我批判，要有被逻辑和实践双重检验的意识。这是以上三者之间相互联系的要求。

所谓“讲明白”，它的实质就是要用生活实践的语言来对话。我们自己是一个实践者、参与者、建设者的立场，不是一个旁观者的立场。你在跟谁对话的时候，你要站在跟他共同探讨、建设的立场上。不是来斗鸡，一上来就要跟他吵架。如果只想是在教训人、修理人这样的立场上想问题，那是不容易讲明白的。明白是要让他明白，你自己明白了之后还要让对方明白，就是要尽可能的简洁。理论本身可能很复杂，但是回到现实中，一定要让它简洁明了。就像我说的，电的原理很复杂，但是给我们用电的人来说，其实就是一个开关。走向简洁了，才能走向实践，利于操作。讲明白就是该谁做结论，就把思考和结论的权利交给谁，不代替别人做结论。我们自己也可以得结论，但是我们的结论要留在实践的延伸思考当中。

能否真正“把事情看清楚”，“把问题想透彻”，“把道理讲明白”，总是与主体的立场、视角、思想理论高度联系在一起的，所以说，不在于“看什么”，而在于“怎么看”。我们会随时随地遇到重大的、震撼人心的突发性事件，像“小悦悦事件”，我们怎么看清这样的事件，大家经过深入观察分析，是不是看出很多问题来。所以每个人都可以从不同角度和层次上看出很多问题。法官可以把一个具体的案子看清楚，在哲学上把事情看清楚不是说把什么具体的事看清楚，而是不管看什么事怎么样叫看清楚。学会这个就是学会一种抽象、批判和反思。我们要自觉地把握一种公共性的立场和理论视角。一般地说，哲学就是要把人类历史实践、社会发展、人的命运看清楚。我们要在抽象、批判和反思这个层次上不断提升我们的思想和扩展，这就是哲学训练，平时就要多练。作为一种哲学素养，这种训练是可以随时随地选择和应用的。

收获之三，是对于做学问时如何积累资源的一种体会。有些事本身不重要，但会观察、会思考本身很重要，我说这是做哲学学问的秘诀。做学问的积累，就像是摔泥巴，雕塑家们在准备创作目标的时候，总要先摔泥巴，就是一点水一点土，揉啊揉啊，将生泥巴揉成一个熟泥巴，放在那里，一坨一坨的；当他有了构思，用钢筋搭成骨架之后，把这些泥巴块往上一贴，加以修整，一个大的雕塑就出来了。我们现在就是练习摔泥巴，学会把“生泥巴”摔成“熟泥巴”。你把一个一个的案例看清楚了、琢磨透了、说明白了，虽然并不一定马上就能构成理论，解决多少问题，但你积累多了，就有了做大文章的材料。所以不怕事情小，只怕你不肯动脑筋，不肯下功夫，不愿意思考和深究，遇事只凭“想当然”、“大概齐”。我们热爱生活、关心生活，那我们就用自己的眼睛去看，用自己的脑袋去想，不要总是让别人的思想在自己头脑袋里跑马，被别人的概念话语牵着走，要把他们的话都变成我的资料，摔成自己的泥巴。平时多做这样的训练，就是一种哲学功夫的素养。

“摔泥巴论”对于做各门学问也许都能用得上，但不能代替各门专业知识的积累。毋宁说，它是各门专业知识和能力积累的一个部分。这部分很重要，而且常常被忽视，所以我们在这里强调出来，但不要把它当作偷懒的捷径，尤其是我们不能忘记专业学习和平时的知识积累。有了相应的知识，你才能知道怎样“摔”泥巴。专业学习要注重两条，一个是史，就是我这个专业的史各个阶段都讲了什么问题，说了些什么道理。我们不光是为了长知识，我们还要注意史上留下了什么线索。另一个就是经典。从各门专业“史”可以知道古今中外都有哪些经典，然后认真看经典著作。这么一点一点地学过来，有一个好处就是让你的思想始终在一个正路子上走，不会被眼前的浮躁的、泡沫的东西所干扰。在正路子上走就容易走向较高的思维层次，不然现在的很多东西太容易把人的思想变得浅薄、浮躁，不愿意思考，实际上把自己思考的权利和责任都放弃了。我说现在做学问的条件特别的好，你在网上提出什么问题都有人回答你，你发出呼救都有人来帮忙。如果你要太依赖这些东西，你就弱化了自己阅读、观察、思考的能力。所以还是要学会自己练，平时在阅读中练习，注意每时每事的思考。一旦有事情发生了，我们要试着怎么把这个事情看清楚，在看清楚的过程中，你越自觉就越容易看清楚；你能把问题提清楚的时候，你也能把道理说清楚了。

总之，通过这门课，我们师生之间进行了密集的、高强度的相互启发操练。甚至可以说，同学们在具体问题上给我的启发要更多些。这么多人，从那么多的角度来看问题，有很多想法和材料远远超过了我们教师的能力范围。特别是你们网上搜索能力很强，还会翻墙。我现在是什么墙都翻不过去了，腿脚不行了。但是有一点，不知大家注意没有？在这门课上，我们教师也是有导向的。每个同学可以有你的导向，你结合你的专业，一个问题朝哪个方面看，朝哪个方面讲，提出什么问题，形成什么结果，你们可以有自己的导向。我们有我们的导向，那就是哲学层面的科学理性精神，政治实践层面的民主法治精神。我们强调在每一个事情、每一个说法当中，要注意体现什么是应有的民主法治。这门课进行下来，我们特别需要把握的是这个导向，这对我们的研究专业和我们国家的建设来说，都是必要和有积极意义的。

下面是我的总结提要，大家拷贝回去留作参考吧。

一、“看清楚”：“事实”是经验性的存在，但须理性地把握

1. 事实的具体全面性，动态历史性——避免观察的片面性和凝固化；

2. 事实中存在与价值的区分——避免误用因果联系，分析价值关系结构；

3. 事实观察的主体性与客观性——观察者的自觉限定与公共性追求。

二、“想透彻”：抓住真问题，批判到“顶点”

1. “真问题”是实践的矛盾和思考的终点，不是人云亦云的感受；

2. 对问题与解答的逻辑梳理与批判，解析语境，超越话语；

3. 找到现实背景下的症结，与“当事人”对话；

4. 对构想中答案的自我批判，逻辑与实践的双重检验。

三、“讲明白”：与生活实践的语言对话

1. 参与者、实践者、建设者的立场；

2. 尽可能简洁明确的问题与概念，切实可行的结论；

3. 平等尊重的探讨态度，留待检验的延伸思考。

四、在实事求是的分析中贯彻理论导向

1. 从观察现实出发的总体结论；

2. 对诸方面社会因素的理解和选择；

3. 建设性探索的执守与体现。

附：体会絮语

★ 学好哲学有三个关口：弄懂学说和学科、文本和解读、问题和提法。

★ 我们热爱生活，我们关心生活，就用自己的眼睛去看，用自己的脑袋去想，不要整天让别人的思想在我们脑袋里跑马。

★ 什么叫真问题？就是在前人和自己以往的思考都达到了终点，但依然不能解决的时候才是真问题。什么叫假问题呢？就是把人牵到他现成的话语体系中去，结果只是牵到那儿去，丝毫不开拓不前进，那样的问题就是假问题。

★ 哲学就是要把人类历史实践、人的命运、社会发展看清楚。